W0411001

Stendhal

le bonheur vagabond

JEAN LACOUTURE

Stendhal

le bonheur vagabond

ÉDITIONS DU SEUIL
27, rue Jacob, Paris VIe

ISBN 2-02-062650-0

© ÉDITIONS DU SEUIL, JANVIER 2004

Le Code de la propriété intellectuelle interdit les copies ou reproductions destinées à une utilisation collective. Toute représentation ou reproduction intégrale ou partielle faite par quelque procédé que ce soit, sans le consentement de l'auteur ou de ses ayants cause, est illicite et constitue une contrefaçon sanctionnée par les articles L.335-2 et suivants du Code de la propriété intellectuelle.

www.seuil.com

CHAPITRE I

L'Italie, à 17 ans, sous Bonaparte…

• Chérubin s'en va-t-en guerre • Tom Jones ou Mme de Rênal ? • Double fuite • Un cheval suisse ? • Un gouverneur à l'improviste • Baptême du feu dans la neige • La nuit de Cimarosa • Mon cœur est à Milan ! • Fulgurante Angela • « Peindre l'excessif bonheur » • Sous-lieutenant de dragons • Les deux canons de Castelfranco • Et l'autre pucelage…

C'est à cheval – on ne l'y prendra plus, ou le moins possible – au bord d'un lac où il manque s'abîmer, partant à 17 ans pour la gloire sous le commandement du plus grand capitaine des temps modernes, que commence à l'en croire la « vie véritable » d'Henri Beyle, qui devait choisir l'étrange pseudonyme de « M. de Stendhal, officier de cavalerie ».

La scène est si piquante et révélatrice qu'on ne saurait manquer de lui donner, s'agissant de ce personnage, un accompagnement musical : l'aria que Figaro adresse à la fin du premier acte des *Noces* à Chérubin, revêtu soudain d'un uniforme d'officier, en route pour la gloire des armes :

non piu andrai, farfallone amoroso…
*per monti, per valloni, alla gloria militar…**

Qu'Henri Beyle ait, en quelques décennies, mué de Chérubin dodu en Falstaff avisé – pour s'en tenir à deux maîtres qu'il adorait – ne saurait disqualifier la référence faite, en ce temps-là, à l'adolescent de Beaumarchais et Da Ponte.

* Tu n'iras plus papillon amoureux,
(parmi les belles, mais)
par monts et par vaux à la gloire militaire.

De toutes les surprises que réserve l'œuvre de l'auteur d'*Armance*, la plus frappante est peut-être qu'elle ait pris la forme d'une plongée dans les abîmes du cœur humain, plutôt que celle du tumultueux roman de cape et d'épée qu'appelait la vie de ce dévoreur d'espaces, de ce coureur d'aventures de tous ordres, de ce nomade effréné qui, de 17 à 30 ans, s'agite comme un frelon à travers la saga impériale, du Grand Saint-Bernard à Berlin, de Moscou à Bautzen, du Danube à la Bérézina et, la paix revenue, court frénétiquement de Bretagne en Calabre, de Catalogne en Flandres, de diligence en calèche et de coche d'eau sur la Garonne en chemins de fer belges...

Il a vécu pour écrire *Don Quichotte* ou *Gil Blas*, *Tom Jones* * ou *Vingt Ans après* – mais, pour notre jubilation, ou notre édification, choisit d'explorer l'âme de Mme de Chasteller, les arrière-pensées du comte Mosca et les affres qui assaillent Julien au moment de se saisir de la main de Mme de Rênal.

Est-ce cette « fureur de locomotion », pour parler comme son ami Mérimée, qui, ne débouchant sur rien dans l'ordre de la vie publique mais lui donnant une dynamique, une impulsion psychique, aura donné son incroyable vigueur à l'autopsie à laquelle il soumet Julien, Gina, Lucien ou... Henry Brulard ?

Mais pourquoi est-il parti pour l'Italie sur les traces du Premier Consul, dans les fourgons de l'armée « de réserve » d'abord confiée au général Berthier, cet adolescent pataud que ses camarades de l'École centrale de Grenoble, jaloux de sa précocité intellectuelle, appelaient « la tour ambulante » et qui promène déjà sur le monde son regard noir, étincelant sous la tignasse crêpelée, quasi africaine ?

Pourquoi ? Moins qu'un élan, c'est une double évasion. Henri a fui d'abord son Grenoble natal, parce qu'il déteste jusqu'à la nausée le conformisme, le « jésuitisme » qui y règnent selon lui – oubliant que s'il peut faire grief de ces travers à son père, l'exemple des vertus inverses lui a été donné par le Dr Gagnon son grand-père et

* Qu'il admirait assez pour écrire dans *Mémoires d'un touriste* que ce roman est aux autres « ce que l'*Iliade* est aux poèmes épiques ».

par quelques Grenoblois précurseurs de la Revolution. À Paris, il n'a pas découvert le paradis imaginé, mais une ville « sans montagnes » où l'on « taille les arbres... » et où règnent la vanité et l'artifice. Dès lors que ses cousins Daru qui l'ont accueilli et se font ses protecteurs – l'aîné, Pierre, est, dans l'entourage de Bonaparte, « secrétaire général à la guerre » –, lui proposent de les accompagner en Italie où le Premier Consul entend renouveler ses exploits de 1796, pourquoi ne pas se lancer dans l'aventure ? C'est un coup de tête qui l'a jeté sur la route des Alpes.

On peut voir aussi dans cet élan vers un pays dont sa famille maternelle est probablement originaire et dont il lit déjà les plus grands écrivains, comme l'Arioste, une réponse à un appel venu du plus profond de son être. On peut même imaginer que quelque romantisme bonapartiste a jeté ce très jeune ennemi des Bourbons sur les traces de celui qu'il tient, même après Brumaire, pour un héros républicain – et voir là comme une préfiguration de l'envol solitaire de Fabrice del Dongo vers le champ de bataille de Waterloo. Mais rien, dans les textes de l'auteur d'*Henry Brulard*, ne vient étayer ces plaisantes hypothèses. Il est parti pour partir. En quête de « la vie véritable », du bonheur...

À Genève, où il a été conduit par la chaise de poste, l'adolescent grenoblois embarqué dans l'aventure prodigieuse s'est vu hissé sur un cheval convalescent. Suisse, et pacifique ? Il l'affirme, ajoutant que « Romain et traître, il m'eût tué cent fois[1] ». Le fait est que la bête « s'emporte, quitte la route et se jette vers le lac ». Et qu'encombré par ses éperons, son sabre, ses pistolets et son bagage, le jeune Henri regarde avec effroi les trois pieds qui le séparent du sol. « Un précipice... » Et le lac est si proche...

Qui, en un tel déboire, ose l'interpeller ? Un grand escogriffe « à l'air narquois et fripon » qui se présente comme « le capitaine Burelviller ». Se moque-t-il de lui ? Henri va mettre la main – hum... – à son sabre ou à son pistolet quand l'autre lui fait savoir qu'il s'est vu, en sortant de Genève, confier la mission de veiller sur un adolescent qui s'en va-t-en guerre sans en connaître

1. Citation tirée de *La Vie de Henry Brulard*, comme celles qui suivent.

les rudiments : et voilà Henri, agrippé à son cheval, sauvé du lac et pris sous la coupe d'un officier de fortune qui va jouer à ses côtés, tout au long de la traversée des Alpes, le rôle qu'aurait pu tenir « auprès d'un jeune prince son excellent gouverneur ». Pantagruel ? Télémaque ? Candide ?

Ainsi commence, pour notre Chérubin botté, « une époque d'enthousiasme et de bonheur parfait… le comble qu'un être humain puisse connaître ici-bas », écrira-t-il trente ans plus tard. Il date l'instant de la félicité suprême du 10 mai 1800 et le situe à Rolle, sur la rive nord du lac Léman. Les recoupements opérés par de fidèles stendhaliens ont permis de rectifier la date – 25 mai – et le lieu : Vevey, que semble désigner clairement la description faite par le jeune cavalier.

Lequel a décidément le sang vif. À Lausanne, un certain capitaine suisse « échappé de quelque Cour » hasarde une remarque relative à l'honneur de l'armée de la République. Henri met la main à son sabre. Burelviller le retient, puis, cheminant, lors de l'étape suivante l'interroge sur son expérience des armes. Il n'en a, de sa courte vie, touché une… « Mais qu'auriez-vous fait si ce chien d'aristocrate… – J'aurais foncé sur lui… » Touché de ce beau feu, l'autre s'applique à lui donner, lors des étapes du soir, « quelques leçons d'espadon », non sans faire valoir qu'« autrement, vous vous ferez enfiler comme un… ». « J'ai oublié, avoue le jeune homme, le terme de la comparaison… » Ce sont là en tout cas des enfances qui promettent. On voit du coup notre blanc-bec se prendre pour « Calderón faisant campagne en Italie » avant de faire jouer *La vie est un songe* (lui pense plutôt à écrire « des comédies comme Molière »).

Et les voici, après Martigny, au pied du Grand Saint-Bernard, dont on leur a fait un tableau « infâme ». Comment va-t-il se comporter, pour peu que l'escalade se complique de quelque mitraille, lui dont l'éducation grenobloise a fait « une poule mouillée complète » ? Il jugera bon d'écrire quelques semaines plus tard à sa sœur Pauline qu'on a « exagéré le danger » couru alors par les hommes, non sans ajouter que, du côté de Bard, ils avaient « grimpé la montagne sous le feu continuel du fort »…

Le gros de l'armée commandée par le Premier Consul – David fut-il le seul, en son atelier, à le voir sur un cheval cabré au flanc de la montagne ? – a plus d'une semaine d'avance sur eux, l'arrière-garde, qui devrait progresser paisiblement hors de l'atteinte des

Autrichiens de Melas. Mais les dangers, « sur ces monts sourcilleux couverts de neige… s'élevant jusqu'aux nues… », sont d'un autre ordre. Les chevaux trébuchant au bord de l'abîme, son mentor, le capitaine, les frappe à coups de canne… Et lui, le jeune Henri, se dit (se décrira, trente ans plus tard) enchanté de « voir enfin une chose difficile ».

Et d'enchaîner gravement :

> Je ne dois donc pas me plaindre du destin. J'ai eu un lot exécrable de 7 à 17 ans*, mais depuis le passage du mont Saint-Bernard (à 2 491mètres d'élévation au-dessus de l'océan), je n'ai plus eu à me plaindre…

Après la halte à l'hospice du Grand Saint-Bernard où on leur a offert quelques gorgées d'« une décoction rouge » a commencé la descente autour d'un lac glacé, plus périlleuse encore que l'escalade. Sa rosse manque à tout instant de le jeter dans le vide, surtout quand des pièces d'artillerie retardataires les doublent à grand fracas. C'est le moment qu'il choisit, le petit crâneur, pour lancer à Burelviller : « Le Saint-Bernard, n'est-ce donc que cela ? » L'autre, furieux, le traite de conscrit – « ce qui me semble une injure ». Mais il se garde, ici, de tirer son sabre… Ainsi vont-ils, descendant sur Aoste. Et soudain ils voient l'armée, qu'ils croyaient plusieurs lieues en avant d'eux, arrêtée par la résistance du fort de Bard. La capitulation n'interviendra que trois ou quatre jours plus tard, le 1er juin, non sans que l'artillerie française – les roues des canons sont emmaillotées de paille pour leur éviter de déraper sur la neige glacée – ne tonne sans trêve.

« La canonnade épouvantable dans ces rochers si hauts et dans une vallée si étroite me rendait fou d'émotion », note le « conscrit », que son ami le capitaine entraîne vers une montagne voisine, l'Albaredo, et qui ajoute :

> – J'entends donner cet avis de bouche à bouche : ne tenez la bride de vos chevaux qu'avec deux doigts de la main droite, afin que s'ils tombent dans le précipice, ils ne vous entraînent pas… (Diable ! Il y a donc danger ! me dis-je…) On s'arrêta sur une petite plate-forme.

* 7 ans, c'est l'âge où il perd sa mère, deux ans avant que commence la « tyrannie » de son précepteur, l'abbé Raillane. Mais, vers 13 ans, il est entré à l'École centrale de Grenoble où son existence est celle d'un élève cabochard mais brillant.

– Ah ! Voilà qu'ils nous visent, dit le capitaine.
– Est-ce que nous sommes à portée ? dis-je au capitaine.
– Ne voilà-t-il pas mon bougre qui a déjà peur ? fit-il avec humeur.
Ce mot fut comme le chant du coq pour saint Pierre… Je m'approchai du bord de la plate-forme pour être plus exposé, et quand il continua la route je traînais quelques minutes pour montrer mon courage. Voilà comment je vis le feu pour la première fois.
C'était une espèce de pucelage qui me pesait autant que l'autre*.

Cette canonnade de Bard, ce « tapage effrayant », c'était, observe le jeune Henri, « le sublime ». Mais, rédigeant trente-six ans plus tard son *Brulard*, Stendhal ajoutera ce trait : « … un peu trop voisin du danger… L'âme, au lieu de jouir pleinement, était encore un peu occupée à se tenir. » (Comment le consul grisonnant a-t-il su retrouver trente-cinq ans plus tard ce trait délicieux, ce frisson de stoïcisme adolescent ?) « Jouir pleinement ». « Se tenir » : Beyle est là, tout entier.

Ainsi vont-ils, dévalant vers la plaine lombarde. Ce soir-là, le 21 mai, ils sont recueillis par un curé, déjà quelque peu « malmené » par leurs prédécesseurs en quête de logement, qu'il croit consoler en lui parlant latin. Moyennant quoi l'autre donne à Henri sa première leçon d'italien, et qui lui servira plus qu'il ne croit pendant les quatre décennies à venir. « Femme se dit *donna*, et *cattiva* mauvaise… » (Voyons, monsieur le curé, voyons… Femme, donc mauvaise ? Ni vous ni le petit voyageur ne peut savoir ce que seront, ce que feront Angela, Giulia ou la Ghita…)

Baptême du feu à 17 ans « dans les colonnes d'une armée de Napoléon », découverte en ces vallées alpines de la beauté absolue, premier cours d'italien, la langue du bonheur, jusqu'où ira donc la félicité vagabonde du jeune Henri – qui a même l'occasion, à Ivrée, de mettre encore le sabre à la main pour défendre, contre quelques soudards, le maigre logement attribué à ses deux compagnons et à lui-même ?

Mais voici que s'offre une nouvelle révélation de ce qu'il appelle « le bonheur parfait », et qu'on n'aurait pas attendu en pareilles occurrences, au cœur de ces montagnes, et de la guerre : la

* Nous allons voir qu'en cette autre matière aussi il sera bientôt mis bon ordre…

musique d'opéra... Ce n'est pas à Ivrée, comme l'écrit Henry Brulard et comme on l'a longtemps cru, c'est à Novare*, l'étape suivante, qu'il connut l'enchantement du *Matrimonio segreto* de Cimarosa, pour lequel sa ferveur s'approfondira bien au-delà de cette circonstance un peu miraculeuse et ne le cédera même pas à la révélation, dix ans plus tard, du *Don Giovanni* de Mozart...

Qu'importe que le théâtre fût quelque peu rustique, que l'interprète de Carolina ait perdu « l'une de ses dents de devant » ! L'adolescent est subjugué.

> À l'instant, mes deux grandes actions, 1. Avoir passé le Saint-Bernard, 2. Avoir été au feu, disparurent. Tout cela me sembla grossier et bas... Tout fut divin dans Cimarosa... Je venais de voir distinctement où était le bonheur... Vivre en Italie et entendre cette musique devint la base de tous mes raisonnements.

Ce mot, ici ! On l'embrasserait, le Chérubin au grand sabre, pour ce « raisonnement »-là...

Et aussi parce qu'il a « l'enfance », dit-il, le lendemain matin, amoureux tout neuf de Carolina brèche-dent, de vouloir faire partager son bonheur à ce grand escogriffe de Burelviller, qui réagit comme le soudard qu'il est en daubant grassement sur les mœurs des actrices... Lui qui porte en son cœur Virginie Kubly, étoile du théâtre de Grenoble qu'il a adorée à 15 ans sans oser l'aborder, comment tolérer ce ton ? « Nous eûmes un différent sérieux, avec quelque idée de duel de ma part... » (Chérubin, ou d'Artagnan ?) Mesurons la chance que nous avons que ce sabre – était-il seulement en mesure de le « soutenir en ligne horizontale » ? – fût maintenu ce jour-là au fourreau. Pour un peu, *La Chartreuse de Parme* fût restée le nom d'un couvent...

Dix jours plus tard, et sans qu'Henri puisse se souvenir s'ils furent simples spectateurs ou plus ou moins acteurs du combat du Tessin, dernière tentative des Autrichiens de barrer la route à l'arrière-garde de Bonaparte, le capitaine Burelviller et son pupille font leur entrée à Milan, qui désormais sera pour lui « la » ville, « l'image adorée ». Il avouera que le « beau » est plus encore à Naples, à Dresde, à Genève... « C'est ma raison qui dit cela. Mon cœur ne sent que Milan et la campagne luxuriante qui l'envi-

* Agglomération beaucoup plus importante qu'Ivrée, et qui était dotée d'un vrai théâtre – on a même retrouvé le programme de cette saison-là...

ronne. » Et notre cœur à nous est désormais acquis à ce Chérubin dodu au sabre trop lourd et à l'oreille fine, si généreusement doué pour le bonheur vagabond…

Son cousin Martial Daru l'accueille le 10 juin sur la corsia del Giardino : « On vous croyait perdu… » Il fait ses adieux définitifs au précieux butor qui s'est improvisé son « gouverneur », ce Burelviller qui l'a conduit sain et sauf à travers la montagne – et plonge, extasié, dans les délices de la capitale lombarde, dont le premier fut, note-t-il, une côtelette panée. Pour vingt ans – il sera bon de dire en temps utile pourquoi ce paradis est ainsi daté –, Milan devient pour lui « le plus beau lieu de la terre », celui où se déroule « le plus beau temps de ma vie ». Et même quand, trente-six ans plus tard, quinze ans après les jours douloureux de 1821 *, le consul morose écrit dans *Henry Brulard*, « ma raison me dit que Paris vaut mieux », c'est encore aux saisons milanaises qu'il rêve, à cet « intervalle de bonheur fou et complet », si fou qu'il admet « battre la campagne en en parlant ».

Très vite surgissent le nom, le visage, le corps de celle qui ne cessera pour lui d'« incarner » (oh ! que le mot est juste, ici, et savoureux…) Milan, ceux d'Angela Pietragrua. Nous verrons que, bien sûr, dans l'histoire des coureurs de filles – ainsi le qualifiera-t-on, en attendant mieux – n'auront attendu si longtemps ce qu'on est convenu d'appeler les faveurs de l'élue. Mais à ce suspens tient à coup sûr l'intensité du lien qui l'attacha si longtemps à cette Milanaise torrentielle qui, bien mieux qu'elle n'inspira (comme on le lit souvent) le personnage de Gina Sanseverina, cette grande civilisée, semble préfigurer, en bloc, toutes les divas charnues de l'âge d'or du cinéma italien, de Gina à Sofia ou à la Mangano.

Écoutons Brulard :

> Comment faire un récit un peu raisonnable ? Daignez me pardonner, Ô lecteur bénévole… si vous avez plus de trente ans, ou si vous êtes du parti prosaïque, fermez ce livre !
> … Le lecteur a-t-il jamais été amoureux fou ? A-t-il jamais eu la

* Où il fait ses adieux à l'intraitable Métilde Dembowski.

fortune de passer une nuit avec cette maîtresse qu'il a le plus aimée en sa vie ?
Ma foi je ne puis continuer, le sujet surpasse le disant.
Je sens bien que je suis ridicule ou plutôt incroyable. Ma main ne peut plus écrire, je renvoie à demain.
Peut-être il serait mieux de passer net ces six mois-là.
Comment peindre l'excessif bonheur que tout me donnait ?
D'abord ce bonheur d'avoir pu faire à ma tête, [celle d']un homme médiocre, au-dessous du médiocre si vous voulez, mais bon et gai, ou plutôt heureux lui-même alors...
... Tout ceci ce sont des découvertes que je fais en écrivant...

Mais, ajoute cet homme qui passe pour un parangon de cynisme : « On gâte des sentiments si tendres à les raconter en détail. »

Ce sont les mots par quoi s'achève *Henry Brulard...*

Sont-ils d'un hédoniste allergique à tout ce qui n'est pas « moi » ?

« Ces six mois-là... » On ne saurait, compte tenu de la réserve du héros, les évoquer sans se reporter aux envoûtantes premières pages de *La Chartreuse de Parme*. On sait bien que 1800 n'est pas 1796, que les lendemains de Marengo ne sont pas ceux d'Arcole, que le maigre Bonaparte de la première campagne d'Italie s'est mué en un Premier Consul déjà à demi-couronné, qu'au déferlement joyeux des vagues républicaines de 1796, ce ramassis de brigands qui « marchaient avec la guillotine en tête » sur la Lombardie assujettie à l'empereur d'Autriche, la méthodique reprise en main de la Cisalpine par l'armée consulaire ne donna qu'un écho trop raisonnable.

Si 1800 n'est pas 1796, ni Beyle ce lieutenant Robert aux pieds nus qu'accueille si tendrement la marquise del Dongo après Marengo, « Milan est une fête », comme Hemingway l'écrira du Paris de l'après-guerre. Cette fête a pour figure centrale la comtesse Gherardi, un nom qui restera à jamais lié à la « cristallisation » dont Stendhal fera vingt ans plus tard le leitmotiv de son œuvre*, et qui, maîtresse de Murat, le suivra jusqu'à Paris. Mais pour Henri, Milan c'est alors Angela.

* Voir chapitre VII.

Ce n'est pas sans surprise qu'on lit ce qu'il écrit alors dans une lettre à sa sœur Pauline, avec laquelle il est sincère et rarement prude : « Une chose à laquelle j'étais bien loin de m'attendre, c'est la charmante amabilité des femmes de ce pays. » Où avait-il pris que les Italiennes se prenaient pour des dragons de vertu ? Dans Rousseau ? Dans Goldoni ? Il n'a pas encore lu le cher Président de Brosses...

Le jeune homme aux boucles noires vainqueur du Saint-Bernard s'est vu donner pour patron, dans le bureau où l'ont affecté ses cousins Daru, un certain Louis Joinville qui, après le grand peintre Gros, est devenu l'amant de la somptueuse Angela Borroni. Mariée depuis sept ans à un certain Pietragrua, peu encombrant, Angela fait fureur. Quand Joinville la lui fait tout bonnement connaître, Henri, qui n'a pas, nous le savons par lui, perdu son innocence, est transporté d'amour. Muet. Il a déjà brûlé de passion silencieuse, à Grenoble, pour la très jeune actrice Virginie Kubly (plutôt mourir que d'oser lui parler...).

Mais voici Angela, la *ragazza* absolue. Il la traitera plus tard de « catin sublime ». En attendant, il est comme beaucoup d'autres, subjugué par « l'arrangement singulier », chez elle, entre le front, le nez, les yeux, la bouche – ce qui est après tout une définition de la beauté, pour peu que s'y ajoute un certain feu de mots et de gestes dont Angela n'était pas avare. Devant elle, qui s'aperçoit à peine de la présence de celui qu'on appelle – ce noiraud aux yeux très fendus – « le Chinois », Henri reste pétrifié. Il le sera pendant plus de dix ans...

C'est pour une autre qu'il va se battre, notre petit d'Artagnan dauphinois rempoté à Milan : une certaine Mme Martin qui est la maîtresse d'un officier « flambeur » nommé Gibory. Mais ce n'est même pas à cet heureux rival qu'Henri s'en prend, sabre en main, mais à un autre amoureux, son ami Alexandre Petiet, fils du ministre de France à Milan – qui lui entaillera le pied d'un coup de pointe. Le voilà, quand les autres vont au bal, alité pour quelques semaines. Un visiteur lui trouvera alors l'air « d'un lion malade ». Souffrant de ce coup de sabre ?

Nous l'avons vu, mitraillé sur les pentes du Saint-Bernard, heureux d'avoir ainsi perdu l'« un de [ses] pucelages ». Mais l'autre ?

C'est tout bonnement dans une maison close de la capitale lombarde – il n'avait que l'embarras du choix – qu'il en vint à bout, « sans en garder, confie-t-il à diverses reprises, le moindre souvenir ». Ce qui n'est pas tout à fait exact : car, quelques jours plus tard, il lui faudra quérir les services de l'un des médecins auxquels les jeunes gens imprudents font appel, un peu tard, en ces occurrences.

Vénérien, le mal qui frappe alors l'adolescent l'est à coup sûr. On a beaucoup glosé sur cette affection. Syphilis ? Blennorragie ? Des médications qui lui furent administrées – de fortes doses de mercure et d'iodure de potassium, on ne peut conclure. En ce temps-là, c'étaient les seuls traitements que l'on appliquait aux divers maux vénériens. Il a parlé lui-même de « plusieurs véroles », ce qui n'est pas recevable. Les rechutes dont il souffrit – de Vienne en 1809, à Paris en 1820, et plus tard encore – ne permettent pas de conclure. Mais les maux – artériosclérose, apoplexie, inflammations, ganglions sous les bras – qui devaient le conduire à une mort prématurée, même pour l'époque, tendent à faire croire que c'est bien de la syphilis qu'il souffrit.

Une blessure, la vérole, ce mutisme penaud face à l'éblouissante Angela, est-ce là ce bonheur milanais dont notre Chérubin sabreur ne cessera de nous rebattre les oreilles ? Eh oui... Lui qui approchera « le plus grand des hommes », et lord Byron, et Balzac, et Cuvier, qui « aura » des femmes très convoitées et sera pris d'assaut par une Siennoise à l'œil doux, lui qui sera l'ami de Delacroix, de Musset et de Mérimée, ce sont ces mois de vie milanaise en 1800-1801 que, jusque dans les souvenirs écrits, à la fin de sa vie, le vieux consul de France à Civitavecchia saluera comme son âge d'or, celui où il a vécu, jusqu'à l'extase, la *milanesità*.

Inoubliables, insurpassables, la découverte des soirées à la Scala, les promenades sur le Corso, les cafés dégustés à la Casa dei Servi... Les *Mémoires sur Napoléon* et, d'une autre façon, *La Chartreuse de Parme* résonnent des échos de ce temps où le petit « lion malade », le « Chinois », baguenaudait en lorgnant les dames lombardes pendues aux bras de hussards chamarrés...

Nous avons bien noté : « ces six mois-là... » Quatre mots qui délimitent le « bonheur parfait » du petit vagabond, interrompu par son entrée dans l'ordre militaire. Car on n'a pas suffisamment peut-être mis l'accent sur le fait que l'adolescent, que ses cousins Daru ont lancé sur la route des Alpes avant de l'accueillir à Milan, est dénué de toute fonction officielle, civile ou militaire. S'il a franchi le Grand Saint-Bernard sous la houlette d'un capitaine c'est, sabre à la ceinture ou non, en simple « pékin » – comme on ne disait pas encore. Et quand il est accueilli à Milan, à la casa Castelbarco, par les Daru, c'est à titre de gratte-papier affecté à l'intendance de l'armée consulaire.

Si nous le retrouvons à la fin de l'année dans les rangs du 6e dragons, c'est en partie de son fait. Un esprit aussi profondément romanesque, aussi avide de manifestation d'« énergie » et d'« héroïsme », et aussi attentif au regard des filles, ne peut se souffrir longtemps démuni des prestiges de l'uniforme. Mais on ne sait trop si l'offre lui vint d'ailleurs – Martial Daru ou Louis Joinville – ou s'il prit l'initiative, ce que l'on croirait volontiers. Le fait est qu'à la fin d'octobre 1800, moins de deux cents jours après son entrée en Italie, Henri Beyle se trouve promu, par la grâce (le « piston ») de Pierre Daru, sous-lieutenant au 6e dragons – uniforme vert épinard aux revers écarlates, long manteau blanc, casque doré hérissé d'une crinière noire –, comme un ténor d'opéra, dût-il penser.

Des sentiments que nourrissait le jeune Grenoblois à l'endroit de l'armée, on est moins informé par sa correspondance de l'époque ou son journal, voire par *Brulard* ou les *Souvenirs d'égotisme*, que par ses romans. Ils sont, sur ce point, ambigus. Julien Sorel admire certes les beaux uniformes des dragons paradant dans les rues de Verrières, mais pour s'arracher à la servitude, choisit « le noir ». Aussi Fabrice après les déconvenues de Waterloo. Lucien Leuwen ne se retrouve lancier lui-même que pour avoir été, en tant que républicain, chassé de l'École polytechnique et exclu d'une carrière scientifique. Et l'on ne saurait dire que la vie de garnison de Nancy lui ait apporté d'autres satisfactions que les longues attentes sous les fenêtres de Bathilde, ou les escapades au *Chasseur vert*.

On en dirait autant du comportement du sous-lieutenant Beyle en Italie, s'il n'y avait cette affaire de la campagne du Mincio qui, pour n'avoir pas bouleversé le cours de l'histoire autant que celle de Marengo, dix mois plus tôt, divise depuis plus d'un siècle le monde des stendhaliens. Quel rôle joua, en cette campagne, notre dragon au poil noir ? En fut-il seulement ? Des lettres adressées à sa sœur Pauline et datées de Milan, à la même époque, en font douter. Mais ces datations sont si incertaines...

La version proposée par le sous-lieutenant Beyle dans sa correspondance et dans *Brulard*, et rapportée notamment par son cousin Romain Colomb, fondateur de la « stendhalogie », nous montre un furieux combattant si ardemment engagé dans le combat de Castelfranco, sur la Brenta, le 14 janvier 1801, qu'il en vient à charger, au galop, deux canons... À qui met cet exploit en doute, Henri fait valoir une attestation écrite du général Michaud, qui commandait les forces engagées à Castelfranco et salue le courage dont il a témoigné ce jour-là. Des moulins à vent, ces deux canons ?

Les sceptiques, à l'exemple de Paul Arbelet, censeur vigilant de Beyle, inclinent en ce sens. Ils font valoir que le certificat signé Michaud est tardif, qu'il a été rédigé par le sous-lieutenant lui-même en tant qu'aide de camp du général ; les « naïfs », de Martineau* à Crouzet, font plutôt confiance aux dires de Beyle, se fondant sur l'honnêteté légendaire de Michaud qui n'aurait pas signé un certificat de complaisance. Non sans observer que le 6e dragons n'était pas globalement engagé à Castelfranco, on se ralliera à ce point de vue. Gasconnade ou pas – et les Gascons n'ont pas foncé que sur des moulins –, on sait que le petit dragon était brave. Il en donnera d'autres preuves, en Autriche ou sur les rives de la Bérézina.

Bref, Henri Beyle a été promu aide de camp du général Michaud contre le règlement qui prescrivait qu'une telle faveur ne saurait être accordée qu'après que le bénéficiaire eut combattu en deux campagnes – ce qu'a fait aigrement observer à Michaud son protecteur Pierre Daru, qui avait d'autres vues sur Henri. Mais n'est-ce pas le même qui a promu le petit gratte-papier sans titre au rang d'officier de cavalerie ? N'est-on pas au temps des généraux de 27 ans, des promotions collectives de maréchaux quasi analphabètes, des couronnes distribuées un soir de bataille, notamment à ce Joachim Murat qui, prié d'expliquer comment il pouvait entraî-

* Qui, dans le *Petit Dictionnaire stendhalien*, fait état d'une pièce en ce sens du « dossier Beyle » au ministère des Armées...

ner ses cavaliers en des charges aussi épiques, déclarait aux belles Milanaises, avec son accent du Causse :

> Je leur crie : « En avant, nom de Dieu, j'ai le cul rond comme une pomme, soldats, j'ai le cul rond comme une pomme[1] ! »

Moyennant quoi, quatre ans plus tard, il était fait, par son beau-frère, roi de Naples…

Sa charge contre les deux canons de Castelfranco ne valut pas tant d'honneurs au sous-lieutenant Beyle. À vrai dire, sa campagne d'Italie n'ira pas beaucoup plus loin, militairement parlant, que ce problématique exploit sur le Mincio. Ses fonctions d'aide de camp d'un chef très bienveillant lui laissent des loisirs et lui ouvrent des portes. Sa guerre, désormais, c'est du tourisme galonné, des cavalcades en uniforme.

Tourisme ? Il a commencé, dès le lendemain de l'entrée à Milan, sa découverte des hauts lieux de la désormais très chère Italie, par celle des sites du lac Majeur et du lac de Côme qui restera à jamais son favori. Puis il a visité Brescia où les femmes ont de si beaux yeux... Aux côtés de Michaud, il découvre Mantoue et Vérone, Reggio d'Emilia et l'ouest de la Toscane. Et ses obligations ne sont pas telles qu'il ne puisse faire un nouveau séjour à Milan, entrevoir, moins silencieux, Angela, et devenir ce qu'on appelle là-bas un *scaligero*, un fervent de la Scala, qu'il décrit ainsi à sa sœur Pauline :

> Il y a ici une salle de spectacle superbe. Imagine-toi que l'intérieur est grand comme la moitié de la place Grenette*. On y joue le même opéra pendant 15 jours. La musique est divine et les acteurs détestables…

Opinion qu'il révisera, comme il fera du premier jugement qu'il porte sur l'*Otello* de Rossini, dont il dénonce d'abord la « froideur ».

La Scala… Entre autres miracles dont elle fut et restera pour lui le cadre, faut-il retenir une problématique rencontre avec ce Choderlos de Laclos, général à la retraite, dont il aurait partagé la

* Haut lieu et centre de Grenoble, à quelques pas de leur maison natale.

1. Prosper Mérimée, *H. B.*, suivi de *Lettres libres à Stendhal*, Slatkine, 1998.

loge*, un soir d'avril 1801, lors d'un bref séjour de l'illustre auteur des *Liaisons dangereuses* à Milan ? Encore un joli thème de débats entre stendhaliens... À en croire notre sous-lieutenant, le vieil écrivain, sortant de sa réserve, se serait dit « ému » de croiser en ces lieux un jeune citoyen de Grenoble où il avait plus ou moins situé les héros de son histoire, cette Merteuil notamment dont Stendhal croyait avoir connu le modèle en Dauphiné, une certaine Mme de Montmaur... Là encore, on voudrait bien que le songe soit vrai, et que sur fond d'un duo de Paisiello, le vieil artilleur et le jeune dragon aient échangé quelques confidences sur Solange et Danceny – qui avaient des choses à apprendre à Clélia et Fabrice...

La musique, l'aide de camp du général Michaud ne se contente pas de l'écouter. Il prétend en jouer, et a jeté son dévolu sur la clarinette : pour l'éternel voyageur qu'il prétend devenir, c'est à coup sûr un instrument plus adéquat que le piano... Il a choisi pour lui en enseigner l'usage « le clarinettiste du 91e » – quitte à s'en séparer bientôt : « il ne vaut rien ». Henri prend aussi un maître d'armes (nous savons que ce n'est pas une précaution superflue...), un professeur d'équitation (à la bonne heure !) et un enseignant d'italien, supérieur à coup sûr au clarinettiste : dès le mois de décembre 1801, il est capable d'écrire à sa sœur Pauline une lettre en cette langue qui, pour pittoresque que soit son « italien », le montre plus doué en un tel domaine qu'au maniement du sabre. Et le voilà lancé dans une traduction de Goldoni, et dans la rédaction d'une comédie, *Le Quiproquo*.

On a dit « tourisme », anticipant un peu sur la création du mot (ou son emprunt à l'anglais) par notre héros, une vingtaine d'années plus tard. Qui a su mieux que lui faire de cette armée, qui lui avait accordé une hospitalité indue, en tout cas généreuse, une sorte d'agence de voyages ? Consulter son carnet de route de 1801, après l'épisode du Mincio, c'est feuilleter un programme de l'agence Cook. 21 février à Vérone ; 23 à Brescia ; le 25 à Mantoue ; le 7 mars à Reggio d'Emilia ; le 2 mai à Bergame ; le 7 juillet à Crémone ; le 19 à Salò ; du 2 au 18 septembre, retour à Brescia où il revoit Angela très entourée, en route pour Venise ; le 26 à Pavie – et le 18 octobre à Turin. Bonne fille, l'armée...

Il vient d'avoir 18 ans. Bien que fort incommodé par le « coup de pied de Vénus » reçu dans quelque lupanar milanais qui

* Loge d'état-major, concédée par les Milanais aux Français.

l'oblige à consulter ici et là des médecins, il porte beau, le petit dragon, et s'agite fort. Notation du général Michaud :

> J'aime beaucoup ce petit Beyle. Il est plein d'esprit... Mais il est trop franc et trop tranchant...

Trop franc ? Trop tranchant ? On trouve ces traits dans « l'histoire de ma vie » dont il a entamé la rédaction, le 18 avril 1801, précisant qu'il écrit ainsi « sans [se] gêner et effacer jamais... fût-ce les fautes de français... ».

Pourquoi cette entreprise, à cette date et à cet âge, alors que mille passions se le disputent, qu'il n'est encore que projets frémissants et disparates, mouvement perpétuel, brouillons et départs, alors qu'il fait penser à ces cantatrices ou ces ténors qui, dans leur loge, vocalisent avant d'entrer en scène ?

L'entame de ce journal* marque évidemment une rupture, et ouvre une perspective. Elle est comme un adieu déjà à ce métier militaire où il n'a fait une incursion que par une sorte de hasard, du fait d'une lubie de son cousin Daru, des ruades d'un cheval suisse et des leçons d'un capitaine en quête d'armée... Mais le fait est que, brusquement versé dans les dragons, le « petit Beyle » s'est soudain pris au jeu. Piètre cavalier, plus médiocre sabreur (mais bon tireur), impropre à la discipline, il s'est mis à rêver. Dans le vent de cette improbable épopée déchaînée puis orchestrée par le général corse, il a cru, quelques mois, que là était son destin : sillonnant Lombardie et Piémont, de Milan à Brescia, de Novare à Crémone, il s'est cru pour un temps (assez bref) engagé, appelé dans cet ouragan qui n'a épargné aucune des grandes âmes de ce temps, de part et d'autre des Alpes et du Rhin.

Le rêve du jeune dragon n'a pas résisté à l'expérience de la vie de garnison. Accoutumé au compagnonnage avec le général Michaud, aux côtés duquel il caracole de Bergame à Reggio d'Emilia, il est constamment rappelé à l'ordre par les lettres (!) du colonel Le Breton, son chef, qui lui signale, de semaine en semaine, que s'il visite agréablement l'Italie, il n'en est pas moins incorporé au 6e dragons...

* On emploie ici le mot de journal qui implique une idée de continuité. En fait, il n'y a pas de « journal de Stendhal », mais « des journaux », fragments, évocations, notations, ébauches de mémoires qui, mis bout à bout par des stendhaliens effervescents, de Romain Colomb à Victor Del Litto, ont fait, minutieusement rabouté, un « journal ».

Mais voilà : ce régiment est stationné au Piémont, passant d'Alessandria à Asti, de Bra à Saluces. Et cet amoureux de la Lombardie déteste le Piémont qu'il voit boueux (« un pays de glaise »). Les villageois lui semblent hargneux. Surtout, surtout, il lui faut s'y astreindre, au sein d'un régiment assez mal famé, à la vie de garnison, subir, à la table du bataillon, les sarcasmes du capitaine Henriet et, pis, les gaudrioles proférées par l'épouse de cet officier... D'où une démission de l'armée qui l'a accueilli en enfant gâté et qu'il quitte en adolescent boudeur.

Ainsi s'achève, dans la déréliction, cette saison du bonheur à triple volet : les armes, l'Italie, la musique. Il a porté les premières, et su qu'il était brave en un temps où il convenait de l'être, et mieux encore de le paraître. Il a bu goulûment à la coupe italienne – lombarde surtout –, comme un assoiffé s'échappant du désert. Et il a, du Cimarosa de Novare aux divas de la Scala – sans oublier sa clarinette – célébré ses noces avec la musique.

L'épisode proprement militaire est clos. Quoi qu'il en ait, si fasciné qu'il reste par la geste impériale, par les grands fauves qu'il ne cessera de frôler des rives du Pô à celles du Niémen, il sait désormais que son génie n'est pas là, que, s'il importe de savoir se tenir droit sous la mitraille, se contraignant – car l'exercice du courage est une voie d'accès au bonheur –, il est irréductible à l'enrégimentement, à la collectivisation. On le verra, en Russie notamment, donner des leçons d'intrépidité à de vieux soldats. Mais, comme l'a fait observer Jean Prévost, son courage est typiquement celui d'un « amateur ».

Regagnant la France – en voiture, le cheval ne lui est décidément pas propice – à la fin de 1801, il n'emporte pas seulement, chevillées au cœur, l'Italie et la musique. Mais aussi la certitude que ce bonheur dont il a fait sa règle de vie ne s'accomplira que par l'écriture, pour peu qu'elle soit vagabonde. Faisant observer, le 20 août 1801, à sa sœur Pauline qu'« un voyage, pour être instructif, doit être une suite de jugements sur les divers objets rencontrés », il ajoute qu'il lui faut désormais apprendre à connaître la France, qu'il ignore. Alors seulement il pourra se prononcer sur l'Italie : ce qui ouvre la voie à une belle carrière de coureur de routes...

De jupons, aussi ? On l'a vu terrassé par la beauté fulgurante d'Angela Pietragrua ; assez ému par la « petite Madame Martin » pour provoquer, à son propos, un ami en duel ; il a fait ici ou là allusion aux beautés de Brescia, et à une « comtesse » qui, pour n'être pas lombarde, n'a pas laissé de le mettre en émoi ; nous savons en outre que, de certaine maison milanaise, il n'est pas sorti indemne, contraint qu'il est d'avoir recours, de garnison en garnison, aux spécialistes. Ses ambitions néanmoins sont plus hautes. On lit, dans le journal qu'il tient, à 18 ans, avec une régularité de vieux professionnel, qu'« inspirer à une femme une haute opinion de ses lumières est un sûr moyen de la conduire à ses fins ». Noble moyen, quelle que soit la fin…

Mais il arrive aussi au petit dragon de choisir une tout autre stratégie que celle des « lumières ». Ainsi lit-on encore dans son journal, à la date du 31 juillet 1801 :

> Je suis ainsi que beaucoup d'autres embarrassé lorsqu'il s'agit d'enfiler une femme honnête. Voici un moyen très simple. Lorsqu'elle est couchée, vous la baisotez, vous la branlez, etc. ; elle commence à y prendre goût. Cependant la coutume fait qu'elle se défend toujours. Il faut alors, sans qu'elle s'en aperçoive, lui mettre l'avant-bras gauche sur le cou, dessous le menton, de manière à l'étouffer. Le premier mouvement est d'y porter la main ; pendant ce temps il faut prendre le vit entre l'index de la main droite et le grand doigt, tous deux tendus, et le mettre tranquillement dans la machine. Pour peu qu'on y mette de sens-froid*, cela est immanquable. Il faut cacher le mouvement décisif de l'avant-bras gauche par des giries**.
>
> C'est Percheron qui m'a donné ce moyen, et il y est expert.

Diable… On sait que les voyages forment la jeunesse. Mais à ce point…

Il n'est pourtant pas de jeunesse si bien formée qu'elle n'attende d'autres lumières. Toutes les « honnêtes femmes » ne vivent pas en Italie…

* Éditeur de La Pléiade, Victor Del Litto rétablit cette graphie, modifiée en « sang-froid » par ses prédécesseurs.

** Selon Littré : plainte hypocrite, jérémiade ridicule.

CHAPITRE II

Passant par Stendal

• « … Pour la gloire » • Iéna ? Non… • Le chapeau du Grand Frédéric • Le « balai des guerres » • Un petit royaume de théâtre • *Plümo* et *Butterbrot* • Le « Génie du Nord » • Mina et les autres • Une approche de Mozart • Mais le génie du Harz ? • « *Der schwarze Franzose* » • Apprenez-moi plutôt l'anglais • *Reisefieber* • Les composantes d'un pseudonyme…

> Ma bonne amie, nous sommes partis (pour l'Allemagne) le 16 à 6 heures du soir plus 3 minutes… Nous allons à Cobourg… mais l'empereur est sans doute bien en avant. Nous allons d'ici à Mayence, de Mayence à Wurtzbourg, de Wurtzbourg à Bamberg, et de là vers la gloire… Quoique je n'aie aucun uniforme à porter, je pars avec assez d'assurance de mon sort futur…

Nous sommes en octobre 1806. Henri Beyle a 23 ans. La destinataire de ce message est Pauline, sa jeune sœur qui est, de toutes les femmes qu'il a aimées, l'une de celles pour lesquelles il aura déployé la plus tendre et diligente attention*. La seule étape que ne mentionne pas le voyageur sur cet itinéraire qui conduit évidemment à Berlin, objectif de cette campagne de Prusse où l'on peut voir le point culminant de l'aventure impériale, et la plus importante : Iéna, où Napoléon foudroya comme par miracle, en quelques heures, l'armée forgée par le Grand Frédéric…

Dans l'une des brèves notices nécrologiques dont il parsème ses écrits intimes, Henri suggère que son recueil des poésies d'Horace a été traversé par une balle à Iéna : ce qui laisse supposer qu'il a pris part, ou qu'il fut témoin de cette bataille fameuse. En fait, il ne quitta Paris que deux jours après la victoire de Napoléon…

* Jusqu'au temps où, devenue veuve, elle lui inspirera l'image de l'huître accrochée à son rocher…

Il est plus crédible quand il écrit à Pauline :

> Nous sommes les premiers Français qui pénétrons dans ce pays, ce qui exige quelques précautions... La tempête subie en Saxe, dans une plaine sans bornes... me donna des sensations inconnues...

À comparer avec les « sensations » vécues sur les pentes du Grand Saint-Bernard...

S'il semble avéré qu'il entra à Berlin sur les pas de l'empereur le 27 octobre, dans la calèche qu'il partageait depuis Paris avec son cousin Martial Daru, on ne rapporte pas sans scepticisme cette confidence faite trente ans plus tard à une amie de son cher Mérimée qui devait devenir l'impératrice Eugénie* :

> J'avais mes deux pistolets soigneusement chargés et amorcés... Napoléon avait pris le grand uniforme de général de division [...]. Il marchait à vingt pas en avant des soldats ; la foule silencieuse n'était qu'à deux pas de son cheval ; on pouvait lui tirer des coups de fusil de toutes les fenêtres...

Hum... Ce qui est plus assuré, ce sont les impressions rapportées des étapes suivantes du voyage, notamment du séjour de près de deux semaines qu'il fit alors à Berlin, logé dans un petit palais proche de l'Arsenal, « bâtiment superbe à côté du palais du roi... Nous en sommes séparés par une branche de la Spree, dont les eaux sont de couleur d'huile verte », écrit-il à Pauline, ajoutant que « Berlin est situé sur une rue de sable... Je ne sais qui a donné l'idée de planter une ville au milieu de ce sable... ». Mais le visiteur n'est pas insensible au charme que dégagent les lacs qu'y forme la Havel.

Le grand moment de ce séjour berlinois, pour cet amateur de héros, c'est évidemment la visite du Potsdam de Frédéric II, sa résidence, son tombeau. Henri Beyle ne cache pas à sa sœur l'émotion qu'il a ressentie à Sans-Souci, en compulsant les manuscrits des poèmes du grand roi agrémentés des corrections de la main de Voltaire, sous la conduite d'un hussard de sa garde qui n'avait été relevé de sa faction que quelques instants avant la mort du souverain : l'heure reste marquée par les aiguilles de la pendule de

* Voir chapitre IX.

l'appartement que nul n'a touchées depuis lors. De l'émotion alors ressentie par le jeune homme, on conserve un autre témoignage, le rappel qu'il en fera trente ans plus tard lors de sa visite à La Brède, la demeure de Montesquieu. Pour marquer la force de l'impression que lui fait la chambre du philosophe, il ne trouve rien de mieux que d'évoquer celle que lui avait faite, à Potsdam, la vision du bicorne du roi traversé d'une balle...

Mais au fond, pourquoi est-il parti pour l'Allemagne, cet amoureux, ce dévot de l'Italie, après avoir, un peu plus de cinq années durant, erré entre Paris, Grenoble et Marseille, esquissé un apprentissage de l'art dramatique, vécu une liaison avec une actrice, Mélanie Guilbert dite « Louason », qu'il a cessé d'aimer sitôt qu'elle est devenue sa maîtresse, sans compter quelques amourettes et passades, l'apprentissage malheureux des affaires dans une maison de commerce marseillaise, d'aigres séjours en Dauphiné près de son père...

Le bouillant sous-lieutenant de dragons de Castelfranco n'est plus guère, au début de 1806, qu'un flâneur aux bottes trouées en quête d'un emploi dans les avenues du pouvoir de la société impériale, contraint une fois encore de solliciter la bienveillance de son cousin Pierre Daru – qu'il a cruellement déçu en démissionnant de l'armée d'Italie où il avait été accueilli contre toutes les règles...

Faut-il juger si méprisante ou injuste la notation de Goethe qui voit en Stendhal un de ces hommes qui furent « poussés çà et là par le balai des guerres » ? C'est bien ainsi pourtant qu'on peut voir notre Beyle, propulsé cette fois vers la Prusse par le « balai » que manie à son profit, dans l'ombre de l'empereur, le puissant cousin Daru.

Moins encore qu'à propos de la campagne d'Italie du printemps 1800, on ne peut parler d'une attente, d'une soif qui aurait entraîné le jeune homme vers les brumes du Nord, après les découvertes des ciels lumineux de l'Italie. Il n'a pas encore lu Germaine de Staël, qu'il admire sans du tout l'aimer, moins pour ce qu'elle écrit que pour ce qu'elle est. Mais il a lu *Werther*, qu'il aime en l'admirant. Il a, pour la philosophie allemande, et si superficielle que soit sa lecture de Kant, de Fichte ou de Schelling, une horreur panique.

Il n'aime, dit-il, que « les pays où l'on a besoin d'ombre », et se croit rebuté par les peuples dont Mme de Staël écrit qu'« ils sont moins occupés par les plaisirs que par la douleur ». Et le froid lui fait mal. « Sa » musique, enfin, celle que lui a révélé, comme par miracle, la représentation magique du *Matrimonio segreto* dans une petite cité alpine, c'est celle qui chante au soleil.

S'agissant des arts plastiques, on eût bien étonné le voyageur d'octobre 1806 en lui faisant valoir qu'il existait une peinture allemande*... Aux yeux de Beyle, les Allemands seraient même incapables de goûter la peinture des autres : on lit, dans *L'Histoire de la peinture en Italie*, qu'« ils ont peur des figures passionnées de Raphaël ». Et s'il ne fait pas fi du grand esthéticien Winckelmann, historien de l'art antique, il goûte peu son néo-classicisme, et moins encore le caractère quasi mystique que prennent volontiers ses hommages à la beauté antique**.

« Balai des guerres » ou pas, notre Beyle de 23 ans va faire irruption dans une Allemagne septentrionale – comment eût-il vécu entre Fribourg et Tübingen, parmi les Provençaux de Germanie ? – en état d'exotisme. Tout, entre le Pô et l'Adige, lui a semblé familier. Tout, entre l'Elbe et la Weser, lui paraîtra étranger. Mais non ennemi. Cet italomane effréné ne sera jamais égaré par la germanophobie. Handicapé par l'ignorance, seulement.

À Berlin, alors qu'il se croyait parti pour Varsovie, ayant ouï dire – il le répète à sa sœur – que « le héros » méditait d'aller infliger aux Russes un nouvel Austerlitz, il apprend qu'il est affecté, en tant qu'assistant de son cousin Martial, à Brunswick, capitale du duché du même nom, à la jonction de la Prusse et de la Saxe, sur l'Oker, affluent de la Weser. Certes, il n'est que l'un des adjoints de Martial, lui-même commissaire impérial. Mais – en attendant d'être nommé intendant des domaines de l'empereur – il aura à cœur de donner du lustre à sa fonction.

* Mengs, peut-être ?
** Si bien qu'il est peu vraisemblable que, fût-il né à Stendal, le choix du pseudonyme fameux lui soit dû. Voir, plus loin, p. 43.

C'est le 13 novembre 1806 que les deux cousins parviennent à Brunswick, au cœur profond de l'Allemagne historique et mythique, à cheval sur la Prusse et la Saxe, où l'on est bien placé pour rayonner vers Magdebourg et Hanovre, Cassel et Brême, Berlin et Hambourg – éventuellement vers Weimar. Observons au passage que, selon toute apparence, le jeune Henri Beyle passe alors par une petite ville qui est une étape possible entre Berlin et Brunswick, et qui jouera un rôle important dans son œuvre et sa gloire : elle s'appelle Stendal*. On reviendra évidemment sur cette circonstance du voyage de notre auteur, et ses conséquences.

En ce début du XIXe siècle, le duché de Brunswick, en dépit de la personnalité du dernier titulaire de cet apanage, a perdu un peu de son éclat. Ce n'est plus, écrit André François-Poncet dans *Stendhal en Allemagne*, qu'« un de ces États en miniature qui pullulent encore en Allemagne et dont Napoléon, artisan de l'unification du Reich, va ramener le nombre à une trentaine[1] ». Mais Brunswick est une des plus vieilles cités allemandes dont deux grands souverains, Henri l'Oiseleur et Henri le Lion (Heinrich der Löwe), ont fait l'un des témoignages les plus précieux de l'architecture allemande dès les XIIIe et XIVe siècles. D'une famille régnante qui a compté des princes éclairés et d'éminents politiques, se détachait le personnage du dernier, Charles-Guillaume, tenu pour le meilleur disciple de Frédéric II et l'un des meilleurs capitaines de son temps : c'est lui, généralissime des forces austro-prussiennes en 1792, qui avait adressé à la France révolutionnaire le fameux « manifeste » qui devait la mettre à genoux, et aboutit à Valmy. Le maréchal venait d'être vaincu et mortellement blessé à Auerstaedt par des forces françaises commandées, en l'occurrence, non par Napoléon mais par Davout (auquel l'empereur voulut bien en attribuer le mérite, non sans lui vouer une rancune tenace...). Son fils Frédéric-Guillaume ayant refusé de se rallier à la France, Napoléon avait dépossédé la maison de Brunswick, annexant le duché au royaume de Westphalie, attribué à son frère Jérôme.

Bref, c'est dans un petit royaume pour opéra baroque que débarque le jeune Beyle en novembre 1806 – mais où subsiste une société cultivée, très majoritairement ralliée à l'occupant, en dépit du sort réservé à son suzerain légitime, imbue de l'idée frédéri-

* Ainsi orthographiée.
1. *Stendhal en Allemagne*, Hachette, 1967, p. 22-24.

cienne que si le courage et la vertu sont allemands, il n'est d'esprit que de Paris. Un théâtre français y fonctionne comme à Orléans ou à Toulouse, et, hormis la boisson – on sert sous le nom de champagne un mélange hasardeux de vin de Moselle et de jus de pomme –, les plaisirs de la table y valent parfois ceux de la conversation.

Dans cette société imbue d'un aristocratisme provincial et vertueux, Henri Beyle, qui vit sous la coupe mais non pas dans l'ombre de son cousin Martial, exerce la fonction d'« adjoint provisoire au commissaire des guerres » sur un territoire, écrit-il à Pauline, « grand comme six fois la préfecture de l'Isère ». Il sera fait un peu plus tard « intendant des domaines » chargé de l'administration des biens du duc exilé. Il précise alors à sa sœur, avec une vanité un peu comique, que les gens du pays l'appellent « Monseigneur » et les Français « Monsieur l'Intendant ».

Ce qui surprend, en l'occurrence, c'est à quel point ce dilettante se prend à ce jeu – on veut dire dans l'ordre professionnel. On a vu à quel point il avait pu être, en Italie, un officier négligent, ignorant les devoirs de sa charge, et même la plus élémentaire assiduité. En tant qu'officier, il avait été une caricature d'Italien. En tant qu'intendant, il est une caricature d'Allemand. Il manifeste en cet exercice, relève André François-Poncet qui sut remplir lui-même de grandes charges publiques*, une remarquable application, un acharnement dans la négociation et le recouvrement des impôts qui lui vaudra deux ans plus tard de réaliser son rêve : être nommé auditeur au Conseil d'État – où il voit le tremplin pour les plus grands emplois, jusqu'à ce que la chute de l'Empire ruine ces espérances.

Mais quoi : on ne porte pas en soi *Lucien Leuwen* et *La Chartreuse* pour se contenter d'« avancer ». Il y a là une société à observer, des femmes à conquérir, des paysages à découvrir, un art à chérir. Il n'est pas un de ces objectifs que notre « intendant » ne vise avec une attention passionnée. Brunswick n'est pas Milan – mais elle propose aussi, recomposés sous ce ciel couleur de vieil argent, ses Angela blondes et ses Mosca aux cheveux rouges…

Passons sur les Mosca : de si haute extraction qu'ils fussent, ces MM. Strombeck et Münchhausen, ces Bülow et ces von Griesheim n'ont pas de quoi mettre en émoi le Milanais frotté de parisia-

* Notamment comme ambassadeur à Berlin.

nisme. S'il se lie avec le premier d'une sorte d'amitié, s'il manque affronter le second sabre en main – encore ! –, s'il disserte avec l'un ou avec l'autre sur Montesquieu, Helvétius ou Lessing, il n'est pas là dans un salon parisien. Et peut-être est-ce parce qu'un certain ennui le guette, ou parce que l'esprit de « sérieux » pèse ici sur toutes choses, qu'il s'astreint à rédiger des *Notations sur le duché de Brunswick* qu'André François-Poncet a jugé bon, dans *Stendhal en Allemagne*, de citer amplement. Ce n'est encore ni *De l'amour* ni *Promenades dans Rome*, mais une aimable incursion dans une ethnographie nonchalante, et une manière de guide pour ceux qu'il est prématuré d'appeler les « touristes » – non sans que jaillissent ici ou là quelques provocations typiquement stendhaliennes.

L'auteur propose d'abord un tableau de l'« état physique » du duché de Brunswick. Cette grande plaine boueuse, parsemée d'îles de sable, de collines et de belles forêts, n'est guère favorisée par son climat. Le pays est triste et plat, « quelques fois ossianique* ». Il y pleut, il y neige beaucoup. Le printemps y est bref. « Jamais on n'y respire un air velouté, si doux aux poitrines délicates… c'est la rareté de cette espèce de temps qui est un de mes principaux griefs contre ce pays. »

Ce qui lui donne l'occasion de parler des conditions dans lesquelles s'effectuent les voyages, de camper notamment une amusante silhouette de postillon : gros et grand paysan à teint frais, affublé d'un sac jaune, un petit cor suspendu en sautoir, trottant sur les routes exécrables, exigeant le pourboire d'avance, indifférent aux réclamations des voyageurs et buvant du schnaps à chaque station…

La nourriture ? Des tartines beurrées, les *Butterbrot*, accompagnées de bière ou de *Bischof*. « Un régime qui ôte toute idée… » Passe pour le bouilli et le rôti ; mais la choucroute est pour lui un « mets bêtifiant » ; les pâtisseries sont acceptables ; les fraises « grosses, belles et sans parfum » ; et le vin n'est pas bon, sauf le madère, qui coûte 4 francs la bouteille !

Mais que dire alors du coucher ! Il fait amèrement l'expérience – toujours pénible pour les étrangers – de ce lit dont le drap de dessus est remplacé par un énorme édredon rempli de plumes, *das Plümo*, et qui donne au dormeur une sueur de fièvre chaude et

* Référence au « barde » écossais alors fort à la mode.

l'agrément de se sentir en communication avec tous les voyageurs qui ont transpiré avant lui sous le même coussin.

De la beauté de la ville de Brunswick, le narrateur ne dit rien. Pas un regard aux églises, ni à la cathédrale, ni au tombeau d'Henri le Lion ! Mais il dépeint minutieusement les vieilles maisons de bois sculpté du XIVe et du XVe siècle, leurs étages en surplomb l'un sur l'autre, leurs petites fenêtres aux rideaux de mousseline, leur pièce unique, où toute la famille se resserre, l'hiver, autour du poêle qui lui rappelle un mot du maréchal Berthier : « Il faut traiter un poêle comme sa femme et une cheminée comme sa maîtresse… » Mais il n'en tire semble-t-il aucune jouissance esthétique.

Sur les habitants, il est plus éloquent. Physiquement, il voit que les Allemands sont plus grands, plus gros* que les Français, avec un teint clair, des joues colorées, des cheveux blonds, de beaux yeux bleus. Quant aux femmes, il les dit les plus belles qu'il ait jamais rencontrées, surtout les servantes. Devançant d'un siècle la thèse selon laquelle certains peuples hellènes seraient des envahisseurs germains venus du Nord, il leur trouve, n'étaient quelques traits vulgaires, un parfait type grec : « Hier, écrit-il, une servante que je trouvai lavant des casseroles dans la cuisine de l'Hôtel d'Angleterre me frappa par la perfection de sa figure grecque… »

C'est avec une sorte de tendresse qu'il dépeint les paysans et paysannes, culottes de peau et jupes à plis ; leurs hautes voitures, le beau bétail qu'ils élèvent. Il dessine le plan d'une maison rurale, signale la passion des Brunswickois pour le tabac et le café au lait, leur manière de danser la valse, deux fois plus vite qu'à Paris, et de former, en dansant, des figures de quinze ou vingt danseurs.

Le chapitre intitulé « État politique et mœurs » tourne court. Des mœurs, il vient justement de parler. Et pour ce qui a trait à la politique, il avoue qu'elle ne l'intéresse pas… Il en revient à la psychologie collective, qui est son domaine. Au fond, les femmes manquent d'âme et les hommes de caractère, d'esprit, d'idées… Ce qui ne tient pas seulement à leur tempérament naturel et à leur climat, mais a été aggravé par la lecture incessante de la Bible, « qui rend niais et enflé », par les institutions, qui leur ont inculqué le formalisme, « le génie jurisconsulte », la manie administrative ;

* Un sujet périlleux pour lui…

enfin, par leur nourriture, dans laquelle il entre trop de pain noir, de beurre, de lait et de bière, et pas assez de vin…

Au surplus – et ici Stendhal, d'un coup, fait une incursion hardie dans l'histoire –, le vice profond dont souffre encore ce peuple de Prusse occidentale, c'est que le servage n'en a pas encore été éradiqué, que l'homme est traité en Allemagne, plus qu'en France, « comme un animal domestique ». Les Germains vus par Beyle sont trop amorphes, trop malléables, trop inertes, trop neutres ; ce qui leur fait défaut, à eux comme à leur climat, ce sont quelques degrés de chaleur ; c'est de la vitalité, de la vivacité, de la spontanéité, du primesaut, de l'ardeur, de l'élan, du nerf. Mais c'est à ses yeux un peuple sain, respectueux du mariage, fidèle, prolifique, vertueux et foncièrement honnête, « comme le prouvent, note-t-il, les envois d'argent, qu'on peut faire, chez lui, par la poste ».

Manque-t-il à l'Allemagne les « génies ardents » comme le Grand Condé ? Si fort qu'il admire *Werther*, Henri Beyle serait tenté de l'écrire, non sans observer honnêtement que les deux grands souverains du siècle passé, Frédéric et Catherine (née Sophie d'Anhalt) étaient allemands…

Au fond, ces notes sur le duché de Brunswick, si pertinentes par endroits, si convenues par d'autres, manifestent chez notre dilettante, au-delà de son hédonisme spontané, un louable souci de pénétration, d'attention plutôt que le médiocre franco-centrisme si courant dans ce genre d'exercice. Mais surtout une profonde nostalgie de l'Italie…

Mais quoi ? Qu'est-ce donc qui vaut dans la vie hormis les femmes et la littérature ? Notre jeune Henri, « Monsieur l'Intendant » de Brunswick, ne reviendra pas, s'agissant des premières, le cœur vide. Dans l'ordre esthétique, de la culture allemande, oui, il aura manqué de pénétration, de lucidité et même de sensibilité. Mais pas dans celui de l'érotisme. S'il est un mot, un nom qui résume cette partie de sa vie, ces deux années prussiennes, c'est à coup sûr celui de Mina – qui reviendra, comme un tendre écho, dans plusieurs de ses œuvres et restera pour lui lié à l'enivrante découverte de la musique de Mozart.

Wilhelmine de Griesheim – qui, dans le Panthéon féminin de Stendhal, apparaît comme la parfaite antithèse d'Angela Pietragrua, nord et sud, eau et feu, chasteté et libertinage – était, à 20 ans, la fille d'un général, ancien gouverneur de Brunswick très attaché au duc vaincu à Auerstaedt, et qui avait refusé de servir le pouvoir français et le roi Jérôme.

Écoutons-le se confier à Pauline, le 9 juin 1807 :

> J'ai eu le cœur de Minette presque dans ma main, il n'a tenu qu'à moi de m'en faire aimer beaucoup... C'est une bataille perdue... Si elle ne m'a pas donné un moment sublime, j'en ai trouvé auprès d'elle de bien délicieux...

Un quart de siècle plus tard, au moment où, dans la campagne romaine, le consul quinquagénaire dessine dans la poussière, du bout de sa canne, les initiales des noms qui résument sa vie amoureuse, les lettres Mi surgissent aux côtés de celles qui désignent Virginie ou Métilde...

Sachant cela, on ne saurait se contenter des quelques références qu'il fait à « cette blonde et gentille Minette, cette âme du Nord telle que je n'en ai jamais vue en France, ni en Italie ». Et il ne suffit pas non plus de désigner en elle le modèle de la Mme de Chasteller de *Lucien Leuwen*, dût-on découvrir à Brunswick le modèle du Nancy où Stendhal a situé ses héros, et y voir même l'origine du nom du héros, ce *Löwe* (lion) accolé au nom du héros prussien et qui donnait son nom à la principale artère de la ville. Il faut traquer Mina à travers ce qui nous reste du journal beyliste de l'année 1807.

Les pages du journal d'Henri ne la montrent pas si naïve que l'image de synthèse en quoi il a voulu la présenter. Le 23 juin 1807 – il la courtise, bien que fiancée à un certain de Heerdt, depuis trois mois –, il la décrit en « extase amoureuse qui n'était pas du sentiment, mais au contraire, ce qui indique un grand moyen de séduction ». Où nous sommes plus près de Laclos que de Mme de Lafayette – avant de nous en rapprocher encore quand ce coquin de Beyle nous raconte qu'il « pince les cuisses » de son amie Mlle d'Oehnhausen, jusqu'à « toucher l'endroit où l'ébène doit commencer à ombrager les lis »... Bigre. Nous ne saurons pas si « la gentille Minette » fut sensible à ce type de stratégie, mais nous retenons qu'Henri, lui, observe que son fiancé lui fait la cour d'une manière qui paraîtrait en France « le comble de l'indécence et de la malhonnêteté… ». Qui est atteint ici – le roué ou l'innocente ? « J'intéresse leur coquetterie », écrit-il.

Mina ne laisse pas de faire preuve, en sa suave gentillesse nordique, de quelque rouerie. À ce Français endiablé, elle s'applique, dit-il, à « tenir la dragée haute ». Elle lui donne un faux rendez-vous où elle se fait représenter par les deux femmes les plus laides de la ville, le harcèle de questions sur ses rivales Philippine et Minna, mais ne peut cacher son « malheur » et son « désappointement » quand il s'occupe d'elles. Du coup, elle lui « serre la main ». On se croirait dans *Comme il vous plaira*, ou dans *Les Jeux de l'amour et du hasard*. Sur les planches, en tout cas, d'un théâtre.

Douce-amère, la comédie de Brunswick ne durera que quelques mois (février-novembre 1807), au moins jusqu'au départ pour l'exil de la famille Griesheim qui ne manquera pas de jeter sur l'aventure une touche cruelle. Exilée par les miens… Notre « intendant » pourra bien attribuer à un certain capitaine Salviati (ce n'est évidemment que l'un de ses 179 pseudonymes…) ces propos désabusés à propos des Allemandes :

> Avant le mariage, elles sont fort agréables, lestes comme des gazelles et un œil vif et tendu qui comprend toujours des allusions à l'amour. À peine le mari trouvé, elles ne sont plus que des faiseuses d'enfants en perpétuelle admiration devant le faiseur…

S'agissant de Mina, la pointe manque son but : son encombrant fiancé tué à la guerre, et le volubile Français enfin sous d'autres cieux, elle finit chanoinesse dans un couvent…

On ne peut manquer d'ajouter, à propos de la dame de Brunswick, ce que relève si bien Philippe Berthier[1] : qu'elle habite l'œuvre de son amoureux de 1807, non seulement à travers *Lucien Leuwen*, mais en donnant son prénom aux héroïnes de *Mina de Vanghel* et de *Le Rose et le Vert* (Mina Wanghen). L'a-t-il, comme il l'assure dans le journal, « éperdument » aimée ? Cet adverbe ne paraît s'appliquer qu'à Métilde la Milanaise. Ce qui le rattache si fort à la Prussienne, c'est peut-être moins une passion amoureuse que l'ardente nostalgie d'un « Nord » qu'il n'a pas su sentir dans sa plénitude – ce nietzschéen avant la lettre.

1. *Espaces stendhaliens*, PUF, 1947, p. 131.

Minette exilée, sinon oubliée, notre gaillard ne devait pas manquer de consolation, au moins dans l'ordre du sexe. Au *Chasseur vert* (ce *Kaffeehaus* cher aux lecteurs de *Lucien Leuwen*, dont les héros se réunissent dans un établissement du même nom, qui devait d'abord donner son titre au roman), Henri ne se contente pas de lorgner les serveuses, raffolant de leurs rondeurs et de leurs rires. Il note, dans son journal du 10 juillet 1807 :

> Ai foutu pour la première fois la fille de l'hôte… La première Allemande que j'ai vue complètement épuisée…

Le 9 novembre :

> Je me suis guéri de mon amour pour Minette. Je couche tous les trois ou quatre jours avec Charlotte Knabelhuber, fille entretenue par un riche Hollandais… Content de moi à ce sujet…

Au fil des pages du journal, on relève les noms d'une Jeanette de Hanovre, d'une demoiselle de B. aux yeux de lumière, d'une « petite voisine » à propos de laquelle il signale que le meilleur remède contre l'amour est de manger des pois… Sans parler de cette Livia Bialoviska, épouse italienne d'un officier mort au combat et qu'il consolera, sur place, avant d'aller la rejoindre cinq ans plus tard chez elle, à Ancône.

Allons, la vie n'est pas si triste en ce septentrion. D'autant qu'il aura bientôt reconnu que l'Allemagne ne laisse pas d'avoir l'oreille musicale, sujet à propos duquel Henri le Dodu ne se fait pas prier. En fait, ce séjour à Brunswick aura surtout pour effet de lui entrouvrir les portes du paradis de la musique – qui s'étaient si magnifiquement ouvertes pour lui un soir de printemps 1800, au cœur des Alpes lombardes…

Devons-nous attribuer à Mina de Griesheim le mérite d'avoir servi en quelque sorte de médium entre Stendhal et Mozart ? Pour s'enivrer de Cimarosa, il n'avait fallu à Henri que ses 17 ans, le ciel d'Italie, un parfum de gloire et une soprano brèche-dent. Pour entrer dans l'univers de Zerline et de Pamina, lui fallait-il les yeux pervenche et les cheveux dorés de cette Prussienne d'apparence assez angélique pour s'autoriser des roueries dignes de *Cosi fan tutte* ? Le fait est que, disant l'enchantement que lui procure le second air du Chérubin des *Noces*, *Voi che sapete*, Beyle écrit : « Tout ce qui me plaît en Allemagne a toujours la figure de Minette » – tant il est vrai que, pour lui, le maître de Salzbourg incarne ce qui le séduit en Allemagne, la quintessence de l'« âme du Nord ».

Sa relation à Mozart évoluera, jusqu'à lui faire préférer à toutes les autres son œuvre la plus intensément latine, ou méditerranéenne, le *Don Giovanni*. Mais pendant très longtemps, il opposera comme incarnant respectivement le génie du Sud et celui du Nord ses deux musiciens préférés, ceux dont il voudra graver les noms sur sa tombe aux côtés de celui de Shakespeare – Cimarosa et Mozart. Il n'a jamais assimilé au premier la brûlante Angela, et moins encore l'insaisissable Métilde. Mais, avec le second, il a voulu très longtemps confondre Mina de Griesheim, la « touchante ».

En fait, le Beyle qui avait pris pied à Brunswick en 1806 mettait en doute, massivement, la capacité des Allemands à accéder, non à la vertu, mais à la beauté. S'il faisait une exception pour *Werther*, il jugeait l'Allemagne trop liée au Moyen Âge, au gothique, pour accéder au beau, à son essence. Celui qui allait être l'un des théoriciens du romantisme, ou du romanticisme, en restait à ce dégoût que l'esthétique médiévale inspirait à un Montesquieu.

De tous ces refus, ou ces myopies, le plus regrettable est à coup sûr celui qui a trait à la floraison, alors, de la poésie lyrique du *Sturm und Drang*. On dira certes que la grande génération d'Hölderlin et de Novalis n'a pas encore délivré tous ses messages, que, découvrant l'Allemagne en 1830 plutôt qu'en 1807, Henri eût mieux pris la mesure de son élan poétique. Tout de même, Schiller est encore en pleine lumière, l'*Hyperion* d'Hölderlin a été publié dix ans plus tôt, l'œuvre de Novalis est largement connue. Mais la bonne société de Brunswick, qui est son herbier culturel en matière allemande, n'en reste pas moins attachée aux principes du temps de Frédéric : l'Allemagne ne sait enfanter que des soldats ou des saints. S'agissant des choses de l'esprit, elle doit pour longtemps faire appel à Voltaire, à Buffon et à Montesquieu…

Le jeune intendant de Brunswick est tout de même trop intelligent pour traiter par le mépris la littérature allemande. Mais il n'en prendra la mesure que plus tard. Il faudra attendre une quinzaine d'années après son départ d'Allemagne et la cruelle épreuve de la rupture avec Métilde, pour qu'opposant, dans *De l'amour*, les personnages du Méridional Don Juan au Septentrional Werther, il accorde sa préférence au héros allemand, à sa manière d'aimer qui

> ouvre l'âme à tous les arts, à toutes les impressions, douces et romantiques, au clair de lune, à la beauté des bois, à celle de la peinture, en un mot au sentiment et à la jouissance du beau.

On ne saurait faire grief au jeune Beyle de n'avoir pas su, s'aidant des arguments de Mme de Staël, se convaincre (et convaincre ses hôtes) du génie poétique de la génération de Novalis. Mais on peut tout de même juger surprenant que cet éternel nomade, si avide de paysages et de sites spirituels, n'ait pas su déceler la signification poétique de ceux de la Saxe prussienne.

Nous le verrons partir pour le Harz, escalader le Brocken, cette « montagne en ruine », sans reconnaître leur lien avec l'explosion du romantisme allemand, cette « adolescence poétique nourrie de désir et d'orgueil, d'ambition absolue et de tendre amour [qui émane] des montagnes du Harz » (Gabriel Bounoure). Il est tout de même étrange que ce magnifique lecteur de Shakespeare et d'Alfieri – mais aussi de Lamartine et de Goethe – n'ait rapporté du Brocken, site de la nuit de Walpurgis, que le pittoresque élémentaire d'une descente dans un gouffre où se poissent les mains le long de la rampe, que ce mot magique ne soit chez lui que celui d'une promenade.

Non moins surprenant, pour un homme doté d'une oreille musicale, est son mépris pour la langue allemande (la « langue des ya ») où il ne trouve guère que pesanteur et raucités (« un croassement de corbeau »). Il a tout de même consenti à se donner un professeur, un certain M. Köchi, annonçant en mai 1807 à sa sœur Pauline que, dans un délai de six mois, il saurait « aux 2/3 l'allemand et la littérature allemande ». Mais les quelques exemples qu'il en donne révèlent son inaptitude au moindre progrès en ce domaine – et peut-être s'en flatte-t-il auprès de ses hôtes qui font tous profession de ne s'exprimer, dans le monde, qu'en français.

Chose curieuse, c'est en anglais, grâce à un maître bellement nommé Emperius, que ce séjour allemand lui fait faire le plus de progrès. Et dans ce milieu si féru de « mesure française », il développe et approfondit sa passion pour Shakespeare – façon après tout de s'approcher du romantisme allemand qui a trouvé dans le *Roi Lear* et *Hamlet* les clés de sa libération de l'étouffant classicisme français.

Les femmes, la littérature... Mais ce jeune homme venu des Alpes par un si grand et beau détour italien ne serait plus lui-même s'il n'était saisi, inlassablement, de la folle passion de partir, de quêter les paysages et la singularité de l'« ailleurs ». *Reisefieber*, fièvre du voyage, disent les Allemands.

Qui ouvre son journal en date du 17 mars 1808, seize mois après son arrivée à Brunswick, y trouve un relevé de ses voyages et promenades qui donnent le vertige :

> Allé à Wolfenbüttel : 9 fois
> à Hambourg : 1 fois
> à Cassel : id.
> à Blankenbourg : id.
> au Brocken : id.
> à Helmstedt : id.
> à Twülpstedt : id.
> à Halberstadt : 2 fois
> à la chasse à l'Elme : 7 fois
> à l'Hasse : 2 fois.

D'où cette notation dans une lettre à Pauline du 8 mars 1807 :

> Je suis très passionné pour les voyages en ce moment. Quand on sait voyager, cela fait bien connaître les hommes...

Et pour ce qui est de « savoir voyager » – en calèche ou en chaise de poste –, on peut dire que notre garçon s'applique à devenir un maître...

Ce séjour allemand ne serait-il fait que de mondanités, de formalités administratives, de lectures, de joutes amoureuses et de voyages d'agrément ? Non. Il s'agit d'une occupation, celle d'une province allemande par les forces impériales qui ont chassé la famille régnante et confisqué le pouvoir. Elle ne pouvait se réduire à une leçon de bonnes manières administrée par les compatriotes de Voltaire à ceux de Frédéric.

Pour se défaire de cette idée flatteuse, il suffit de se reporter à une lettre adressée par Henri à sa sœur le 19 septembre 1808. La désinvolture – ici détestable – du ton ne saurait voiler l'horreur de la scène. Il ne s'agit de rien moins que d'une émeute anti-française provoquée par le meurtre d'un citoyen brunswickois par un des occupants. La foule assiège l'hôpital où s'est réfugié l'assassin :

> Avant-hier, bataille ! Une fusillade où une vieille femme, les deux mains croisées sur le ventre, a eu l'avantage de les avoir percées comme Notre-Sauveur, et de plus le ventre, et d'aller sur-le-champ éprouver l'effet de sa miséricorde. Sans compter plusieurs coups de sabre dont personne ne se vante. ... *Fer-flou-Ke-ta Françauze**, hurle la foule... ce qui veut dire f... gueux de Français !... Vingt personnes étendues autour de moi ; les autres se sont précipitées contre les murs, moi seul debout. Une belle fille de dix-huit ans, la tête presque sous mes bottes... Je la crois blessée ; elle frémissait violemment, mais non pas de ma main, qui tâtait très innocemment un fort beau bras bien frais ; je la relève pieusement pour voir si c'est la jambe qui est cassée ; la bataille s'engage, de nouveaux coups de fusil partent ; je la porte contre un mur ; je pensais à Sganarelle portant Clélia ; je la mets par terre ; elle me regarde, me fait une jolie révérence et s'enfuit. Cependant les soldats accourent... Ici, mon style devient plus humble parce que le héros s'en va...

On a vu, on verra heureusement Stendhal mieux inspiré que dans ce morceau où la goujaterie le dispute au mépris le plus vulgaire. Le statut d'occupant ne porte pas à la noblesse du cœur...

Mais notre Dauphinois n'a pas laissé pour autant à la société de Brunswick le souvenir d'un massacreur sadique. Dans ses *Mémoires* (cités par André François-Poncet), son ami M. de Strombeck rapporte qu'on le surnommait *der schwarze Franzose* (le Français noir) du fait de sa tignasse d'ébène, et ajoute :

> C'était alors un jeune homme de culture scientifique, âgé de 26 ans environ. Doué d'une vivacité toute française, il possédait en outre

* *Verfluchte Franzosen.*

> une bonhomie souveraine. Il venait presque chaque jour me voir, m'accompagnait dans mes promenades à cheval, et passait parfois, plusieurs jours dans mon domaine. Nous nous sentions de l'amitié l'un pour l'autre.

Et d'autres mettront l'accent sur son caractère bon enfant (*gutmütig*), sa gaieté, son entrain, non sans observer avec ironie que ce jacobin se fait de préférence appeler « de Beyle » et cachette ses lettres avec des armoiries que s'est fait octroyer son père, dont il déteste la dévotion aux Bourbons...

Les Bourbons ? C'est à un épisode fameux de la stratégie de Louis XIV qu'il consacre alors, étrangement, son premier essai historique, une *Histoire de la guerre de Succession d'Espagne*, soixante-quinze pages rédigées pendant une retraite d'une semaine au château de Richmond, près de Brunswick. C'est l'époque où, délaissant ses premières tentatives de comédie, n'ayant pas encore opté pour le roman, il se croit voué à l'histoire... On y reviendra*.

Quel bilan dresser de ces deux années allemandes ? On doit observer d'abord qu'elles n'ont fait qu'aviver sa passion vagabonde et qu'à quelque titre que ce soit, il ne rêve toujours, embrigadé qu'il est dans la grande machinerie impériale, que départs lointains et exils nouveaux. Ses lettres à Pauline sont émaillées, à ce propos, de suggestions étranges. S'il n'y est plus question de Pologne, on y trouve formulée l'hypothèse d'un départ pour l'Espagne, où s'amorce la désastreuse expédition que l'on sait, laquelle ne saurait se passer des Daru. Mais on y découvre aussi cette étrange question : « Serai-je employé à l'expédition des Grandes Indes ? » (10 juillet 1807). Et cette observation cavalière : « Je ne m'ennuierais certainement pas en faisant la guerre en Turquie... » (même date).

Henri Beyle fait de plus en plus penser à Montaigne qui, une fois parti pour la Lorraine, la Suisse et l'Italie, aurait, selon son secrétaire, « volontiers poussé jusqu'en Pologne » ou « au bout du monde ». Et de l'auteur des *Essais* lui-même :

* Chapitre IX.

> Le voyage me semble un exercice profitable. L'âme y a une continuelle excitation à remarquer les choses inconnues et nouvelles... Je ne sache point meilleure école à former la vie [1]...

La Saxe prussienne n'aura pas envoûté Henri comme l'a fait la Lombardie. Mais c'est en cela même que l'épisode est, s'agissant du personnage, profondément intéressant. Son impérieuse quête du bonheur ne le porte pas seulement vers le savoureux, le délectable, mais vers l'ailleurs, le différent, vers tout ce qui n'est pas le connu, le délimité, le possédé. La chasse au bonheur vise moins un gibier que le déploiement de l'énergie qu'elle suppose vers l'autre, conquis(e) ou non. Il n'a possédé aucune des femmes qu'il a aimées jusqu'alors – Virginie, Victorine, Angela, Mina... Celles qu'il a « eues », Mélanie ou Mme Rebuffel, ou la « dame sous le réverbère » de Marseille, ou la robuste Charlotte Knabelhuber, en quoi participent-elles à son bonheur ?

Ces années allemandes, tout de même, ont permis à Henri de « prendre corps », si l'on peut dire. Il n'a pas combattu à Iéna, ni conquis Mlle von Griesheim, ni découvert l'art allemand (Mozart entrevu, tout de même) ni affiché les talents de Valmont. Mais il n'est plus le marginal aux coups de tête imprévisibles, le hors-la-norme dont on ne sait que faire. Surtout pas lui... Son journal s'affine, ses lettres se corsent, il a trouvé un ton. Et son aptitude au service public est avérée. La Lombardie n'avait été qu'un miracle désordonné. La Saxe prussienne est son examen de passage social – sans concession majeure à l'« ordre établi ».

L'épisode allemand, il est tentant aussi de le résumer en la découverte d'un trésor : le pseudonyme sous lequel Henri Beyle allait dix ans plus tard présenter ses ouvrages, délaissant les « Bombet » et les « M. de Léry » qu'il avait, entre autres, essayés. Quand il publie *Rome, Naples et Florence* en 1817, il signe cet ouvrage – le premier qui ne soit pas une compilation – « M. de Stendhal, officier de cavalerie ». Choix qui mérite qu'on s'y arrête

1. Montaigne, *Journal de voyage en Italie*, Gallimard, 1983, p. 153.

un instant, ne serait-ce qu'en raison de la rareté des explications qu'en donnent les plus éminents stendhaliens. Que cet écrivain français fou d'italianité et d'escarpements soit allé chercher la signature de ses œuvres dans cette plaine nordique qui ne retenait guère son attention, qu'il ait fait choix d'entrer en gloire sous un nom allemand plutôt que de s'afficher comme « M. de Bergame » ou « le chevalier de Novare », voilà qui mérite d'être examiné.

Stendal (puisque telle est l'orthographe de la localité choisie) n'est qu'une petite ville sans lustre particulier, sinon qu'elle fut jadis la capitale de la vieille marche du Brandebourg, sur la route entre Berlin et Hanovre, ou Brunswick. Henri Beyle y a vraisemblablement fait escale au cours de l'une de ses pérégrinations saxonnes. Mais lui qui cite tant et tant de localités traversées en Allemagne septentrionale ne fait jamais la moindre mention de Stendal. Et il n'a jamais donné à aucun de ses intimes les raisons de ce choix.

Dans un de ces « lundis » consacrés à ce M. Beyle qu'il avait fréquenté sans l'aimer et dont il ne parlait qu'avec une certaine condescendance, Sainte-Beuve suggère que le nom de cette localité fût choisi par l'écrivain parce qu'elle était la patrie du grand historien de l'art antique Johann Winckelmann, inspirateur de l'art néo-classique. Peut-être. Mais il se trouve que notre Beyle ne goûtait, on l'a vu, ni le « spiritualisme » de cet esthéticien, ni le néo-classicisme...

On serait tenté plutôt de trouver, en ce choix de Stendhal, une question de sonorité quasi musicale, de vibration. Pour cet amoureux de musique, même (depuis peu) allemande, ces deux syllabes rendaient un son à la fois doux et net, bon pour la voix d'une cantatrice nommée Mina. Quant à l'adjonction d'un *h* après le *d* du nom d'origine, on se réfère volontiers à l'explication donnée par l'excellent germaniste André François-Poncet :

> La graphie avec un *h* correspond à la prononciation allemande... dans laquelle l'accent porte sur la dernière syllabe et la dentale *d* s'accompagne d'une légère aspiration : Beyle a écrit « Stendhal » comme il l'entendait prononcer [1].

L'« âme du Nord », le regard de Mina, la musique de Mozart, un début de maîtrise dans le maniement des choses de l'État, un

1. *Op. cit.*, p. 12.

apprentissage de l'histoire, et le pseudonyme mystérieux : l'excursion allemande aura en fin de compte apporté à ce jeune homme de 24 ans un surcroît d'énergie, ou de moyens pour la mettre en œuvre. On peut voir en ce Brunswick d'Henri un lieu d'affirmation, le Nancy de Lucien, le Verrières de Julien, sinon le Parme de Fabrice…

CHAPITRE III

Le requiem de Vienne

• *Kermesse héroïque* au long du Danube • Pas question de Napoléon... • Un nomade frénétique • Lectures et gaillardises • « Il ne manque que l'ennemi... » • Les brûlés d'Ebersberg • Rosine et le Kaiserlich • « Vienne glisse sur moi... » • Un empereur « crinche » • L'adieu à Joseph Haydn • L'amour selon les Viennoises • De l'usage des hôpitaux • Un citronnier fleuri pour Babet • Sigisbée de la comtesse de Palfy • Mission secrète en Hongrie ?

Et voici que s'ébranle, une fois encore, le grand cirque impérial – cette fois en direction de Vienne. L'ordonnateur – on dirait aujourd'hui le *manager* – en est toujours Pierre Daru, fait « comte d'Empire » et mieux que jamais en cour. Et, une fois encore, le petit cousin Henri est invité à prendre place dans la troupe, de plus en plus fournie, des « commissaires des guerres ». Mais cette fois non sans un semblant de logique.

Si l'aventure du Grand Saint-Bernard et la grande excursion vers la Prusse relevaient du pur arbitraire familial, d'une sorte de tourisme d'État, la « performance » du jeune Beyle à Brunswick a fait de lui un prétendant logique à de telles fonctions. Et comme, entre-temps, quelques mois de vie à Paris ne lui avaient offert aucun « bonheur » nouveau, ni dans l'ordre érotique, ni dans celui de la pratique, va donc pour l'expédition d'Autriche : entre une autre Mina, une nouvelle Charlotte, se profilera bien l'ombre de Mozart. Et quelle joie plus grande que de prendre la route ?

C'est Strasbourg qui est le lieu de convocation. Du Rhin au Danube, l'excursion promet, arquebusades ou non, d'être fort belle. Elle le fut, comme en témoigne le journal du commissaire Beyle – qui, rendant compte de ces semaines du printemps 1809, ne fait rien d'autre que le récit d'une fête picaresque, dans le ton de la *Kermesse héroïque* de Jacques Feyder. Faut-il, comme Michel Crouzet, voir dans ces quelques dizaines de pages le « chef-d'œuvre » du journal de notre commissaire de 26 ans ? On trouve ici, dans le galop de ces pages jubilantes, l'esquisse des meilleurs morceaux d'*Henry Brulard* écrit vingt-cinq ans plus tard par celui qui est déjà le maître écrivain du *Rouge*.

On ne saurait se glisser dans sa calèche (il ne s'est pas réconcilié avec l'équitation depuis l'aventure alpine !) sans relever les quelques notes qu'il a griffonées plus tard au bas de la page de garde du chapitre autrichien du journal :

> Par prudence, je n'écrirai rien :
> a) Sur les événements militaires.
> b) Sur les relations politiques avec l'Allemagne, et surtout la Prusse assez bête pour ne pas attaquer.
> c) Sur les relations de Dominique [c'est de lui qu'il parle ainsi] avec le plus grand des hommes…

On s'en voudrait de se gausser d'un écrivain si digne d'affection, mais cette « prudence » affichée à propos de questions politiques ou militaires qu'il n'est pas en mesure de connaître, et de ses relations avec Napoléon – qu'il ne put, au mieux, que croiser ou apercevoir – relève tout simplement du bluff…

Moyennant quoi, on lit avec jubilation ce carnet de route où l'amour de la nature le dispute au goût pour les êtres, et au sens comique le plus aigu. Notons que c'est dans une lettre à sa sœur Pauline, du 19 avril, qu'il résume son état d'esprit de nomade frénétique :

> Pas un moment à moi. Je n'ai encore dormi, depuis Strasbourg (une semaine), que dans la voiture. Cette vie m'enchante. Je me trouve dans mon centre. Ces deux derniers jours, j'ai fait 20 lieues chaque matin avant de déjeuner*…

Feuilletons maintenant le journal. La rive droite du Rhin, en quittant Strasbourg, lui paraît d'autant plus agréable, et lui inspire d'autant mieux des « sentiments favorables à l'Allemagne », que

* Hum. Quatre-vingts kilomètres en voiture ? C'était la moyenne des étapes journalières.

son regard croise celui d'« une belle fille » et qu'un ami, dans sa calèche, chante un air de Mozart. Tout ici l'incite à « penser à Minette »...

Un cocher malhabile jette-t-il leur voiture dans le fossé ? C'est l'occasion de faire escale à l'auberge de Pforzheim où paressent « trois filles au teint frais », qui ont de « jolies figures ».

> Je prends le c. de celle qui l'était le moins [jolie]. J'aurais pu la... [un blanc, ce qui est rare chez lui en ces occurrences] mais je trouvais cela imprudent au début de la campagne... [admirable stratégie] [et] je fus heureux jusqu'à Stuttgart... ayant lu pendant la route *La Vie d'Alfieri*...

Stuttgart, Louisbourg, le Jura souabe, Neubourg, Ulm, « des paysages à la Claude Lorrain », note-t-il. La médiocrité ou la jalousie de ses compagnons ne peuvent rien contre l'euphorie où il vit, ni même les « bourrades » (nous dirions vexations) que lui inflige d'une étape à l'autre Pierre Daru, qui semble acharné à lui faire payer en harcèlements de détail la faveur persistante dont il le fait bénéficier... Comment résumer mieux l'homme qu'il est alors que dans ces mots adressés à sa sœur :

> Je vais être par monts et par vaux... Le repos, avec notre caractère, est l'avant-garde de la mort.

Henri a beau professer – comme en témoignera plus tard Prosper Mérimée – « que l'on ne saurait faire campagne si l'on est gastronome », il ne dompte pas toujours une certaine gloutonnerie qui contribuera à faire de la « tour ambulante » de naguère le nomade obèse des promenades dans Rome. À l'entrée d'une auberge, du côté de Neubourg, il s'entend héler par son compère Montbadon, le seul de ses compagnons qu'il tienne en estime : « Venez partager ma fricassée ! »

> J'entre : trois jolies filles... dont une ne l'était pas trop, la seconde pas du tout à cause de la petite vérole, mais faite comme un ange, si cependant les anges ont de gros culs... la troisième avait une fluxion mais une physionomie pleine de douceur et d'agrément. Nous rîmes une heure avec elles... Ce genre de plaisir procède... de mon imagination trompeuse... qui m'empêche de voir tout le laid. L'illusion que j'éprouve est du genre de celles que donne le

spectacle. Enfin, il fallut les quitter… Nous les aurions eues si nous eussions passé la nuit à Neubourg…

Mais le voilà, notre gaillard imaginatif, consolé par la traversée du « beau Danube… qui ressemble assez au Rhin à Genève [la plume d'Henri court si vite que Rhône ou Rhin…] Paysage superbe. Tout a été charmant pour moi à Neubourg : beau pays, bel orage, ville bien bâtie, jolies filles, ce qui donne un vernis charmant à tout le reste… ». Quel bon et brave voyageur, tout de même, cet Henri dauphinois, dès lors qu'il s'est, comme Montaigne, « mis en branle », et que son imagination « l'empêche de voir tout le laid »… Landshut, Ingolstadt, le Danube… « Voilà le spectacle le plus intéressant que j'aie vu de ma vie… » note-t-il, non sans observer qu'« il ne manque ici que l'ennemi, et un incendie… ». Imprudent propos : voici justement toute une troupe de chevau-légers de la Garde qui « enivrés par les seaux de vin qu'on distribuait à l'abbaye, ont été rôtis… ». Mais ce n'est là encore qu'une « horreur aimable ».

En arrivant à Ebersberg, où le maréchal Masséna a dû livrer un dur combat pour passer le pont, ils trouvent une ville incendiée, où partout gisent des cadavres, la plupart français, presque tous brûlés… « tellement brûlés et noirs qu'à peine reconnaissait-on la forme humaine du squelette… ». Et leur voiture est obligée de passer sur ces cadavres… « Sur le pont, un Allemand mort… fidélité et bonté allemandes peintes sur sa figure, qui n'exprimaient qu'un peu de mélancolie. » Son ami Montbadon redescend du château « où cent cinquante cadavres brûlent encore, la plupart français – qu'il a reconnus aux favoris… Apercevant un bel officier mort et voulant voir par où, il le prend par la main – la peau de l'officier y reste*… »

Notre intendant qui se disait si propre, du fait de son imagination, à « ne pas voir le laid », apprend ainsi « ce que c'est que l'horreur ». Il a « presque mal au cœur de ce spectacle ». Non sans observer en outre, à propos d'histoires de logements, que « sans le caractère usurpant, intrigant, effronté, on ne fait rien à l'armée… ».

* Le trait sera repris dans l'épisode de Waterloo de *La Chartreuse de Parme*.

C'est sur un autre ton qu'il écrit à Pauline.

Nous arrivâmes à Neumarkt vers 10 heures du soir... un déserteur autrichien que j'ai pris pour domestique... vient m'apporter des tranches de bœuf, mais recouvertes d'une cristallisation de sel. Je les déchirais... lorsque, par une fente du volet, j'aperçois le général P. en chapeau brodé à cheval sur une botte de paille attachée à une charrette...
– Où allez-vous donc comme ça, mon général ?
– À ma brigade. On dit qu'on se bat aujourd'hui... mais je suis au désespoir, je ne sais comment arriver...
– Puisque vous êtes au désespoir, venez manger du bœuf infernal avec moi.
Il entre et mange comme un voleur... Entre M. Daru : « Allez faire le logement à Als-Œtting ! » Sur la route, même bagarre que la veille. Mais on avait enlevé les morts. À Als-Œtting, nous trouvons la Garde impériale... les généraux défendant que personne soit logé avant eux... Je volais un billet* et parvins à mon numéro 36. J'y trouvai une comtesse environnée de ses enfants. L'aînée, une fille de 17 ans, peu jolie mais fraîche et surtout très bien faite, parlant français comme sa mère. Les petits enfants avaient des yeux superbes. Je pris l'air doux et mes plus belles phrases allemandes. Moyennant quoi je fus adoré au bout d'une demi-heure...
J'étais tranquillement dans une chambre, sans feu et sans lit, à feuilleter le *Voyage of Moore in Germany*, lorsque la mère et les six enfants entrent dans ma chambre. « Monsieur, les Autrichiens ! »... Mlle Rosine marquait beaucoup d'intérêt pour le sort qui m'attendait : « Vous allez être fait prisonnier, ça c'est sûr. » J'étais beaucoup plus occupé de cette aimable figure... que de l'approche du redoutable Kaiserlich... Nous montons dans le donjon. Mlle Rosine me retient par le bras... Nous voyons effectivement les têtes de 5 ou 6 régiments de cavalerie... Mais je reconnus que c'étaient des cuirassiers de chez nous... Quand je sortis, Rosine ne m'accompagna pas mais sa mère vint me faire promettre que je viendrais passer la nuit à la maison « pour empêcher le bruit »...
Comme j'avais vanté Rosine à mes camarades, ils voulurent me prouver qu'au n° 37, à côté de mon 36, il y avait une demoiselle beaucoup plus jolie. Ce coup m'accabla... M. C. assura que j'étais un sybarite... Mlle Rosine s'amusait beaucoup, elle avait toujours des attentions pour moi. Mais elle paraissait très bien aussi avec M. C. ... Le charme tomba net. Avant notre départ, la comtesse

* De logement.

> voulut encore nous servir du café. Elle avait mis un jaune d'œuf dans la crème...

La conclusion de cette lettre à sa sœur achève de nous attacher, s'il en était besoin, à ce folâtre guerrier :

> ... Le sommeil me gagne... Je voulais seulement te donner un échantillon d'une journée pendant laquelle j'ai pensé plus de vingt fois à toi ; tout ce qui m'attendrit me ramène à ce sentiment. Aujourd'hui, il n'est plus question de Rosine : je suis devant une mauvaise copie d'une belle madone du Guide... Adieu. Amitiés à tout le monde, et surtout compliments aux indifférents [1].

Splendide d'*allegro*, de débraillé, d'« inattendu » magique est ce récit de voyage à travers l'horreur que vient soudain distraire un regard, un sourire, un élan de tendresse ou de comique, cette errance de bohème glouton mais diligent, attaché à son seul bonheur d'être. Sous nos yeux, ce Chérubin fessu et mafflu se construit, se bat comme on bat une crème, l'œil égrillard, la main leste, l'appétit féroce, toujours avide d'épinards, de côtes de bœuf flambées et de pommes de terre au four. Mais brave, oui, brave, et le cœur généreux – et même, cet égotiste si souvent égoïste (ou s'en vantant) capable de dévouements inespérés ou spontanés. À 26 ans, on le voit naïf comme à 13, et soudain saisi des visions historiques d'un diplomate chevronné. Dans ce torrent de la guerre, on croirait voir se couler en roucoulant un faune en quête à la fois de nymphes et d'Argonautes...

Vienne... On attend un morceau de bravoure *alla milanese*, un chant d'amour à cet autre paradis musical où – s'il fit moins bon accueil que Prague à *Don Giovanni* – s'épanouissent ou mûrissent les gloires musicales du début du siècle, de Haydn à Schubert. Et, bien que le premier livre de celui qui sera Stendhal y ait trouvé sa source*, on n'entend ici que des échos, aimables mais assourdis

* Sous le pseudonyme de Louis-César-Alexandre Bombet, Beyle publiera en 1815 *Lettres écrites de Vienne en Autriche sur le célèbre compositeur J. Haydn.*

1. *Lettres à Pauline*, *op. cit.*, p. 428-435.

(*piano, piano*…), de l'hymne que lui a inspiré la capitale de l'opéra. « Vienne, qui est une ville charmante, glisse sur moi », écrit-il à Pauline. Et encore :

> … Partir de Vienne me déchirera le cœur. Mais quinze jours après, je n'y penserai plus qu'agréablement, surtout en voyageant.

Il n'a jamais écrit cela de Milan. Mais il n'a pas encore fait les rencontres les plus heureuses…

Il y est arrivé, le 12 mai 1809, jour de la capitulation de la ville au lendemain de la bataille de Wagram, partageant l'ivresse des vainqueurs sans avoir pris part à leur dernière et très sanglante épreuve. Il n'avouera clairement qu'à Pauline sa non-participation à la bataille fameuse, précisant à sa sœur qu'un accès de fièvre l'avait écarté de ce « spectacle à jamais regrettable* : cinq cent mille hommes se sont battus pendant cinquante heures… » (Sur sa chaise longue, « accablé de mal de tête et d'impatience », il affirme avoir « distingué chaque coup de canon** ».)

Dès son arrivée à Vienne, il a dû s'aliter, victime d'une nouvelle atteinte vénérienne. Nous ne savons pas à qui il en était redevable – n'ignorant pas qu'au cours de ce mois de vagabondage guerrier, de Strasbourg à Sankt Pölten, dernière étape avant Vienne, il a croisé beaucoup de jolies filles, ne se retenant pas toujours d'aller trop loin comme il l'avait fait, on l'a vu, lors de la première rencontre, sur le Rhin, « en début de campagne »…

Ce beau séjour à Vienne sera d'ailleurs marqué par divers incidents de ce type, et une anecdote contée dans *De l'amour* nous révèle qu'il se trouva que l'héroïne de l'une de ses bonnes fortunes viennoises fit preuve d'un dévouement tout particulier pour l'imprudent conquérant. Est-ce « Babet », une comédienne nommée Lisbeth Rothe, qui lui fut ainsi dévouée ? En tout cas, nous la retrouverons. Non seulement pendant cette saison viennoise, mais à Paris quelques années plus tard.

C'est en tout cas un Henri alité et malade que retrouve le 2 août son ami Félix Faure, qu'il a invité à venir le rejoindre en Autriche, assez malade pour voir se concerter auprès de son lit un praticien local nommé Carino et le chirurgien-major de la Garde. Mais

* Dans le sens qu'il regrette de l'avoir manqué…
** Wagram est distant de Vienne d'une trentaine de kilomètres.

quelques jours plus tard, le 8, les deux amis s'en vont visiter Schönbrunn, à l'occasion d'une revue qu'y passe Napoléon. C'est Faure qui tient la plume :

> J'ai trouvé l'empereur très engraissé, il prend du ventre... Pendant le défilé, il prenait du tabac en s'adressant aux généraux qui l'entouraient, et se frottaient les mains...

Alors que son ami trouve beau que soient ainsi rassemblées les troupes de six ou sept nations, Beyle, lui, n'y voit que « des moutons rassemblés pour être menés à la boucherie... » (la guerre ne paraît-elle devenue si laide que privée du mouvement qui l'emportait naguère ?).

Le visiteur note tour à tour dans son carnet que Vienne ressemble à « une grande ville de province en France », que l'on n'y voit guère que des gens du commun, et que les Français y jouissent d'une étonnante sécurité. Il lui faudra entendre d'Henri l'explication à ce double paradoxe : que la haute société autrichienne, pour marquer son refus de l'occupation française, s'est tout simplement retirée dans ses terres de Hongrie...

S'il est assez souvent question, dans les notes viennoises de notre « commissaire aux guerres », de la placidité, de la bienveillance des Autrichiens à l'égard des occupants français, il sait déceler les signes d'un rejet des Viennois. Notamment dans une lettre à Pauline où il raconte comment quelques camarades et lui ont décidé d'assister à un *Te Deum* à la cathédrale Saint-Étienne en l'honneur de l'empereur François II, le vaincu de Wagram.

Quand monte l'acclamation qui salue l'arrivée du souverain, il sent, dans la foule, à l'égard des Français, un mélange de « curiosité » et de « haine ». Et voici l'empereur, acclamé avec ferveur, en dépit de son air « insignifiant, usé, fatigué » et même « crinche » (mot d'argot dauphinois, qui signifie à peu près minable...), « un homme à mettre dans du coton pour qu'il ait la force de respirer » (trait qui fait penser à Saint-Simon, que Stendhal aimait tant...). « Crinche » ou pas, voilà en tout cas qui en dit assez long sur le sentiment des Viennois occupés : pour exalter ainsi une icône ternie, faut-il qu'ils en aient sur le cœur...

Lors de la soirée qu'il passe à l'opéra de Vienne pour y entendre le *Don Giovanni* qu'il trouve seulement « bien chanté », on ne sait si Félix est accompagné d'Henri. Quelques bévues commises dans son récit – il prend Ottavio pour le fils du commandeur – donnent à penser que notre mélomane n'était pas là pour éclairer son ami. Ce qu'il dit de la salle jugée plus vaste et belle que celle de Paris semble pourtant bien refléter l'opinion de l'auteur de la *Vie de Rossini*, surtout quand il met en cause le « charlatanisme » français. Mais la grande « heure musicale » d'Henri Beyle à Vienne, ce n'est pas à l'opéra qu'il l'a passée...

Deux semaines avant l'entrée à Vienne de l'armée française, Joseph Haydn, maître de ce Mozart pour lequel l'admiration d'Henri ne cesse de croître, et le musicien auquel il consacrera son premier ouvrage, s'est éteint à 77 ans, dans un faubourg de Vienne, entouré d'une ardente vénération. « Papa Haydn », dit-on ici... Et comme pour rappeler que, tout occupée qu'elle soit par l'étranger, Vienne reste une capitale culturelle fière de ses maîtres, ses compatriotes ont décidé de lui offrir un solennel hommage en faisant jouer à sa mémoire non l'un de ses chefs-d'œuvre, mais le *Requiem* de Mozart qu'il eût probablement choisi lui-même pour ses adieux.

Lettre d'Henri à Pauline :

> Haydn s'est éteint ici il y a un mois environ*; c'était le fils d'un simple paysan** qui s'était élevé à l'immortelle création par une âme sensible et des études qui lui donnèrent le moyen de transmettre aux autres les sensations qu'il éprouvait. Huit jours après sa mort***, tous les musiciens de la ville se réunirent à Schotten-Kirchen pour exécuter en son honneur le *Requiem* de Mozart. J'y étais, en uniforme, au deuxième banc ; le premier était rempli de la famille du grand homme : trois ou quatre pauvres petites femmes en noir et à figures mesquines. Le *Requiem* me parut trop bruyant et ne m'intéressa pas ; mais je commence à comprendre *Don Juan*, qu'on donne en allemand, presque toutes les semaines, au théâtre de Widen...

* Le 31 mai 1809.
** D'origine croate.
*** En fait, le 15 juin.

Ce « trop bruyant » vise-t-il l'exécution, ou la partition du *Requiem* elle-même ? Que ce chef-d'œuvre n'ait « pas intéressé » un mozartien (encore en apprentissage... il est vrai) comme Stendhal a de quoi surprendre. Mais on relève avec joie qu'il avoue à sa sœur goûter *Don Juan* « chanté ici en allemand », privé des grâces de l'italianité, et se délecter notamment de cet air méridional par excellence qu'est la romance que le séducteur, déguisé en Leporello, chante sous la fenêtre d'Elvire... Il confie à sa sœur qu'il accourt « tous les soirs ventre à terre » à l'opéra pour entendre le *Vieni alla finestra*... traduit en allemand...

Chose curieuse, l'auteur de *Haydn, Mozart et Métastase* ne nous dit rien, ni dans son journal, ni dans ses lettres, de la moindre pratique musicale de sa part, dans cette cité mélomane par excellence. Lui qui s'était mis à l'étude de la clarinette en Italie sous la conduite d'un quelconque orphéoniste militaire, qui a pratiqué la musique depuis lors à Brunswick avec Philippine de Bülow, qui a chanté semble-t-il quelques airs, ne fait mention, ni dans son journal ni dans sa correspondance, d'un apprentissage musical en ce lieu où tout y convie, où il n'est pas de quartier qui n'abrite un professeur de musique. On retient pourtant ceci, à Pauline : « Travail jour et nuit. Cheval, filles et musique divine le reste du temps... » Mais il s'agit plutôt de musique écoutée que jouée.

Alors, les dames ? Le 15 juin 1809, il s'est plaint à Pauline de sa « solitude pour le cœur ». Mais il n'est là que depuis quelques semaines... Il se dira possédé, le mois suivant, par une « fièvre d'ambition » qui lui tient lieu pour un temps de « passion » – non sans reconnaître que le succès ne couronne pas cette attente, il aura « bien vite oublié ces désirs brûlants ».

Bien sûr, il y a les autres. Et Vienne est une ville qui incite à l'amour, où l'*odor di femmina* ne flotte pas seulement sur la scène où chante le trompeur de Séville, mais dans les jardins, sur les bords du fleuve, dans la campagne alentour. Ouvrons *De l'amour* :

> Rien n'est plus complaisant, plus doux qu'une Autrichienne. Chez elle, l'amour est un culte, et quand elle s'attache à un Français, elle l'adore dans toute la force du terme. Il y a des femmes légères et

capricieuses partout, mais en général les Viennoises sont fidèles... Quand je dis fidèles, c'est à l'amant de leur choix, car les maris sont à Vienne comme partout.

Et de citer le cas de « la plus belle personne de Vienne » qui, ayant « agréé l'hommage d'un simple capitaine de l'état-major de l'empereur », est depuis lors assiégée par tout ce que la Grande Armée compte de séducteurs chamarrés. Eux qui n'ont connu de cruelle ni à Paris, ni à Milan, ni à Berlin sont ici éconduits. Et comme il s'en étonne auprès d'elle, il reçoit de la Viennoise cette réponse qu'il juge bon de faire imprimer en italiques : « Mais mon Dieu, ne savent-ils pas que je l'aime ? » Commentaire de Beyle, où l'admiration l'emporte sur l'ironie : « Voici un singulier propos, et assurément fort indécent. »

Mais lui ? Beyle résumera plus tard sa position à Vienne, dans l'ordre érotique, par cette formule quelque peu cavalière : « J'ai deux maîtresses, l'une que j'enfile et l'autre que j'adore. » On ne saurait être moins hypocrite. Cette dichotomie n'en semble pas moins artificielle, car s'il paraît bien avéré qu'il n'« enfile » pas celle qu'il adore, il ne se contente pas d'honorer physiquement – et non sans risque, et pour elle, et pour lui – la première. Nous savons déjà qu'il s'agit d'une « Babet ». Il lui est assez passionnément attaché pour provoquer bientôt en duel, à son sujet, un certain commandant Raindre, bretteur réputé, qui l'aurait à coup sûr embroché si la belle n'avait arrangé les choses...

De cette Lisbeth, ou « Babet », on ne peut douter qu'Henri fut bien amoureux. Écoutons-le s'épancher auprès de Pauline, confidente par excellence :

> ... Je crois qu'on a actuellement de l'amour pour moi, et qu'on n'en a que pour moi. Je viens de passer deux heures dans le tête-à-tête le plus tendre, mais une petite maladie m'empêche de profiter de cet amour... Deux ou trois personnes qui connaissent ma conduite me reprochent d'avoir trop fait pour l'amour... J'ai cependant fait une imprudence aujourd'hui. C'est le jour de naissance de B. [évidemment Babet]... Jour de fête dans ce pays. Je lui ai envoyé un joli petit citronnier tout couvert de citrons et qui s'élance au milieu d'une touffe de fleurs [ce qui a été] très remarqué. C'est une faute. Huit jours d'indifférence apparente dérouteront l'attention des malins...

À propos de Babet, encore, cette notation si savoureuse cueillie dans *Brulard*. Henry est jaloux du passé comme du présent.

> Tu le recevais dans ta chambre !
> – Mais tout était chambre pour nous dans ce château. Et il avait les clés !

Dans *Vies de Haydn, Mozart et Métastase*, publiées dix ans plus tard, notre séducteur ventru évoque des spectacles viennois où paraît une certaine Lisbeth. C'est à coup sûr d'elle qu'il est question, comme dans une lettre à Pauline où il confie qu'il a emmené au Prater, « la plus belle promenade d'Europe, dans une maison de chasse criblée de balles et de boulets où il n'y avait personne, l'objet qui fait seul mon destin ». Étrange vocabulaire, qui sent d'un coup, si près de l'« enfiler » cité plus haut, sa *Nouvelle Héloïse*... Mais Babet était trop viennoise pour ne pas préférer ce style un peu poudré au ton de l'ancien officier du 6e dragons.

Le « seul » objet, cette Babet au citronnier fleuri ? Nous sommes là en septembre 1809. Et tout va changer, dans cet ordre de choses, vers la fin d'octobre, quand paraît une personne qui dès lors encombre – c'est le mot – le journal de Beyle. Il n'est presque plus question que d'elle, sous trois ou quatre pseudonymes divers. Et sans vouloir nous mêler (un peu tard) des affaires de notre héros, nous ne pouvons cacher un certain agacement à voir ainsi envahir le couple délicieux, enivrant, que forment Vienne et Henri – Vienne sous les formes, probablement dodues, de « Babet », mais aussi de Haydn et de Mozart, du Prater et de Schönbrunn, par une personne débarquée du coche de Paris dans un grand arroi d'autorité et de titres, et qui vient jeter – sans malice d'ailleurs – quelque chose d'impérial et de centralisateur dans l'exotisme désuet de l'épisode viennois.

On a compris qu'il s'agit, déjà entrevue en Allemagne, d'Alexandrine Daru, l'épouse imposante de l'imposant cousin Daru. Non content de manipuler la vie publique du remuant jeune homme de Grenoble, ce couple va, en sa personne à elle, bouleverser la sensibilité et l'imaginaire d'Henri. N'était-il pas suffisamment enchanté par les déesses du Prater et de Schönau, par les enivrantes virevoltes de Zerline sur la scène de l'opéra viennois ? Lui fallait-il se laisser envoûter par la matrone – d'ailleurs assez belle, et bienveillante – qu'a peinte David entre deux autres gloires impériales, avec son diadème, son air si satisfait, son corsage si bien rempli, son regard de Junon assurée que Jupiter ne la trompe qu'à son détriment à lui ?

Henri avait connu bien sûr cette opulente cousine, son exacte contemporaine, quand il fréquentait la maison Daru, à la veille et au retour de son équipée italienne. Mais il était alors surtout sensible aux agaceries de sa petite cousine Adèle (avant de succomber aux charmes de la mère). C'est en Allemagne, pendant une escale commune à Halberstadt, près de Brunswick, qu'il avait commencé de « cristalliser » pour l'épouse de son cousin, déjà dotée de quatre enfants*. Il avait d'abord exprimé à Pauline en terme rassurant la naissance de ce sentiment : « Elle m'a montré de l'amitié », puis décrit à sa sœur ses rapports avec sa cousine comme ceux d'un page amoureux d'une reine...

Et voici comment le journal d'Henri évoque le placide surgissement de la cousine, désignée tour à tour comme Mme Z., la « comtesse (ou princesse) Palfy », du nom d'une noble famille viennoise, ou Mme D.

> Son premier abord fut exactement ce qu'il aurait été pour un autre. Elle se leva pour m'embrasser. Je n'osais pas (faute d'usage) et lui pris la main faiblement...
> – Je croyais que les belles Brunswickoises vous retenaient... Il y a bien longtemps que nous nous sommes quittés. Vous êtes-vous ennuyé ?
> – J'ai beaucoup regretté que vous ne fussiez pas venue plus tôt, lorsque Vienne était jolie... Mais je ne me suis pas du tout ennuyé...
> – On m'a dit que vous aviez été malade. Est-ce fini ?
> – Oui, entièrement...
> Dans cette première entrevue, on m'offrait une place beaucoup plus élevée que celle que j'occupais jusqu'ici. Avec un ton plus résolu, je la prenais** et acquérais une prépondérance immense, mais aussi j'affichais***...

* Elle en a cinq quand elle arrive à Vienne.
** La place, pas la dame...
*** Je me démasquais ?

Alors commence une curieuse relation entre ce paillard vagabond transformé en sigisbée d'une timidité confondante (il s'agit tout de même de l'épouse imposante de son cousin et protecteur...) et une matrone qui fait semblant de ne pas comprendre. Et peut-être ne comprend-elle pas... Henri, invité à le faire, s'improvise le guide empressé – mais presque muet – de la dame, du Leopoldsberg, où elle « descend dans [ses] bras », au Kahlenberg, où ils montent (lui passant le premier) par une échelle, dans un grenier. Oh ! Oh ! Commentaire du page rondouillard :

> Mon grand tort est de n'avoir pas pris au commencement ce ton galant qui permet de tout hasarder...

En somme, note-t-il :

> Je m'occupais trop de sa sûreté et pas assez de galanterie.

En amoureux transi, il est désarmant, le cher Henri. Par exemple :

> Au moment du départ, elle a paru s'attendrir pour moi. Elle a même eu des larmes aux yeux, mais je suis loin de croire qu'elles fussent sincères, et ensuite qu'elles fussent pour moi... Une fois elle me tend la main... avec peut-être de la tendresse... Je baisais cette main qui s'avançait... Tout ça est assez imprudent. Les spectateurs croient peut-être qu'elle m'aime, et les sots vont peut-être jusqu'à croire que je l'ai. Son « Adieu, mon cher cousin » est dit en avançant la tête... Je l'embrasse, son voile coupe le baiser en deux, mais enfin il fut donné avec âme et reçu sans froideur, à ce qu'il me parut.

Tout est étonnant dans la manifestation de ce qu'il appelle lui-même sa *bashfulness*, sa timidité, cette inhibition dont l'intensité est exactement proportionnée à celle de l'amour en pleine « cristallisation ». Quand l'ardeur du sentiment se mesure à l'interdit du geste, et même du mot... Tout ce qui fera treize ans plus tard la matière de *De l'amour* – écrit à propos d'une autre.

Ce qui rend irremplaçables ces pages du journal de Vienne inspirées par la matrone venue toutes voiles dehors de Paris troubler le merveilleux bal viennois et faire peser sur ces échanges du Prater tout bruissant de Haydn et de Mozart la massive intrusion de la France impériale, de ses ambitions, ses règlements, de sa hiérarchie en toc, c'est l'extraordinaire dissonance entre le sentiment et son objet. Autant nous sentirons dix ans plus tard la farouche résistance de Métilde Dembowski digne d'inspirer les douloureux impairs du visiteur de Milan, autant nous demeurons surpris des inhibitions provoquées par cette flamme viennoise, tant celle qui l'inspire nous paraît, comment dire, « ignifuge »...

D'où l'intérêt que présente, pour le stendhalien dévot, cette fureur maniaque du jeune Henri pour la « comtesse Palfy » dont le pseudonyme viennois masque mal la placidité de matrone française, et dont il a deviné la « communerie » de « bourgeoise qui se carre ». Où l'on voit qu'en voyage, mieux qu'ailleurs, se développe, chez Stendhal, une fièvre spécifique, un amour de l'amour, qui n'attend même pas, pour cristalliser, un objet digne de lui, et tient peut être au génie du lieu.

L'affaire ne restera pas sans suite. Revenu « sur terre », privé de la fièvre du voyage, de l'exaltation exotique, Henri poursuivra sa chasse à l'imposante cousine, priant gravement son ami Louis Crozet de rédiger une « consultation » pour savoir s'il doit ou non pousser sa poursuite à l'extrême. Ayant reçu un avis favorable, il livrera ce qu'il a appelé la « bataille de Bècheville* » – où il se contraindra à un aveu** qui fait penser à la saisie de la main de Mme de Rênal par Julien. Plutôt mourir que ne pas le faire : et, dans un cas comme dans l'autre, plus de défi à soi que de vrai désir. Nous verrons Henri happé par l'amour, jusqu'au délire. Ici, ce n'est qu'affaire de domination de soi, de « face » et d'énergie.

Simple intermède érotique, donc, cette saison viennoise entre soins prodigués par l'amoureuse Babet et les parades de la « comtesse Palfy » aux appas généreux ? Non. L'expédition d'Autriche, comme sa mission en Saxe prussienne, aura donné au « commissaire » recruté par Pierre Daru l'occasion d'affirmer que l'égotisme le plus débridé peut donner place à un certain dévouement à la chose publique... Chargé notamment de s'occuper cette fois des hôpitaux, en cette campagne particulièrement sanglante, on l'a vu, Henri Beyle porta autant de soins à cette tâche que naguère au recouvrement des impôts dans le duché de Brunswick.

* Nom d'une résidence des Daru.

** Qui, de toute évidence, ne brisa pas la résistance de la dame. Une note du *Journal* de Beyle, en date du 20 septembre 1809 – « Tout cela se termina en 6 minutes, 2 mois après, et je l'ai eue un an de suite, 6 fois par semaine » –, relève de la pure galéjade...

Faut-il attacher un crédit sans réserve à cette page de son cousin Romain Colomb, qui, dans l'esquisse biographique qu'il lui a consacrée – pionnier en matière de beylisme –, décrit le jeune commissaire de Vienne comme un véritable héros :

> Beyle était abandonné avec les malades et les approvisionnements dans une petite ville dont la garnison avait été jugée plus utile ailleurs. Ce dépôt était placé sous sa responsabilité, à lui, comme officier d'administration. Le pays était mal disposé à notre égard, et n'attendait qu'une occasion pour nous le faire sentir. À peine la garnison avait-elle quitté la ville qu'une insurrection formidable s'organisa, le tocsin sonna, toute la population se leva. Il ne s'agissait de rien moins que de massacrer les malades à l'hôpital, et de piller ou brûler les magasins. Privés de troupes, les officiers militaires de la place ne savaient où donner de la tête.
> Les abords de l'hôpital s'encombraient, les cris de mort se faisaient entendre ; au péril de ses jours, Beyle se jette dans ces rues abandonnées à une multitude de furieux, et pénètre dans l'hôpital. Les convalescents, les malades, les blessés, tout ce qui peut un instant se tenir debout ou à peu près, il fait tout lever, il arme tout. Les plus impotents, il les met en embuscade aux fenêtres, qui, garnies de matelas, deviennent des meurtrières ; les autres, cavalerie, infanterie, toutes les armes confondues cette fois sous l'uniforme lugubre de l'hôpital, il en fait un peloton ; il ouvre les portes et se précipite sur l'émeute. À la première décharge, tout se dissipa.

Pour donner crédit à cette histoire exemplaire, Romain Colomb se réfère à l'article nécrologique consacré à Beyle par Auguste Bussière dans *La Revue des Deux Mondes* du 15 janvier 1843. Les nécrologies des hommes illustres sont souvent bienveillantes. Mais on ne peut pas dire que ce fut la gloire alors accordée à l'auteur de *Lucien Leuwen* qui porta l'autre au dithyrambe… Dans une note rédigée pour une réédition* de l'opuscule de Colomb, Victor Del Litto exprime les plus expresses réserves à propos de ce récit édifiant, mais c'est pour ajouter que, dans l'accomplissement de sa mission de directeur des hôpitaux militaires à Vienne, Beyle montra un zèle et un dévouement indiscutables – dût-il recourir lui-même aux soins de ces services en raison des rechutes du mal dont nous avons parlé. Rechutes provoquées par quelques imprudences ? C'est pour le moins vraisemblable. On peut se conduire à

* Aux éditions Slatkine.

telle heure en page timide, et à telle autre en faune impénitent... Et, s'agissant de « Babet », un jour en infirmière, le lendemain en diablesse..

Vienne n'est pas encore la capitale de ce qu'on appellera bientôt l'Autriche-Hongrie. Mais, de la capitale de l'Empire, le pays des Magyars est vu en quelque sorte comme la Vénétie par les Milanais, où les terres sont abondantes, la campagne hospitalière, les résidences somptueuses : on a déjà cité Henri Beyle, observant que la noblesse s'y est retirée « dans ses terres » pour ne pas accueillir l'occupant français.

Quelle était la nature de la mission dont fut chargé Henri Beyle pour s'y rendre, en juillet 1809 ? Il ne le précise pas dans la lettre qu'il écrit à sa sœur, indiquant seulement qu'il n'a pas perdu l'occasion de « voir cette célèbre Hongrie » qu'il a trouvée « superbe », ornée de « vignes magnifiques », peuplée de paysans en costumes croates, « absolument celui de nos hussards » – moustaches comprises... Cette évocation quelque peu frivole nous instruit bien peu des raisons de ce voyage.

Romain Colomb, toujours en quête de faire valoir son cousin, suggère qu'il fut alors mêlé à une mission très considérable – la préparation du mariage entre l'empereur des Français et la fille de cet empereur François d'Autriche qu'il a vu si débile au cœur de la foule viennoise. Fallait-il donc courir en Hongrie pour obtenir l'agrément des pieux Habsbourg à cette union avec l'ogre ? Franchement, ici, la bienveillance prend la figure de la naïveté – comme chez cet autre commentateur qui voit l'inventeur du comte Mosca (en qui l'on a pu retrouver quelques traits de Metternich...) chargé d'aller convaincre les Hongrois de se séparer de la couronne des Habsbourg...

Nul doute que Mosca eût fait ici merveille, et même peut-être celui qui sera vingt-cinq ans plus tard le très avisé consul de France dans les États du pape. Mais que le jeune M. Beyle ait été alors chargé de redessiner la carte de l'Europe*...

* On lit tout de même ceci, dans *Rome, Naples et Florence* : « Pourquoi en 1809 n'avoir pas donné la Hongrie à l'archiduc Charles ? » Souvenir d'une intrigue ?

CHAPITRE IV

À la conquête d'Angela P.

• Deux mois de vacances • Rompre, ou conquérir ? • Cinq dans la diligence • Un gentleman milanais • Le jardin de Buffon • « Mon cœur est plein... » • « *Il Chinese !* » • Le pouvoir exécutif... • « Pars, pars ! » • La « victoire » du 21 septembre, à 11 h 30... • Bologne et Florence en courant • Les oiseaux du Colisée • De Pompéi au Vésuve • Un scénario pour Da Ponte • « Propos canaille »... • Une histoire de la peinture ?

Cette fois, il s'agit d'un « vrai voyage » : on veut dire du déplacement placide et bien minuté d'un personnage assuré de sa destination, de ses moyens, de ses aises, en quête de découvertes désintéressées, fussent-elles opérées dans un pays déjà plus ou moins connu, et d'autant mieux désirable. Il ne s'agit plus de ces accrochages un peu suspects au char d'Alexandre, dans les fourgons de la gloire, des excursions d'une cantinière virile avide de sensations fortes, jamais rassasiée de frôler les champs de bataille, de humer l'odeur de la mort, de lorgner en passant des villes et des femmes conquises ou offertes en holocauste...

Nul ne s'étonne de voir Henri Beyle mettre à nouveau le cap, puisqu'il est libre – deux mois de congé – sur l'Italie. Depuis son retour d'Autriche, à l'automne 1809, il a prospéré, se voyant enfin nommé auditeur au Conseil d'État, puis inspecteur du mobilier impérial. Il ne s'agit là ni de la préfecture du Rhône, ni de l'ambassade à Naples – mais d'une honorable ascension dans cette hiérarchie impériale dont la vulgarité fracassante ne peut faire oublier les hauts faits qui l'ont fondée ni le génie qui l'inspire. Le congé accordé par l'éternel Daru (« Monsieur Z... » dans le journal) – pas fâché de voir le petit cousin s'éloigner de sa femme ? – a failli prendre la forme d'une mission, peut-être vers une ville du Nord, sinon vers Rome où l'empereur envisage de réinventer ses relations avec le Saint-Siège. En fin de compte, le projet évaporé, Henri s'est retrouvé doté de deux mois de vacances – qu'il ira donc passer au-delà des Alpes.

Cette fois-ci, on se demande pourquoi il met le cap sur Milan... C'est, bien sûr, pour retrouver l'inaccessible (jadis...) Angela ? Oui. Mais s'il part, et vers un lieu très grisant où peuvent l'attendre en effet de ces fortunes que l'on dit bonnes, c'est aussi pour rompre le « cycle Palfy », cette cour épuisante, déprimante, faite depuis deux ans, à coups de demi-aveux et de requêtes passionnées, à l'imposante Alexandrine qui ne lui permet que des gestes dont la famille (nombreuse) ne saurait s'alarmer, et dont lui, Henri le Luron, ne saurait se satisfaire. Il n'en peut plus d'attendre ces faveurs défendues. Et bien qu'à la veille du départ « on » l'ait prié de surseoir, et sur un ton assez affectueux, il prend le large. Peut-être pour se faire regretter...

Angela ? Il n'a jamais cessé de rêver à cette beauté irradiante, fût-elle inaccessible. Si vivement ému qu'il ait pu être par Victorine ou Mélanie, par Adèle, par Mina, avant la « comtesse Palfy », la signora Angela est toujours là, érotique, exotique. Et lui-même n'est plus le Chérubin marginal du temps de Marengo. Il est devenu un dandy parisien aux bottes bien cirées, aux habits cintrés, aux chapeaux conquérants, qui promène fièrement son embonpoint de jeune notable. Il a vu du pays, et laisse derrière lui une maîtresse en titre, la cantatrice Angelina Bereyter.

Alors, si l'expédition italienne n'a pas pour unique objectif la conquête de la Vénus lombarde, il est bien entendu que Milan en sera la première étape, et que rien à Milan, hormis la Scala, ne sera l'objet de démarches plus constantes que la somptueuse Pietragrua. Qui sait ?

Fouette, cocher !

Nourrit-il un projet d'écriture, de chronique, de « reportage », dirions-nous aujourd'hui ? Pas vraiment. Nous n'ignorons pas que, depuis le début de 1801, il tient un journal dont on a pu apprécier la croissante saveur. Nous savons qu'il se veut, qu'il se sait écrivain, traînant avec lui des brouillons de comédies (« comme Molière », suggère-t-il). Mais ce n'est qu'après ce voyage italien que l'idée lui viendra de publier ses notes, et deux livres. On lit dans *Rome, Naples et Florence* :

> ... Mon but en voyageant n'était pas d'écrire, mais la vie de voyageur rompant toutes les habitudes, force est bien de recourir au grand dispensateur de bonheur ; il faut s'imposer un travail, sous peine de regretter Paris. On écrit au crayon dans les moments perdus, en attendant les chevaux de poste etc. ; l'été, on écrit assis dans les églises, lieux très frais, d'une jolie obscurité, exempts d'insectes et de bruit...

Écrire n'était pas chez lui un but : c'était un besoin, une évidence. Une respiration – « regrets de Paris » ou pas. Et le moins qu'on puisse dire est que l'itinéraire qu'il parcourt alors, à raison de vingt à vingt-cinq lieues par jour, est de ceux qui inspirent le voyageur... Et que la formule du « journal », alors, est propice aux libres découvertes, et à l'exercice de la lucidité. C'est à cette source qu'est emprunté le plus souvent ce récit, qui en dit long sur lui, mais aussi sur son art du voyage.

> Hier, 25 août 1811, j'arrêtai une place à une diligence qui transporte à Milan moyennant 168 francs. J'ai la deuxième place* pour le départ du 29 août à 8 heures du matin...

Angelina, qui partage si bien ses nuits sans beaucoup l'émouvoir, accompagne de pleurs bien venus ce départ en quête d'une autre...

> Je craignais d'avoir pour compagnons des militaires français garnis de leur croix et regagnant leur corps en Italie, bêtes, insolents, hâbleurs... Heureusement, j'ai été quitte de cette engeance... dont on relèvera les ridicules...

Sa chance lui donne un compagnon inespéré en qui il a vite décelé « un épicurien comme moi », et qu'il prend pour « un bourgeois de Milan » – qui n'a rien de commun avec « un bourgeois de

* Il y en avait six. Il avait donc bon espoir de n'être pas laissé en plan.

France »… Ayant mis la conversation sur le thème de la société milanaise et vanté les grâces de Mme Gherardi qui, récemment disparue, en était l'étoile au temps de son premier séjour, il apprend qu'il parle de la sœur de ce charmant compagnon, nommé Giacomo Lechi, grand notable s'il en fut… Il y a des gens, comme ça, qui ont de la chance ! Encore heureux qu'il n'ait pas entamé la conversation en daubant sur les frasques de la divine Gherardi (de son goût pour Murat, notamment…).

Dans le cadre étroit de la diligence, ils sont là cinq personnes enfermées pour neuf jours – et tous ne sont pas aussi charmants que Giacomo le Milanais. Il y a là aussi un Génois nommé Scotti, assez grossier d'apparence et de style, une petite marchande de coton qui, au cours de la nuit, prie gentiment son voisin (pas Beyle, le Génois) de cesser ses agaceries (« Finis, finis ! ») et une bourgeoise, grossière, gloutonne, énorme…

On fait escale à Tonnerre, à Montbard où plane le souvenir de Buffon – encore que le jardin du grand homme, loin de respirer la « magnificence », ait quelque chose « de dur et de sec ». Mais voilà-t-il pas que ce grossier compagnon qu'est M. Scotti se met à chanter, fort bien, « à l'italienne ». Et notre voyageur s'en trouve tout attendri. La musique décidément, et jusqu'au cœur du voyage – italien, après l'allemand –, est son univers…

Dijon, Auxonne, Dôle, Poligny, Champagnole :

> Je ne me sens d'intérêt que pour ce qui peint les mœurs des hommes…

Tiens, en voyage, le voilà qui substitue « mœurs » à « cœur » : mais on est presque au pays de Julien Sorel, qui fera se rejoindre les deux thèmes… Mieux que le paysage l'intéresse la conversation avec le charmant Giacomo Lechi (« l'homme qui en parlant m'a causé le plus de plaisir depuis dix ans… ») lui donnant à penser que cette Révolution française qu'il admire tant a peut-être « exilé l'*allegria* d'Europe pour un siècle… ». Le futur Stendhal se prend-il soudain pour Rivarol ?

Allegria ? C'est dans un autre registre qu'on va voir, lors d'une halte, le gros Henri nous rappeler qu'il la pratique sous des formes diverses :

> Je prends les deux culs à une fille d'auberge passable. J'entends une clarinette et un violon qui ne le sont pas, mais me font plaisir…

Genève… Onze ans après la cavalcade au bord du lac… Est-ce du fait du gouvernement républicain ? Cette ville ressemble à une « prison très proprement tenue ». Même les filles ont l'air froid.

> Physionomies anglaises […] ce qui explique peut-être le caractère de l'homme le plus illustre qu'elle* ait produit.

On ne l'avait pas surpris encore si grincheux à l'encontre de Rousseau… Seule bonne note au bord du lac : « la politesse des domestiques genevois entre eux »…

« Mon cœur est plein… de sentiments, de délices… Je suis sur le point de pleurer » : il est, ce samedi 7 septembre 1811, à Milan, « où s'est passée l'aurore de ma vie ». Et pour donner quelque sens à ce qu'il appelle « cette tendre pitié de moi-même », et à son attachement à la beauté de Milan, il jette d'emblée sur le papier le nom magique :

> Je rapporte tout à Mme Pietragrua… Je ne peux faire un pas dans Milan sans reconnaître quelque chose d'elle… J'aimais ce quelque chose parce qu'il appartenait à la ville qu'elle habitait…

Mais comme pour nous éviter de le prendre pour un niais, il ajoute cette notation si heureusement dissonante :

> Une certaine odeur de fumier me prouvait plus que tous le reste… que j'étais à Milan.

En matière de dissonances, nous n'en avons pas fini avec lui. Il nous avoue qu'il craint fort que l'émotion qu'il éprouve à revoir, très vite, Angela Pietragrua, « ne [soit] pas partagée », sa passion malheureuse l'ayant fait paraître « ridicule à ses yeux ». Alors, avant de l'informer de sa visite, il confie froidement :

> Je me suis fait br… [un blanc] hier à mon auberge pour tâcher de diminuer ma sensibilité.

* La ville.

Mais s'il prend son temps – un petit peu de temps – pour affronter la Divine, il se précipite, dès le soir de son arrivée, à la Scala, où – faute de remède contre cette émotion-là – il manque « se trouver mal et fondre en larmes ». Et le voilà parti dans la réminiscence frémissante de ces deux années* « sans femmes » passées à Milan. « Timide, fier et méconnu** », pourvu d'un seul habit « décousu par-ci, par-là... », en somme « dans la position de Chérubin... mais la grâce me manquait ».

Mais maintenant, Chérubin s'est fait comte, sinon Don Juan, et il sonne chez la Pietragrua, qui le fait attendre un quart d'heure, « le temps de me remettre un peu ». Et la voici.

> J'ai vu une grande et superbe femme. Elle a toujours le grandiose qui est formé par la manière dont ses yeux, son front et son nez sont placés. J'ai trouvé plus d'esprit, plus de majesté, et moins de cette grâce pleine de volupté...

Angela ne le reconnaît pas. « Cela m'a fait plaisir... » (plutôt que de rappeler le petit nigaud de jadis...). Il se nomme, rappelle les noms amis de jadis. Et elle a ce cri : « *Il Cinese !* », « Le Chinois ! ». (On n'a pas oublié ce sobriquet, inspiré naguère à ses camarades par sa face camuse, brune, ses yeux étirés...) Mais il constate que ce « Chinois » n'a pas laissé le souvenir d'un soupirant ridicule, mais celui d'un garçon très gai. Et comme il « plaisante sur [son] amour » d'adolescent, elle lui lance très simplement : « Pourquoi ne me l'avez-vous pas dit alors ? » (Ce qui ne signifie pas qu'il suffisait de parler pour...) Bref, il y a « un peu d'embarras » entre eux, mais il juge son esprit « supérieur aux embarras de ce genre... ». Bon point de départ...

Voici que se présente celui qu'il appelle le « tenant » – l'amant en titre –, un certain Widmann, noble vénitien, « un peu prince de l'Empire », avec lequel il s'en tient à une « politesse prévenante » – et qui s'avérera de bonne composition. Comment Henri ne se prendrait pas à projeter d'« avoir Mme P. en passade ». Comme pour l'encourager, voici qu'Angela avoue « à haute et intelligible voix devant tout le monde... qu'elle avait fait bien des folies depuis moi... ». (Ce « depuis moi », compte tenu des dates, et du

* 1800-1801.
** À 17 ans...

rôle de figurant joué par le petit dragon de 1801, est un beau trait d'égotisme...)

Bref, les choses se présentent bien :

> Elle ici, à Ancône, Mme Bialoviska*, Naples et Rome là-dessus, je n'aurais rien à désirer...

Est-ce le pot au lait de Perrette ? Non, les choses vont bon train, pour ce qui est de l'escale milanaise en tout cas. Certes, le lendemain, Angela ne le reçoit pas « avec un empressement gai et fou », mais l'« observe beaucoup », comme pour le jauger, et, en route pour visiter le Palais Brera, la plus belle collection d'art de Milan, lui offre, à lui, son bras. Ainsi s'en va-t-il, donnant le bras *alla nostra dea*, vivant un temps de « bonheur parfait », brillant en commentant les chefs-d'œuvre du musée, « homme du grand monde... homme à traits... et en italien ! », choisissant de la séduire plutôt que d'admirer un portrait de Monti...

Décidément, conclut-il : « je me trouve, sur les 6 heures, aimer Mme Pietragrua ». Merveille ? Mais non : « la timidité naquit... un noir affreux remplit mon âme... ». La cristallisation, c'est l'entrée en pathétique... Ce soir-là, la Scala elle-même lui paraît fade... mais le plus étrange, c'est qu'il ne se « promet pas un grand plaisir à être dans les bras de Mme P. ... ». Même quand la *nostra dea* lui confie : « Je ne sais pas ce qu'a Widmann : il paraît tout décomposé... » Admirable...

Et quand Henri, dans la loge de la Scala, ne lui cache pas son étonnement de voir qu'« une ou deux personnes lui prennent les genoux », elle se hâte de lui expliquer que « dans ce pays, si elle se formalisait de cela, elle paraîtrait prude » : ce qui n'est pas le premier souci de la dame. La rage de l'amoureux de moins en moins secret ne faiblit pas... Une rage qu'il qualifie de « comique », dès lors qu'il n'a qu'« à se louer » du comportement d'Angela : comment fera-t-il, lui, le Beyle de 1811, « pour que le Beyle de 1821 puisse le comprendre » ?

Le voilà qui se perd dans d'innombrables projets de « petites intrigues imprévues et bien vives » à la Goldoni, où il est question de mille faux-semblants entre ses visites à *La Cène* de Léonard et

* Livia, veuve d'un officier polonais, qui a été, on l'a vu au chapitre II, sa maîtresse à la fin de son séjour à Brunswick et s'est retirée chez elle à Ancône.

au palais royal, un débat sur les mérites – qu'il relativise – de Titien, les œuvres d'Appiani. Quand donc en viendra-t-il à l'assaut projeté ?

Au matin du 11, Henri Beyle est prêt « tendu, disposé à faire une belle déclaration... ». Il se présente chez Angela où la jolie petite femme de chambre jette dans un sourire : « *È sortita**... » Au musée, il tente de se « rendre l'âme sèche... ». Trois heures plus tard, il est chez elle, qui cette fois l'attend. Il lui dit son amour. Elle rétorque qu'il plaisante, non sans ajouter : « Je voudrais que ce fût vrai... » Elle le tutoie, verse une larme, se dit « touchée », elle, la déesse...

Le baiser qu'il esquisse est repoussé : « Recevoir et jamais prendre », dit-elle (et lui, *in petto* : « Maxime très convenable à mon caractère, dans lequel la force nécessaire pour l'exécution tue le sentiment... »). Et, n'ayant pas « pris » de baisers, il en reçoit (« la tendresse revenait à mesure que je n'avais plus besoin du pouvoir exécutif... »). Et Angela, d'une voix « très émue » :

« Pars, pars... Il faut que tu partes... Demain peut-être je n'aurais plus le courage de te le dire. » Et s'il objecte qu'il sera « trop malheureux pendant ce voyage », elle riposte : « Mais tu auras la certitude d'être aimé ! » Non sans ajouter un peu platement : « Mais c'est un roman ! » (Si elle avait su, cette *ragazza* sublime, combien de Gina, et de Clélia, et de Mathilde, et de Bathilde surgiraient de ce « roman »-là !)

Et pour en revenir brièvement à la prose, et au réel, plutôt que d'évoquer *La Nouvelle Héloïse* et Cimarosa, notre Henri note qu'à la suite d'un beau mouvement (sa technique est au point, nous le savons) il brise le verre de sa montre au moment de lancer : « *Angiolina, ti amo in ogni momento*** *!* »

Les mouvements de passion ne sont pas tels que l'apparition de quelques familiers d'*Angiolina* tourne au scandale, fût-elle celle du « tenant » (qui, aux dires de la dame, n'est pas son amant...). Le visiteur français a du savoir-faire. Observant que cette « victoire » ne lui a pas procuré un « plaisir entraînant » (« si elle avait été chez elle à une heure, il en eût été tout autrement »), il se retire « après avoir été parfaitement aimable avec ces messieurs », et non sans observer à propos de la dame de céans, qu'« elle me paraît avoir

* Sic.
** Petite Angela, je t'aime à tout instant !

une grande politique dans sa conduite ». Il est de fait que ni Mme de Rênal, ni Mme de Chasteller, ni même Gina Sanseverina ne feront preuve d'autant de dextérité que cette fine mouche d'*Angiolina*...

Marchons-nous vers le dénouement ? Le 12 septembre, donnant à cette page de son journal le titre de *Love*, Henri le Conquérant entame son récit par une notation singulière : « C'est avec le même pantalon que j'ai livré la bataille du 31 mai à Palfy* et celle du 12 septembre à Milan. » Même pantalon peut-être, mais issue différente : si la Française a, selon toute apparence, coupé court, l'Italienne en est toujours à un « Partez, Beyle, il faut que tu partes... » joliment prometteur. Henri observe que tous ces messieurs ne peuvent avoir pour lui que de la jalousie : « Je l'emporte », note-t-il, avant de relever cet aveu d'Angela : « C'est une chose à faire tourner la tête ! » Aveu auquel succèdent ces informations qu'il qualifie étrangement d'« énigmatiques » : elle prétend vivre « en simple amie de son mari et, depuis deux ans, en religieuse... » (la croit-il ? Sur ce point...). À cette énigme, il lui reste à fournir une réponse... L'aime-t-il assez pour vivre à Milan, désormais, avec elle ? Ce qui est clair, c'est qu'« elle [lui] fera verser des larmes en partant... ». Et de se remémorer ses prédécesseurs (ceux qu'il connaît !), « Matrimony, en l'an IV ou V, avant nous**. M. Gros*** finit en l'an VII. Louis Joinville****, another French... » Et, pour conclure : « I, myself »...

Mais alors, le dénouement ? Il interviendra enfin le 21 septembre, après qu'il eut pris son billet pour Bologne, dans un état de « bonheur sombre », assuré de « l'avoir » la veille de son départ. Il écrit à son ami Louis Crozet qu'Angela « n'est pas froide », mais préoccupée « des conséquences d'un nouvel amour », et bien digne au demeurant de l'amour qu'il lui porte : n'a-t-elle pas, la veille, exprimé son admiration pour le peintre Bossi en disant : « C'est un homme vraiment dangereux ! » Il se tient pour « pris » et se sent constamment « sur le bord des larmes » (« I was, I believe, in love... »).

* Sa déclaration à Alexandrine Daru.
** L'armée du Premier Consul...
*** Le peintre.
**** Son ami, qui l'a présenté à Angela.

Voici que surgissent, dans son journal, les mots tant attendus :

> Le 21 septembre, *at* 11 heures et demie, je remporte cette victoire si longtemps désirée.

Du coup, il laisse en blanc la page suivante… Manifestation d'extase ? De déception ? D'insatisfaction, semble-t-il. Il précise :

> Il me semble que le plaisir parfaitement pur ne peut venir qu'avec l'intimité… Vient ensuite le bonheur parfait, si l'on a affaire à une femme d'esprit, d'un grand caractère, et que l'on aime. Et tu sens bien que ce *on*-là, c'est moi, à 28 ans et six mois.

Et il l'aime tant cette « victoire » qu'il croit bon d'en inscrire, sur ses bretelles, la date mémorable…

Conclusion :

> Je pars de Milan à 1 heure et demie, le 22 septembre 1811.

L'amour, il aime ; mais, s'il aime l'amour, il goûte mieux encore les départs. Sur la route de Bologne, il fait escale à Mantoue, d'où il écrit à « Mme Pietragrua » une lettre qui nous manque : mais tout n'a-t-il pas été dit ? Sinon que ces adieux ne sont pas définitifs : le temps de la « tendresse » viendra-t-il ? Et celui du « bonheur » ? Henri (l'appelait-elle, à l'italienne, Enrico ? à la lombarde, Arrigo ?) est parti pour son grand tour d'Italie (Bologne, Florence, Rome, Naples, Ancône). Mais il est clair, dans son esprit tout au moins, qu'il reviendra à Milan, chez la divine enfin conquise. Dans une perspective d'« intimité » ? Il lui reste à découvrir que dans Angela Pietragrua, il y a, comme l'a découvert Albert Thibaudet, de l'ange, de la pierre et de la grue…

Il n'est pas plutôt à Bologne qu'il court au théâtre – qui lui semble, après Milan, « nu et pauvre ». Un peu déçu par la ville aux deux tours penchées. Au musée, il est ému par la « finesse tendre » du Guide, trouve les Carrache un peu sombres, les Guerchin agréables. D'une Madone d'aspect un peu froid (du Guide ?), il dit que « si elle levait les yeux, on en deviendrait amoureux fou ».

Une dame d'Imola a attiré son attention, et lui-même croit bien avoir éveillé la sienne.

> Au bout d'une demi-heure, la conversation devenait particulière entre nous. Mais le mal, c'est qu'on plaît aussi aux maris et aux pères, qui nous accablent pour avoir aussi conversation avec vous... Mais cet entretien m'a fait sentir qu'on pouvait trouver le bonheur à Bologne.

Diable d'homme...

Le bonheur ? Il n'a plus, compte tenu de la prolongation du séjour à Milan provoqué par la « bataille pour Angela », que « 36 jours de liberté » – attendu qu'il doit être dans « le plat Grenoble » le 24 octobre. Ce qui suppose un départ de Milan le 20 – après avoir revu Angela... Il faut cinq jours de Milan à Rome – avec une escale d'un seul jour à Florence –, deux de Rome à Naples. Il ne lui reste donc que quatre jours à passer au bord du Tibre, pas davantage à Naples... « *Ohimè* * *!* »

Il part pour Florence par le *legno di poste*, petite voiture économique, traverse les Apennins auxquels fait défaut, selon lui, le « grandiose » lombard, n'en goûte pas moins le paysage de châtaigniers ; et la route qui conduit à Carrare lui rappelle un décor d'opéra. Mais c'est sur un autre sujet que se fixe sa réflexion. On peut la juger suggestive :

> ... En voyage, j'ai besoin d'une certaine dose de conversation et d'épanchement ; ne pouvant la trouver avec un compagnon de voyage**, je la prends avec les Italiens. Je suis ainsi contraint à les étudier. L'homme qui voyage pour jouir du son que produisent sur son âme les montagnes et les caractères étrangers et pour connaître les hommes, doit prendre garde à se mettre trop loin de la nature.
> Deux Français voyageant dans une bonne voiture avec un domestique intelligent peuvent transporter l'amabilité de Paris et les jouissances de salon au milieu des Apennins, mais ils ne goûtent pas l'Apennin comme moi, voyageant seul dans une voiture tout ouverte. Cela est dit sans envie, car j'ai une calèche qu'il ne tenait qu'à moi d'amener en Italie...

* Hélas !
** Giacomo Lechi est resté à Milan.

Florence… Il y arrive « excédé de fatigue, mouillé, cahoté », éprouvé par « d'effroyables secousses causées par une route dure, non entretenue », « dans un état de détresse parfait », averti en outre qu'il n'y a plus de place pour Rome que le 28. À peine reposé, il se met en quête, non des peintres, ici, mais des écrivains. Où est la maison d'Alfieri ? Et le tombeau de Machiavel ? Il court à Santa Croce, très ému, non sans trouver emphatiques les inscriptions gravées. Mais de qui sont ces *Limbes*, qui lui donnent un plaisir plus intense que la peinture ne lui a jamais offert ? Tout « mort de fatigue » qu'il soit, « les pieds enflés et serrés dans des bottes neuves… », il s'émerveille de tant de beauté. Ce tableau qu'il attribue au Guerchin, un de ses peintres favoris, il apprend qu'il est de Bronzino, enchanté de découvrir un peintre inconnu de lui, si éloigné de reproduire « les tons noirs et durs des Carrache… ». Utile indication pour nous.

Après une visite fort décevante à cette Adèle Rebuffel qui échangeait dix ans plus tôt avec lui quelques caresses furtives avant d'épouser Alexandre Petiet (celui-là même qui avait entaillé le pied d'Henri, sabre en main, à Milan, au printemps de 1801, pour les beaux yeux d'une quasi-inconnue…), le voilà aux prises avec les Michel-Ange, dont le *Brutus* lui paraît doté par le maître de toute la force souhaitable, mais non de la part de tendresse que sait lui conférer Shakespeare.

« Tous les christs sont des niais… » Que l'on ne voit pas, dans la sentence de notre esthéticien aux pieds endoloris, une provocation de mangeur de curés. Bien au contraire, c'est à ses yeux « le sublime » que manquent de lui conférer les sculpteurs ou les peintres : « Mais il faut avouer que le mélange des deux natures (divine et humaine) offrait au génie le plus beau champ de gloire, mais aussi le plus difficile. » L'auteur du *Génie du christianisme* aurait-il osé énoncer une telle profession de foi ?

Parti de si haut, et sur un ton si ferme, le voici qui élargit encore son propos :

> Je sens que mes réflexions critiques ne tendent qu'à mettre mon goût à la place de celui des autres… Je ne puis certifier qu'une chose, c'est que j'écris ce que je pense. Il se trouve peut-être en Europe huit ou dix personnes qui pensent comme moi. J'aime ces personnes sans les connaître. Je sens qu'elles pourraient me donner des plaisirs vifs. Quant aux autres, sous le rapport des arts, j'ai pour elles le mépris le plus senti…

Cette fois, on se gardera d'évoquer tout autre écrivain : quels mots plus purement stendhaliens furent-ils jamais écrits ? Ces *happy few*, l'éloge de la plus farouche subjectivité... Le stendhalien dévot devra se résigner à subir « le mépris le plus senti » de son maître vagabond en avouant qu'il ne déteste ni Rubens ni Carrache...

Comment ne visiterais-tu pas, ô touriste diligent, le Palais Pitti ? Bien qu'il fût accueilli par un petit bonhomme de concierge milanais (ah ! Milan...) et guidé par un « bon serviteur allemand », l'ensemble lui paraît « médiocre », sauf la belle vue qu'offrent les jardins Boboli.

Le théâtre de la Comédie-Italienne donne l'*Oreste*, d'Alfieri, un auteur qui lui tient à cœur.

> Plein de rapidité, de vengeance, d'éloquence : point d'intérêt... Trop sublime.

Une jeune actrice lui rappelle Mélanie, dont il a partagé la vie cinq ans plus tôt.

> Elle a du feu, et quinze ans. Elle a la maigreur de la première jeunesse ; la prenant pour celle du déclin, je lui donnais 35 ans. Elle se nomme Marietta...

(Le nom de la jeune actrice qui, dans *La Chartreuse*, provoque l'internement de Fabrice dans la forteresse de Parme...)

Au moment d'entamer, huit jours plus tard, la rédaction du récit de son séjour à Naples, Henri Beyle constata que les pages consacrées au trajet de Florence à Rome, et au séjour romain, avaient disparu – avec son canif... Le vide, du 27 septembre au 9 octobre... Les traces de cette étape se seraient perdues si notre voyageur n'avait eu deux ans plus tard la surprenante idée* de publier son *Journal de voyage en Italie*, sous la signature d'un « M. de Léry, capitaine aide de camp », sans s'embarrasser du caractère très intime d'une part du récit, notamment de ses relations avec une personne aussi notoire que Mme Pietragrua. Intimité qui ne pouvait manquer de provoquer l'échec de toute tentative de publication.

* Dont Victor Del Litto se porte seul garant...

Mais entre-temps, le voyageur s'était astreint, en 1813, à dicter une reconstitution des pages égarées du journal.

Depuis lors, plusieurs spécialistes de Stendhal – Stryensky, Arbelet entre autres – se sont appliqués à réinsérer dans le récit original le fruit de cette dictée tardive. Le très savant et minutieux Victor Del Litto a lui-même choisi d'intégrer ce « rajout » – à vrai dire fort inférieur à l'ensemble du journal – dans son édition de La Pléiade. On y trouve, surtout si l'on se réfère à quelques *marginalia*, des notations sur « le voile d'ennui jeté sur Rome *by the tedious house of Pacé** ».

Ce surnom désigne son cousin, l'inévitable Martial Daru, qui exerce alors les fonctions d'intendant des biens de la couronne impériale au palais romain de Monte Cavallo**, y procédant d'ailleurs à des embellissements urbains salutaires. Henri a refusé de résider chez lui. Mais il se laisse volontiers conduire par son cousin dans l'atelier majestueux de Canova, alors au faîte d'une gloire qui déclinera, mais éblouit encore M. Beyle. Le visiteur s'ébaubit des prouesses techniques du portraitiste de Pauline Borghèse, et cite volontiers cet aphorisme du maître : « La nature est un piano. C'est à l'artiste qu'il revient d'en tirer les sons. »

Autre visite notable : chez la duchesse Lante, qui passe pour aimer la musique et les hommes. On lui prête, en ce temps-là, sept amants, note en anglais le visiteur, avouant (toujours en anglais) qu'il ne serait pas fâché d'être le huitième. Il ne lui déplaît pas en tout cas d'entendre l'hôtesse chanter à son intention un air de son cher *Matrimonio segreto*, riant d'imaginer, à Paris, une personne de rang égal se donnant ainsi en spectacle à ses hôtes. Chers Italiens…

Pour se faire une idée des leçons ou des impressions qu'Henri retira de ce premier séjour à Rome, il vaut mieux se reporter à sa correspondance, notamment à une charmante lettre, trop brève, adressée à sa sœur Pauline, le 2 octobre 1811 :

> Je me porte bien et j'admire. J'ai vu les loges de Raphaël et j'en conclus qu'il faut vendre sa chemise pour les voir quand on ne les a pas vues, pour les revoir quand on les a déjà admirées. Ce qui m'a le plus touché dans mon voyage en Italie, c'est le chant des oiseaux dans le Colisée. Adieu. Secret sur le voyage, mais donne des nouvelles à notre grand-père et à *tutti quanti*… Je serai à Milan le 25 octobre, pour y rester quinze ou vingt jours. Je t'aime.

* Par la lugubre maison Pacé.
** Siège du « royaume de Rome ».

Le voyage dans le Sud de l'Italie, en ce début de siècle, est empreint d'une fantaisie qui ne prend pas toujours la forme tragi-comique de celui, en Calabre, de Paul-Louis Courier assassiné (en imagination) par ses hôtes, mais qui va de la rumeur entretenue à Rome sur de récentes attaques de diligence, à la ruse du cocher d'Henri qui, pour pouvoir disposer de sa place et la revendre plus cher, l'a assuré qu'il ne quitterait Rome qu'à 6 heures mais est parti à 5 : et lui, arrivant à 5 heures et demie, a dû louer un fiacre pour le rattraper en route…

Bref, on est loin de la chère Lombardie… Mais le pays est si beau, de Gaète au Garigliano… Le 5 octobre au matin se déploie pour lui le somptueux panorama napolitain. Il s'installe dans un hôtel en vue du Vésuve. Mais chose étrange, son journal ne reflète pas d'emblée ce paysage illustre ; le voyageur préfère se replonger dans sa vie amoureuse : et revoici la litanie des noms chéris, Mélanie, Palfy, Livia, Angeline, et bien sûr, bien sûr, cette Angela qui ne le quitte plus, qu'il regrette d'avoir si tôt laissée, qu'il brûle (« ma respiration est accélérée ») de retrouver (« je grille de retourner à Milan »). D'autant que le flot de musique qu'il entend en arrivant à Naples lui paraît « bien pauvre ».

Le voilà, le 8 octobre, avec ses amis Barral et Lambert retrouvés ici (l'Italie serait-elle si petite ?), à Pompéi, sa « course la plus méridionale ». Et lui, si ému par le Colisée, et qui a su en tirer quelques réflexions admiratives à propos de la sagacité des Romains, n'y voit, comme à Herculanum, qu'« un masque ». Étonnante cécité, pour une fois, chez cet admirable psycho-sociologue, incapable de déceler, sous « le masque » millénaire, l'inimaginable grouillement social et culturel de ce peuple foudroyé. Et le soir – décidément, Henri Beyle est fatigué –, il bâille et s'endort au San Carlo (la Scala de Naples) où l'on donne *La Vestale*, de Spontini (laquelle, soyons juste, en a endormi d'autres…).

Le Vésuve, escaladé d'abord à dos d'âne, puis à pied (« la *grimpée* la plus pénible de ma vie »), lui offre, depuis la maison de l'Ermite, « la plus belle vue du monde ». Mais il s'avoue déçu de n'avoir pas vu « l'enfer bouillir au fond d'un cratère ». Et le célèbre *lacrymacristi* local lui semble, si sucré, aussi « imbuvable » que les Napolitains criards et quémandeurs, les pavés des rues à faire frémir, les chevaux de fiacre à faire peur. Quand on pense à ce qu'il écrira de Naples dans le livre publié en 1817…

L'escale à Ancône, sur l'Adriatique*, ne le déçoit pas moins. Il a beau écrire « de la chambre de Livia », cette Mme Bialoviska dont il a été quelques jours l'amant à Brunswick et avec laquelle il comptait renouer pendant ce voyage, mais qui a cessé de lui plaire (succéder à Angela...), on le voit ici encore plutôt chagrin. « Plongée dans l'apathie de l'ennui », Livia lui donne bien quelques baisers, en chantonnant du Mozart. Mais, se hâte de noter Henri, « ce que je désire, c'est de revoir mon Angela... ».

Est-ce la violence de cette nostalgie, la cruauté de cette privation, l'intensité de cette attente, ou le fait qu'il voyage avec un Milanais ? Le fait est que ses notes sur ces étapes méridionales sont empreintes d'une sorte de rejet de « la divine Italie ». Décidément, « la civilisation [y] est moins avancée qu'en France », l'Italie, plus « naturelle », étant « éminemment le pays des arts ». Il trouve, chez ses « amis en Italie » moins d'esprit qu'il n'en espérait et observe que s'il était dix ans plus tôt « à leur hauteur », il a, lui, mieux progressé depuis lors. Cette flèche vise d'ailleurs aussi bien ses amis français vivant en Italie. Il s'agit donc moins de génie ou de tempérament national, que de milieu social.

C'est sans regret, en tout cas, dans une fièvre d'attente et de désir, qu'il quitte Ancône, le 20 octobre, pour Milan, où l'attend, sans nul doute, Angela – et il est si impatient, si brûlant d'espoir que l'escale à Parme, le 21, ne l'inspire guère. Parme... Quand on sait ce que cette syllabe représentera, comment elle résonnera trente ans plus tard dans son cœur – puis dans le nôtre...

Elle n'est pas... ? Eh non, elle n'est pas à Milan où, « plein d'un transport d'amour », il arrive, fourbu, à la nuit tombante, le 22 octobre. Elle est partie (le fuyant ?) pour Varèse, et au-delà, à Madonna del Monte, trois jours plus tôt. Il n'y peut pas tenir. Si fatigué qu'il soit, notre gros voyageur se contente de quelques heures de sommeil dans le premier *albergo* venu, met le cap sur Varese et là enfourche un cheval – oui, un cheval ! – pour, dès le lendemain, grimper de Varèse à Madonna del Monte. Il est si impatient qu'aux deux tiers du chemin, il descend de cheval

* Où se jouera douze ans plus tard un autre épisode de sa vie (cf. chap. x).

(« qui glisse ») pour aller plus vite. Peu avant d'arriver, il se voit face au mari, le *signor* Pietragrua, qui lui fait apparemment bonne figure. Voici l'auberge. Et elle, enfin…

Quel amant, jamais, se vit ainsi traiter ? Ce ne sont pas les imprécations d'Hermione à Oreste, non. Mais quelle froideur ! Il veut l'embrasser : « Ce n'est pas l'usage du pays… » Quoi ? Lui qui se rue à perdre haleine, depuis Naples, vers cette Angela qu'il a « eue » si glorieusement naguère, le voilà repoussé ? Et contraint d'entendre sa plainte d'avoir été « horriblement compromise » (ah ! sainte-nitouche !), sa « coquine de femme de chambre » l'ayant trahie à l'instigation de son amant (à elle), qui s'appelle Turenne, ami du mari… Mais il y a mieux. Elle a une « querelle » à lui faire…

Ayant ouvert, comme il l'en avait priée, les lettres à lui adressées chez elle, à Milan, par son ami Faure, Angela a cru y voir se dessiner une intrigue à la *Don Giovanni*, entre deux camarades – du genre « chiche que je l'ai et que je l'inscris sur ma liste, mon "catalogue" – *mille e tre* ! ». Angela serait-elle trop noble dame pour être assimilée à Donna Anna, ou à Zerline ? Bref, c'est un rôle qu'elle juge indigne d'elle…

Henri s'insurge : qu'elle relise ses lettres ! Elle n'y trouvera que l'expression ou le reflet, à travers l'ami pris pour témoin, de l'amour le plus intense… Rien là d'« ambigu », plaide-t-il. Mais il sent bien que sa tendresse a pris ici quelque chose de « dur », ou de pédantesque… Et puis, il y a ce mari qui rôde alentour. À Milan, il était perdu, si l'on peut dire, dans la masse. Ici, dans ce village de montagne, d'un *casin* à l'autre, comme il pèse…

Alors il prend le large pour quelques jours, vers les îles Borromées toutes proches. C'est d'Isola Bella qu'il écrit à Angela, le 25 octobre, une lettre de huit pages, comme pour noyer, dans l'écriture, le feu qui le dévore – non sans poursuivre la rédaction de son journal, à l'intention de l'Henri de 1821. Dans dix ans, devenu « plus froid et haïssant », celui-ci rira aux dépens du soupirant de 1811…

Mais l'intrigue n'est pas dénouée, qui a de quoi inspirer Da Ponte. Henri a loué un chalet proche de l'église et de celui des Pietragrua, se promettant que, de nuit… D'autant que le frère du curé pourrait servir d'entremetteur. Mais voilà que surgissent, au moins dans les conversations, deux religieuses qui occupent, lui chuchote-t-on, la chambre par laquelle il avait projeté de se glisser... Et il reçoit un billet d'Angela ainsi rédigé : « *A mezzanotte. La gelosia del marito è detestata... Prudenza. Preparate tutto per ripartire domani non piu tarde delle sette**... » Quand on parlait de Da Ponte... Ces religieuses évidemment fantomatiques, ces loquets, ces billets, ce cocu récalcitrant, ou déclaré tel...

À Milan va cesser le vaudeville, et renaître l'opéra – comme il se doit. De retour dans la capitale lombarde Henri apprend avec joie, de Paris, que son congé est prolongé d'un mois. Il loue une chambre toute proche de la Piazza del Duomo et de la nouvelle maison d'Angela. Les filets sont bien disposés. Il n'attendra pas longtemps... Dès le 29, il note dans son journal, en anglais, et sans nommer la dame, qu'il a « fait ça une fois le matin. Cette nuit, je le ferai un nombre respectable de fois... ». Mais « l'anxiété de l'attente et ensuite ce qu'elle me disait, agitait trop l'esprit pour que le corps pût être très brillant ».

Corps ou esprit, le voilà « heureux », et relisant vingt fois, le lendemain, la lettre d'Angela à « toi que j'aime plus que ma vie... J'aime souffrir pour toi... ». Elle l'attend le lendemain, qui sera pour lui le jour de la troisième et vraie « victoire ». À la date du 31 octobre 1811, son journal porte cette notation :

> Angela a passé une heure et demie avec moi [et, en anglais] : elle a semblé avoir du plaisir. Pour mon compte, je l'ai fait deux fois, pour elle trois ou quatre**.

Elle doit partir deux semaines pour Novare (tactique ?) et lui songe, du coup, à un séjour à Venise – auquel il renonce (« que signifie de pouvoir dire "J'ai tout vu" ? »).

Un temps pour méditer, seul, dans les rues du cher Milan, entre l'Albergo della Città et le café San Quirico, pour savourer ce bonheur si longtemps entrevu, enfin conquis :

> Sans doute la femme la plus belle que j'aie eue, et peut-être que j'aie vue, c'est Angela telle qu'elle me paraissait... me promenant avec elle dans les rues, à la lueur des lumières des boutiques. Je ne sais comment elle a été amenée à me dire, avec ce naturel qui la distingue, et sans vanité, que quelques-uns de ses amis lui avaient dit qu'elle

* « À minuit. La jalousie du mari est détestée. Prudence. Préparer tout pour repartir demain avant 7 heures. »

** Il a toujours aimé les mathématiques.

> faisait peur. Cela est vrai. Elle était animée ce soir. Il paraît qu'elle m'aime. *Yesterday and today, she has had pleasure*. Elle venait de prendre du café avec moi dans une arrière-boutique solitaire ; ses yeux étaient brillants ; sa figure demi-éclairée... était terrible de beauté surnaturelle. On eût dit un être supérieur qui avait pris la beauté parce que ce déguisement lui convenait mieux qu'un autre...

Étonnant, non, ce « déguisement » jupitérien « en beauté », cette référence à la « peur » ? À aucune de ses héroïnes futures, Stendhal ne donnera, observons-le, cette fulgurante, cette « surnaturelle » forme de beauté et de comportement. Comme la Sanseverina, face à cette « Sibylle », paraît humaine ; et Clélia ou Mathilde accessibles...

Voilà, cet acte III* de la « commedia dell'Angela » est achevé. Elle lui a bien glissé, entre deux « fois », qu'elle s'est mise à détester l'Italie, qu'elle aimerait le suivre à Paris... Il a coupé court. On ne chante bien l'opéra qu'à Milan, pense M. Beyle. Et le *Matrimonio* est plus beau d'être *segreto*. Au lendemain des grands élans du 31 octobre, et bien décidé à livrer d'autres « batailles pour Angela », il s'apprête doucement à prendre le large, comme si les fureurs de la « Sibylle » le roulaient dans des orages trop violents, et suggère cet au revoir très doux :

> Elle a repassé ; nous sommes allés prendre du café, et enfin, après une demi-heure de promenade, je l'ai quittée près de l'arcade de la place des Marchands, toujours avec le bel Antoine.

Curieuse, cette notation à propos du « bel Antoine ». Un nouveau « tenant », ou attendant ?

Mais dans quel état notre voyageur amoureux sort-il de l'épisode Angela ? Écoutons-le faire en quelque sorte son examen clinique, à la veille du retour en France :

> Je dors très peu depuis un mois. La sensibilité est excitée par le café, les voyages, les nuits passées en voiture, et enfin les sensations. Je maigris un peu. Je me porte fort bien. Hier j'ai dormi pour la première fois huit à neuf heures, après un bain. Je répète que je jouis de la meilleure santé. Je n'ai eu qu'une fois la petite fièvre que me donnent les premiers froids.

* Après le rêve de 1800, et la première « victoire » du 21 septembre.

Ces « sensations », cher Henri… Un peu « maigri »* ?

Mais cette étape milanaise n'est pas seulement vouée aux douces fureurs d'Angela. Un autre coup d'éclat la signale : l'idée lui est soudain venue, entre deux visites au Palais Brera ou à l'Ambrosienne, d'écrire une histoire de la peinture en Italie. Entre deux tête-à-tête amoureux, il écrit, la signant « Charlier » et la datant de Bologne, une lettre à un correspondant problématique signalant qu'a été composée une histoire de la peinture en Italie depuis le XIIIe siècle, en deux volumes, par un auteur (anonyme) qui parcourt ce pays « depuis trois ans », non sans s'aider des ouvrages de M. Lanzi… Tout l'attirail des trucages et déguisements beylistes – au service d'un projet déjà, d'un coup, formé…

Et le voilà qui court de Giotto à Mantegna, de Vinci en Michel-Ange, de Guido Reni au Corrège – qui restera, en peinture, ce qu'est pour lui, en musique, Cimarosa – et à Titien, auquel il vient très tard, et non sans précaution. Témoin cette notation relevée dans le journal, à la veille de son départ pour Milan :

« Beau portrait de pape, en petit, de Titien, dit-on. » Ce « dit-on » est surprenant. Il est improbable qu'en Italie (fût-on en Lombardie, s'agissant d'un Vénitien) l'attribution n'en fût pas soigneusement manifestée. Et comment la singularité de la touche du maître de Venise pouvait-elle ne pas être évidente à un prochain historien de la peinture en Italie ?

On ne saurait quitter de façon aussi abrupte, pour n'y plus revenir, l'envoûtant et très complexe personnage d'Angela Pietragrua, la sublime Sibylle, la coquine, la terrible, que les stendhaliens ont tendance à traiter de haut, en *ragazza* populaire, envoûtés qu'ils sont par de plus nobles objets, Métilde l'inaccessible, ou l'incertaine Gherardi, ou la tendre Giulia, ou l'évanescente Earline… Nous ne la quitterons pas si tôt, dussions-nous bousculer un peu notre carnet de route aux côtés d'Henri le Vagabond, qui reviendra plusieurs fois à Milan, mais désormais sans nous.

Les derniers actes de la « commedia dell'Angela », personne ne

* Il le sera davantage un an plus tard, après la retraite de Russie.

les a contés avec autant de verve que l'auteur du merveilleux *Théâtre de Clara Gazul*, Mérimée le cynique, qui fut un des amis les plus proches de M. Beyle, entretenant avec lui des rapports d'affectueuse aigreur qui devaient aboutir à l'admirable *H. B.* posthume, cette oraison funèbre où un stendhalien aussi exigeant que Léon Blum a vu un « monument d'incompréhension », mais que nous sommes nombreux à tenir, non sans perversité peut-être, pour une merveille de lucidité ambiguë.

Dans *H. B.*, donc, Prosper Mérimée conte ainsi, en écho manifestement fidèle aux confidences de l'auteur de *Brulard* – qui enjolivait bien sûr, au fur et à mesure –, le dénouement de l'affaire Angela. Il intervint lors d'un long séjour ultérieur d'Henri à Milan, à la fin de 1815 – on doit pouvoir dater la scène du 15 novembre de cette année-là –, non sans qu'une dernière rencontre n'ait été l'occasion, pour la fatale *signora*, de menacer de dénoncer son amant à la police*, « propos canaille », selon Beyle, qui mit définitivement fin à leurs relations.

> Il avait eu un autre amour en Italie dont il évitait de parler. Cependant il me raconta lui-même la fin tragique de cet amour. La dame avait un mari fort jaloux, à ce qu'elle prétendait, et qui l'obligeait à prendre de grandes précautions... Arrivant à la nuit close, bien enveloppé dans un manteau couleur de muraille, il était introduit dans la maison de sa maîtresse par une femme de chambre d'une discrétion éprouvée.
> Tout alla bien pendant quelque temps, jusqu'à ce que la femme de chambre, querellée par sa maîtresse ou gagnée par la générosité de Beyle, lui fît une révélation foudroyante : Monsieur n'était pas jaloux ; Madame n'exigeait tant de mystères que pour éviter que Beyle ne se rencontrât avec un rival, ou, pour mieux dire, avec des rivaux, car il y en avait plusieurs, et la femme de chambre offrit d'en donner la preuve. Beyle accepta. Il vint à la ville un jour qu'il n'était pas attendu, et, caché par la femme de chambre dans un petit cabinet noir, il vit, *des yeux de la tête*, par un trou ménagé dans la cloison, la trahison qu'on lui faisait à trois pieds de sa cachette.
> Vous croirez peut-être, ajoutait Beyle, que je sortis du cabinet pour les poignarder ? Nullement. Il me sembla que j'assistais à la scène la plus bouffonne, et mon unique préoccupation fut de ne pas éclater de rire pour ne pas gâter le mystère. Je sortis de mon cabinet noir

* La police autrichienne, qui « tenait à l'œil » Henri Beyle, passant pour ami des *carbonari*.

aussi discrètement que j'y étais entré, ne pensant qu'au ridicule de l'aventure, en riant tout seul, au demeurant plein de mépris pour la dame, et fort aise, après tout, d'avoir ainsi recouvré ma liberté. Je rencontrai des gens de ma connaissance qui furent frappés de mon air gai, ils me dirent que j'avais l'air d'un homme qui vient d'avoir une bonne fortune.

Je dormis comme à l'ordinaire. Le lendemain matin, la vision du cabinet noir avait cessé de m'apparaître sous son aspect bouffon. Cela me sembla vilain, triste et sale. Chaque jour, cette image devint de plus en plus triste et odieuse. Pendant dix-huit mois, je demeurai comme abruti, incapable de tout travail, hors d'état d'écrire, de parler et de penser… Sans pouvoir me rendre compte nettement de ce que j'éprouvais. Il n'y a pas de malheur plus grand, car il ôte toute énergie. Depuis, un peu remis de cette langueur accablante, j'éprouvais une curiosité singulière à connaître toutes les infidélités qu'on m'avait faites. Cela me faisait un mal affreux ; mais pourtant j'avais un certain plaisir physique à me la représenter dans le cours de ses nombreuses trahisons*…

Elle s'affligea de notre rupture et me demanda pardon avec larmes. J'eus le ridicule orgueil de la repousser avec dédain. Il me semble encore la voir me suivre, s'attachant à mon habit et se traînant à genoux le long d'une grande galerie. Je fus un sot de ne pas lui pardonner, car assurément elle ne m'a jamais tant aimé que ce jour-là.

Henri Beyle ne rompra donc avec Angela qu'en 1815. Le 6 novembre 1811, ce n'est encore qu'un *arrivederci !* qu'il échange avec la noire tigresse aux fidélités successives. La diligence pour Grenoble n'attend pas. Il est heureux, dans sa ville natale, de revoir Pauline. Et voici Paris où, amaigri, mûri, ravi, il reprend pied le 12 décembre – après avoir donné cette si savoureuse, si prometteuse conclusion à son deuxième séjour italien :

Idée,
Je compte un jour retourner en Italie et la voir à mon aise. Il y a quatre choses à observer :

* Le moins que l'on puisse dire, c'est qu'Henri ne pouvait s'illusionner sur la « vertu » d'Angela…

1° La nature du sol, le climat et les beautés naturelles…
2° Le caractère des habitants;
3° La peinture et les autres arts du dessin;
4° La musique.
Pour avoir du plaisir par ces deux derniers moyens, j'avais besoin d'étudier ces arts et d'avoir pour la peinture un indicateur fait par moi, afin que les sentiments d'un auteur quel qu'il fût ne vinssent pas troubler les miens et me porter à la discussion au moment où il faut sentir. J'ai donc résolu de faire un extrait de l'histoire de la musique, et un autre extrait de celle de la peinture qui formeront mon vade-mecum si jamais je retourne *in quel pezzo di cielo caduto in terra*, ce morceau de ciel tombé sur terre…

Que la musique ne vienne qu'au dernier rang, et que les dames ne soient pas même évoquées, on ne s'en formalisera pas. D'autant que cette petite note nous avertit d'un nouveau projet : à l'histoire de la peinture s'ajoutera celle de la musique. La conquête d'Angela – fût-elle éphémère –, l'amitié de Giacomo Lechi, de somptueuses soirées à la Scala, les oiseaux du Capitole, la voix d'une duchesse romaine, le panorama du Vésuve, un Titien – oui, il a approfondi sa liaison amoureuse avec ce *pezzo di cielo** qu'est l'Italie à la veille du *Risorgimento*.

* Morceau de ciel.

CHAPITRE V

Un pont sur la Bérézina

• « Le mal-être complet » • Un brouillon de *Guerre et Paix* • Un facteur en dentelles • Pour quatre mois ou pour deux ans ? • Une steppe inconnue... • Le tambour de la Moskova • Moscou, éblouissante... • ... sans les Moscovites • Le feu, partout... • Fuite vers l'ouest • Chargé des approvisionnements de réserve • Le harcèlement des Cosaques • Les illusions de l'empereur • Tour de force à Orcha • Avant que s'écroule le pont de la Bérézina • « Vous êtes un homme de cœur... » • Un cheval pour ne pas mourir... • Je suis maigre ! • Un traîneau d'acajou • Le cauchemar inoublié, impublié...

28 août 1812, à quatre lieues de Slaskowo, huit de Viazma, soixante de Moscou :

> Je suis au pied d'un bouleau mort, dans un petit bois plein de poussière, vexé depuis neuf heures que nous sommes arrivés par la poussière, le manque d'eau, de livres, la saleté du sol composé d'anciennes feuilles, de branches sèches et de fourmis. Je n'ai pas de linge pour me changer, pas le moindre livre... Voilà un mal-être complet. Je n'écris pas de journal quand je suis heureux ; cette analyse indiscrète nuit au bonheur, mais aujourd'hui je n'ai rien à perdre. Depuis 9 heures, j'ai froid.

C'est par ce poignant témoignage de « mal-être complet » que notre Henri Beyle – nous le savons bien capable, quoi qu'il en dise, de tenir, à Milan ou ailleurs, un compte quotidien du bonheur – entame ce fragment de son témoignage. Il l'a intitulé « Journal de ma campagne de Russie en 1812 », découpage très rare dans cette promenade du miroir au long de sa propre vie. L'âpreté du ton, la méticuleuse précision de la description du sol, du climat, ce ton d'amertume désolée : voici déjà le plus grand Stendhal, vingt ans avant les chefs-d'œuvre : où l'on voit que le

« voyage », s'il n'est pas chez lui la forme unique du bonheur, est une riche incitation au déploiement du génie. Lisons la suite :

> Hier, j'ai été réellement un heureux, dans un joli bivouac, *speaking... with Lewis of fair Angela...* * [mais] nos voisins, les Mamelouks, établissent leurs lieux d'aisance à 30 pas de nous, sur le vent... Je ne regretterais pas de telles journées... si elles me conduisaient à avoir, *in my dear Italy*, un emploi du même rang que celui que j'ai à Paris... Je suis étouffé par les *thoughts*** et sensations grossières...

On reviendra sur les circonstances singulières qui ont conduit M. Beyle, auditeur au Conseil d'État, à s'engouffrer en 1812 dans la plus tragique des aventures impériales, et à y prendre cette part cruelle qui ne rappelle guère les folâtreries lombardes, les excursions saxonnes ou danubiennes. Du baptême du feu devant le fort de Bard aux fièvres des foules autrichiennes, Henri a connu quelques aléas. Mais le voici, à soixante lieues de Moscou, face à un défi sans précédent, et qui en annonce de pires... Nous verrons avec quelle force d'âme il les relèvera – non sans en recevoir une atteinte au plus profond.

De cette épreuve russe, de ces cinq mois à travers les horreurs de la guerre, de l'incendie, de la retraite, de la férocité nue, d'une neige ici ennemie, Beyle-Stendhal écrira qu'il a rapporté des expériences que nul écrivain depuis Cervantès, combattant de Lépante et esclave des Barbaresques, n'aura vécues, n'aurait même imaginées. Le plus curieux est que, Michel Crouzet*** excepté, aucun des biographes de Stendhal, pas même l'excellent Martineau ****, n'a mis en lumière cette incomparable expérience, le plus souvent traitée comme un moment parmi d'autres, entre la conquête d'Angela et la chute de l'Empire, de la fougueuse existence du futur *Henry Brulard.* Au point que – je l'ai vérifié ! – beaucoup d'hommes et de femmes de culture, fort attachés au « beylisme » et aux chefs-d'œuvre des années trente, ignorent que, pour un peu, l'auteur à venir de *La Chartreuse* se serait abîmé dans les eaux glacées de la Bérézina...

* Parlant avec Louis (Joinville) de la belle Angela.
** Pensées.
*** Surtout dans une contribution au colloque *Stendhal, campagne de Russie* (1994).
**** Quatre pages sur les neuf cents de son immense biographie, *Le Cœur de Stendhal.*

Épreuve si terrible que, tout enclin qu'il fût à la fanfaronnade – des canons de Castelfranco au livre traversé par une balle à Iéna et aux entretiens avec Napoléon racontés à lord Byron... –, Henri Beyle garde à son sujet une réserve surprenante. Il en rapporta certes quelques traits à ses amis – à Mérimée notamment, et on y reviendra –, il en transposera tel ou tel trait dans ses diverses esquisses pour un *Napoléon* inachevé, dans une scène ou l'autre d'un roman. Mais on a l'impression que ce qu'il vécut là était trop cruel, et destructeur, pour être traduisible en littérature. Après tout Cervantès ne promène pas son héros des eaux grecques aux bagnes du Maghreb, mais à travers les collines de la Manche...

Trop brûlant, trop terrifiant matériau pour un hédoniste, fût-il en colère. L'épisode russe fut l'ordalie par excellence de notre chasseur de bonheur, et la preuve que « monsieur moi-même » pouvait se jeter, pour le meilleur et pour le pire, dans la mêlée, avec « les autres », voire « pour » les autres. Mais ce qu'il vécut (survécut) là ne comportait pas de traduction esthétique. *Guerre et Paix*, il l'a vécu, il ne l'a pas écrit, ou n'en a écrit que le brouillon. Le jeune homme que nous avons vu affalé dans la poussière, à Slaskowo, c'est lui, pas le prince André. Et il n'osera pas jeter Fabrice dans un tel « mal-être », seulement dans une incertaine errance autour de la bataille... « Sa » Russie, Stendhal l'enfermera en lui. Ce n'est pas un gibier pour la chasse au bonheur. Mais c'est une blessure qui donnera tout leur prix aux bonheurs à venir...

Tout commence comme un opéra-comique, ou un roman de cape rose et d'épée en carton. Témoin cette lettre adressée à sa sœur Pauline*, le 23 juillet 1812 :

> Je pars ce soir, à sept heures, pour les bords de la Dvina ; je suis venu prendre les ordres de Sa Majesté l'Impératrice. Cette princesse vient de m'honorer d'une conversation de plusieurs minutes sur la route que je dois prendre, la durée du voyage, etc. ; en sortant de chez Sa Majesté, je suis allé chez Sa Majesté le roi de Rome** ; mais il dormait, et Mme la Comtesse de Montesquiou vient de me

* Devenue Mme Périer-Lagrange.
** Deux ans...

dire qu'il était impossible de le voir avant trois heures ; j'ai donc deux heures à attendre. Ça n'est pas commode, en grand uniforme et en dentelles.

Ces « bords de la Dvina » vus de Saint-Cloud, ces « ordres de l'impératrice », ce poupon impérial endormi, cette Montesquiou qui fleure son Versailles... Quelle étrange scène, quel décor, quel Beyle est-ce là ? Dentelles et papotages à la Viennoise... Voilà la plus surprenante entrée en tragédie qu'ait jamais connue un courtisan, naguère jacobin, en route pour l'aventure... Chargé de transmettre à l'empereur des Français, parti depuis deux semaines, une lettre de Marie-Louise et des courriers divers, aussi quelques paquets... Henri Beyle fait ici figure de facteur chamarré et bien en cour...

Il sait bien sûr que ce ne sera pas tout à fait une promenade à Bècheville chez « lady Palfy ». Encore à l'adresse de sa sœur :

> J'irai fort vite, ayant un courrier en avant jusqu'à Königsberg ; mais là, les doux effets du pillage commencent à se faire sentir ; cela redouble à Kovno* ; on dit que, dans les environs, on peut faire cinquante lieues sans trouver un être vivant (je regarde tout cela comme très exagéré ; ce sont des bruits de Paris, c'est tout dire pour l'absurdité). Le prince archi-chancelier** m'a dit hier de tâcher d'être plus heureux qu'un de mes collègues, qui a mis vingt-huit jours de Paris à Vilna***. C'est dans ces déserts ravagés qu'il est difficile d'avancer, surtout avec une pauvre petite calèche viennoise...

Elle est si encombrée, sa « petite calèche » (ramenée de l'expédition chez Babet ?), qu'il refuse à son cousin Gaëtan Gagnon de l'emmener avec lui – celui-ci, prenant un autre véhicule, gagnera Moscou avant de trouver la mort pendant la retraite, désespéré... Et voici Henri, seul derrière son cocher, coincé entre les paquets qui sont autant de manifestes de la courtisanerie impériale avant que tournent les casaques dix-huit mois plus tard, filant à travers l'Allemagne. Mayence, Fulda, Eisenach et l'ombre de Luther, Weimar, qu'il avait étrangement négligé lors de sa mission

* L'actuel Kaunas, en Lituanie.
** Cambacérès.
*** Vilnius.

saxonne, Leipzig, Francfort-sur-l'Oder, Königsberg, patrie de ce Kant qu'il déteste... Et puis la Russie : Marienpol, Kovno, Vilna, Orcha...

Part-il en Russie pour quatre mois ou pour deux ans ? Il avoue à Pauline qu'il n'en sait rien. Notant simultanément dans son journal à propos de quelques notes de musique jouées par son ami Villeblanche, peu après l'escale à Vilna, que c'est le « premier vrai bonheur vécu en Russie », il ajoute :

> Je ne regrette nullement d'y être venu, car j'y juge de sang-froid de la *war and* de ce que l'on nomme chez nous des héros ; ensuite j'acquiers quelques droits *to my dear Italy...*

et d'évoquer un peu plus tard, comme pour faire antithèse, son « cher Cimarosa », ce mélange d'*allegria* et de *tenerezza* (de gaieté et de tendresse) qui est *congeniale con me**.

Bien moins encore qu'à propos d'aucune de ces expéditions, on ne peut faire ici l'économie du « pourquoi » ? Le rayonnement de la gloire impériale est tel, alors, en dépit du grand déboire espagnol, trois ans plus tôt, qu'on imagine le désir qui a saisi ce gros garçon de 29 ans de prendre sa part à l'immense cavalcade « de ce que l'on nomme chez nous des héros ». N'est-ce pas là le couronnement de l'épopée, la « fin de l'histoire », comme on dira plus tard ? N'est-ce pas la dernière occasion, pour lui qui a pris sa petite part à l'*allegro* transalpin de 1800, de participer au *fortissimo* russe de 1812 ?

On trouvera bien d'autres raisons à cette immense escapade, au-delà de cette « fureur de locomotion » qui le tient, comme une autre nature, autant que l'érotique. Une fois de plus, il est à court d'argent, et las de quémander des subsides à son père. En février 1812, il a demandé, lui qui est auditeur au Conseil d'État, d'être nommé commissaire des guerres, un emploi où il a fait montre de capacités : on lui demande en haut lieu de choisir, et de faire

* Fait pour moi...

mieux ses preuves. Pour ce qui est des affaires de cœur, elles sont « en panne », la comtesse Palfy évasive et dont il se déprend d'ailleurs, Angela suspecte, Angeline un peu trop « popote »... Allons, il faut partir, cédant à son démon des espaces... L'immense Moscovie s'offre, dont avaient rêvé Montaigne, Montesquieu et dont Diderot fut l'hôte.

Et on a vu aussi qu'en acceptant avec plaisir la mission de « facteur impérial* », Henri le Milanais avait une très forte arrière-pensée : que ce service rendu à la maison régnante lui vaudrait, sinon la préfecture depuis longtemps espérée, ou la baronnie qu'il brigue, en tout cas des « droits » à une mission de longue durée dans la *cara Italia*. Citant Pétrarque, rêvant à Cimarosa, il ne cesse d'entrevoir les Alpes et le lac Majeur au-delà de la Bérézina. Ce ne sont pas les détours qui lui font peur. Il n'est pas d'Oural qui puisse lui cacher Angela ou le Corrège.

Mais que sait-il de la Russie avant d'y pénétrer, bien enfoncé dans sa calèche au début d'août 1812 ? Ni les bons textes français sur l'Empire de l'est – Custine, Joseph de Maistre –, ni les chefs-d'œuvre russes dont la France sera bientôt si férue – Gogol, Pouchkine, Tolstoï... – ne sont encore, en 1812, écrits, ou publiés, ou traduits. Le Français en quête d'une documentation sérieuse sur l'Empire de Pierre et de Catherine doit se contenter de quelques ouvrages laborieux, notamment de deux d'entre eux que Beyle a au moins parcourus – assez pour en citer des fragments dans sa correspondance : des *Mémoires sur la Russie* d'un certain « major » Masson publiés en 1800, réédités en 1804, une *Histoire de la Russie* de Claude-Carloman de Rulhière, diplomate à Moscou au temps de Catherine II, et, du même, une *Histoire de l'anarchie de la Pologne* qui semble l'avoir passionné.

Compte tenu des quelques clichés relatifs à la « barbarie » régnant dans l'Empire des tsars (et tsarines) émaillant cette documentation, aggravée des mots féroces prêtés à Diderot, le mentor déçu de la Grande Catherine – ce Diderot qu'il néglige un peu**, lui ressemblant si fort, mais lui préférant Montesquieu et Helvétius –, on ne peut ignorer que notre commissionnaire en mission à Moscou disposait d'un modeste éclairage relatif à l'univers où il s'aventurait. Si l'athéisme dont il faisait profession risquait

* Il est porteur surtout du « portefeuille » officiel...

** L'*Encyclopédie* mise à part, il est encore peu connu.

de lui voiler des aspects essentiels de la culture qu'il avait à découvrir, le jeune Dauphinois, qui n'avait point oublié avec quelle impatience la haute société grenobloise attendait en 1799 que l'armée russe de Souvorov vînt d'Italie rétablir les Bourbons, n'entrait pourtant pas en Russie comme dans une steppe inconnue.

Après avoir franchi le 12 août la Bérézina – qui, en été, fait figure de ruisseau –, il est le 14 août à Boyarinkova, quartier général de Napoléon, où il remet le courrier de l'impératrice – ayant ainsi rempli, en apparence, sa mission. Son journal reste muet sur cet épisode. Remit-il les lettres, sinon les paquets, en main propre à l'empereur ? Les anecdotes dont il régalera plus tard ses amis à propos de ses relations supposées avec « le plus grand des hommes » n'ont pas trait à cet épisode. Pas plus que ses lettres à Pauline, à Félix Faure ou à la comtesse Daru – où il n'est pas non plus fait écho de la bataille de la Moskova (ou de Borodino, selon les Russes), le 7 septembre 1812.

Comme à propos d'Iéna ou de Wagram, une dispute s'est élevée entre spécialistes quant à une participation, ou une présence, de Beyle à l'immense affrontement où se joua, sinon le sort de la guerre, en tout cas l'accès de la Grande Armée à Moscou. (On sait que les historiens des deux pays revendiquent également la victoire pour leur pays, les Français arguant que Napoléon s'y ouvrit bien les portes de la ville, les Russes qu'il y subit des pertes supérieures aux leurs, grâce à quoi Koutouzov put déployer la stratégie évasive qui allait vouer la Grande Armée au désastre.

La présence du futur auteur d'*Armance* (dont l'héroïne est la fille d'un général russe...) au quartier général de Napoléon, alors que se déroulaient ces très sanglants combats, est généralement admise, par Henri Martineau notamment. Une histoire racontée dans les *Souvenirs d'égotisme* tend à accréditer l'hypothèse de sa présence à la Moskova. Selon son ami Widmann (le « tenant » qui l'avait précédé auprès d'Angela et auquel il était resté très attaché...), le comte vénitien Andréa Corner se serait écrié, vers la douzième heure des combats : « Cette diable de bataille ne finira donc jamais ! » (A-t-on idée, comme ces Cosaques, de s'acharner ainsi ?) Et Beyle ne semble pas se vanter quand il raconte, plus tard, qu'il a vu l'empereur apprenant les chiffres des pertes subies par son armée, assis, l'air sombre, pianotant sur un tambour…

Le fait est que Napoléon et son armée, à laquelle s'est intégrée, à l'extrême arrière-garde, la calèche viennoise de l'auditeur Henri Beyle, entrèrent le 14 septembre 1812 à Moscou, dont les émerveilla la grandeur bariolée, la beauté tout imprégnée d'Orient. Bonaparte avait lui, dans l'œil, Le Caire et Saint-Jean-d'Acre. Au jeune « Milanais », c'était un autre monde qui s'offrait là…

On sait bien pourquoi le séjour à Moscou de l'armada impériale, blessée et d'autant plus avide de rétablir ses forces et son prestige, fut si bref. Mais ce mois (14 septembre-16 octobre), entre émerveillements et incendies, devait compter dans la vie de ceux qui le vécurent, les Ségur, les Caulaincourt, les Duroc – et Beyle. Mais tandis que se prépare la catastrophe, à nous Moscou, la rutilante !

La Grande Armée est entrée dans la ville par la porte Dorogomilovo. Nous ne connaissons à peu près rien des premiers jours d'Henri à Moscou, les pages de son journal relatives à cette période s'étant égarées. Mais il ne faut pas oublier que les incendies allumés sur l'ordre du gouverneur de Moscou, le général-comte Rostopchine, débutèrent moins de trente-six heures après l'entrée des Français dans la ville, et que notre jeune auditeur au Conseil d'État n'eut guère le temps de flâner en quête de logement avant d'être pris dans le grand tourbillon qui allait faire de ces quatre semaines à Moscou une errance à travers les flammes.

L'émerveillement que lui procurent ces « 400 ou 500 palais ornés avec une volupté charmante inconnue à Paris et qu'on ne voit que dans l'Italie » s'exprime dans ses lettres à Mme Daru et à Félix Faure, et l'admiration qu'il éprouve en découvrant le palais Apraxine où s'est installé son nouveau chef, successeur de Daru, le général Mathieu Dumas. Construit vingt ans plus tôt par le grand architecte italien Camporesi, rue Znamenka, il est tout proche d'un ravissant théâtre en bois que Beyle décrit dans *La Vie de Rossini*. Ce théâtre où avaient joué naguère Mlle Georges et les Comédiens-Français fut l'une des premières victimes de l'incendie.

Sitôt entré dans Moscou, Henri n'a pas manqué de se mettre en quête de sa chère Mélanie, dite Louason Saint-Albe, la comédienne dont il a partagé la vie à Marseille en 1806 et qui, ayant épousé un général russe nommé Barcoff, s'est installée à Moscou. Mais on lui apprend que le couple a battu en retraite vers Saint-

Pétersbourg. Beyle devra se contenter des hommages très démonstratifs d'une compagne de Mélanie.

Suit une visite au « club anglais » installé dans le palais du prince Gagarine, « orné dans le genre français, majestueux et enfumé... Il n'y a rien à Paris de comparable... ». De toute évidence, et avec plus d'éclat encore que les nobles viennois trois ans plus tôt, la haute société moscovite a pris le large vers ses terres, ou Pétersbourg. Mais Henri n'a guère le temps de le déplorer : l'incendie accapare désormais attention et énergie. Survivre, se loger...

Il a enfin trouvé un refuge convenable, assez éloigné semble-t-il des foyers d'incendie, l'Académie de médecine, rue Rodjestvenska, avec ses amis Busche et Bergogné. Ses accès de fièvre ont repris. Il n'en travaille pas moins à son *Histoire de la peinture en Italie* et à cette comédie dont il traîne le manuscrit avec lui, d'une errance l'autre, qu'il a intitulée *Letellier.* Mais comment se tenir en marge de l'événement prodigieux où il est engagé ?

Ouvrons ces notes datées du 4 octobre 1812 : c'est un étonnant autoportrait d'Henri Beyle confronté à la tragédie, intraitable, téméraire, « râleur » :

> J'ai laissé mon général soupant au palais Apraxine*. En sortant et prenant congé de M. Z. dans la cour, nous aperçûmes qu'outre l'incendie de la ville chinoise, qui allait son train depuis plusieurs heures, nous en avions auprès de nous ; nous y allâmes. Le foyer était très vif. Je pris mal aux dents à cette expédition. Nous eûmes la bonhomie d'arrêter un soldat qui venait de donner deux coups de baïonnette à un homme qui avait bu de la bière ; j'allai jusqu'à tirer l'épée ; je fus même sur le point d'en percer ce coquin.
> Nous nous retirâmes à une heure, après avoir lâché force lieux communs contre les incendies, ce qui ne produisit pas un grand effet, du moins pour nos yeux. De retour dans la cour Apraxine, nous fîmes essayer une pompe. Je fus me coucher, tourmenté d'un mal de dents. Il paraît que plusieurs de ces messieurs eurent la bonté de se laisser alarmer et de courir vers les deux heures et vers les cinq heures. Quant à moi, je m'éveillai à sept heures, fis charger ma voiture et la fis mettre à la queue de celles de M. Daru. [...] Ennuyé de cette inaction, j'allai voir le feu et m'arrêtai une heure ou deux

* Version de l'édition des *Lettres à Pauline* (Seuil, 1994). Elle diffère curieusement de celle de Victor Del Litto (La Pléiade, 1981) : « J'ai laissé mon journal au souper... etc. » Cette version-ci est plus plausible.

chez Joinville; nous y bûmes trois bouteilles de vin qui nous rendirent la vie. J'y lus quelques lignes d'une traduction anglaise de *Virginie* qui, au milieu de la grossièreté générale, me rendit un peu de vie morale.

J'allai avec Louis voir l'incendie. Nous vîmes un nommé Savoye, canonnier à cheval, ivre, donner des coups de plat de sabre à un officier de la garde… Un de ses camarades de pillage s'enfonça dans une rue en flammes, où probablement il rôtit. […] Je retournai, à 3 heures, vers la colonne de nos voitures et les tristes collègues. On venait de découvrir dans les maisons de bois voisines un magasin de farine et un magasin d'avoine; je dis à mes domestiques d'en prendre. Ils se montrèrent très affairés, eurent l'air d'en prendre beaucoup, et cela se borna à très peu de chose. C'est ainsi qu'ils agissent en tout et partout à l'armée…

On a beau vouloir s'en foutre, comme ils viennent toujours crier misère, on finit par s'impatienter, et je passe des jours malheureux. Je m'impatiente cependant bien moins qu'un autre, mais j'ai le malheur de me mettre en colère. J'envie certains de mes collègues auxquels on dirait, je crois, qu'ils sont des jean-foutre sans les mettre véritablement en colère… Comment faire preuve de semblable résignation avec une âme sensible?

Le général Kirgener* avait dit devant moi à Louis: « Si l'on veut me donner quatre mille hommes, je me fais fort, en six heures, de faire la part du feu, et il sera arrêté. » Ce propos me frappa. (Je doute du succès. Rostopchine faisait sans cesse mettre le feu de nouveau; on l'aurait arrêté à droite, on l'aurait retrouvé à gauche, en vingt endroits.) Nous vîmes arriver du Kremlin M. Daru et l'aimable Marigner; nous les conduisons à l'hôtel Soltykoff… nous vîmes la maison voisine, vaste et superbe; enfin, une jolie maison blanche et carrée, qu'on résolut d'occuper.

Mais c'est encore se tenir trop près du feu, et Daru vient les presser de prendre le large. Il faut reprendre l'exode vers la périphérie:

Nous étions très fatigués, moi plus qu'un autre. Depuis Smolensk**, je me sens totalement privé de forces, et j'avais eu l'enfantillage de mettre de l'intérêt et du mouvement à ces recherches de maisons… Nous nous arrangeons enfin dans cette maison, qui avait l'air d'avoir été habitée par un homme riche aimant les arts. Elle était

* Commandant le génie de l'armée. Il fut tué six mois plus tard en Allemagne.
** Où il a séjourné du 18 au 25 août.

distribuée avec commodité, pleine de petites statues et de tableaux. Il y avait de beaux livres, notamment Buffon, Voltaire, qui, ici, est partout, et *La Galerie du Palais-Royal*... La violente diarrhée faisait craindre à tout le monde le manque de vin. On nous donna l'excellente nouvelle qu'on pouvait en prendre dans la cave du beau club dont j'ai parlé...

Nous lançâmes nos domestiques dans cette cave; ils nous envoyèrent beaucoup de mauvais vin blanc, des nappes damassées, des serviettes *idem*, mais très usées. Nous pillâmes cela pour en faire des draps... Un intendant venu pour *pilloter* comme nous, se mit à nous faire des présents de tout ce que nous prenions. Il disait qu'il s'emparait de la maison pour M. l'intendant général, et partait de là pour moraliser; je le rappelai un peu à l'ordre... Mon domestique était complètement ivre; il entassa dans la voiture les nappes, du vin, un violon qu'il avait pillé pour lui, et mille autres choses. Nous fîmes un petit repas de vin avec deux ou trois collègues...

Trêve de beuveries et de « pillotages », le feu gagne...

Comme je pensais au grand spectacle que je voyais, j'oubliais un instant que j'avais fait faire demi-tour à ma voiture avant les autres. J'étais harassé, je marchais à pied, parce que ma voiture était comble des pillages de mes domestiques... Nous marchions directement vers l'incendie, en longeant une partie du boulevard. Peu à peu, nous nous avançâmes dans la fumée, la respiration devenait difficile; enfin nous pénétrâmes entre des maisons embrasées. Toutes nos entreprises ne sont jamais périlleuses que par le manque absolu d'ordre et de prudence. Ici une colonne très considérable de voitures s'enfonçait au milieu des flammes pour les fuir. Cette manœuvre n'aurait été sensée qu'autant qu'un noyau de ville aurait été entouré d'un cercle de feu. Ce n'était pas du tout l'état de la question; le feu tenait un côté de la ville, il fallait en sortir; mais il n'était pas nécessaire de traverser le feu; il fallait le tourner... L'incendie était loin de nous et garnissait toute l'atmosphère, jusqu'à une grande hauteur, d'une fumée cuivreuse... Je pillai dans la maison, avant de la quitter, un volume de Voltaire, celui qui est intitulé *Facéties**.

Ma voiture n'aurait couru aucun danger, mais mes gens, comme ceux de tout le monde, étaient ivres et capables de s'endormir au milieu d'une rue brûlante. En revenant, le général Kirgener, dont

* Acte dont il devait se repentir publiquement – fût-il salutaire.

> j'ai été très content ce jour-là, nous rappela à l'audace, c'est-à-dire au bon sens, et nous montra qu'il y avait trois ou quatre chemins pour sortir...

Est-ce le sagace général Kirgener qui lui sauva ainsi la vie ?

> Nous sortîmes de la ville éclairée par le plus bel incendie du monde, formant une pyramide immense qui avait, comme les prières des fidèles, sa base sur la terre et son sommet au ciel. La lune paraissait au-dessus de cette atmosphère de flamme et de fumée. C'était un spectacle imposant, mais il aurait fallu être seul ou entouré de gens d'esprit pour en jouir. Ce qui a gâté pour moi la campagne de Russie, c'est de l'avoir faite avec des gens qui auraient rapetissé le Colisée et la mer de Naples...
>
> Nous allions, par un superbe chemin, vers un château nommé *Petrovski*, où Sa Majesté était allée prendre un logement. Paf ! au milieu de la route, je vois, de ma voiture, où j'avais trouvé une petite place par grâce, la calèche de M. Daru qui penche et qui, enfin, tombe dans un fossé. Jurements, fureur ; il fut fort difficile de relever la voiture...

(On ne jurerait pas que notre Henri n'esquissa pas un sourire en voyant l'exaspérant M. Daru cul par-dessus tête. Rôti, comme tant d'autres ? Non. Mais au fond d'un trou, sous les yeux du soupirant de sa femme ! Vive les voyages !)

> Enfin nous arrivons à un bivouac ; il faisait face à la ville. Nous apercevions très bien l'immense pyramide formée par les pianos et les canapés de Moscou, qui nous auraient donné tant de jouissance sans la manie incendiaire. Ce Rostopchine sera un scélérat ou un Romain ; il faut voir comment cette action sera jugée. On a trouvé aujourd'hui un écriteau à un des châteaux de Rostopchine ; il dit qu'il y a un mobilier de un million, je crois, etc., mais qu'il l'incendie pour ne pas en laisser la jouissance à des brigands. Le fait est que son beau palais de Moscou n'est pas incendié...

Méditant sur l'incendie de Moscou, non sans s'interroger sur la signification du comportement de Rostopchine (« est-ce un scélérat ou un Romain ? »), Henri Beyle décrira quelques jours plus tard à Alexandrine Daru (dont le mari a fini par s'extraire de son fossé) :

> Le spectacle d'une ville brûlant au milieu de la nuit et élevant jusqu'au ciel une pyramide de feu d'une lieue et demie de large... En cinq jours, nous avons été chassés de cinq palais, enfin, de guerre lasse, le cinquième nous sommes allés bivouaquer à une lieue hors de la ville. Nous éprouvons, en y allant, les inconvénients de la grandeur. Nous nous engageons avec nos dix-sept voitures dans une rue qui n'était pas encore bien enflammée ; mais la flamme allait plus vite que nos chevaux, et, arrivés au milieu de la rue, les flammes des deux rangs de maisons effraient nos chevaux ; les étincelles les piquent, la fumée nous étouffe et nous avons fort grande peine à faire demi-tour et à nous en tirer.
> Je ne vous parle pas, madame, d'horreurs beaucoup plus horribles. Une seule chose m'a attristé : c'est le 20 septembre, je crois, lors de notre rentrée à Moscou ; le spectacle de cette ville charmante, un des plus beaux temples de la volupté, changée en ruines noires et puantes, au milieu desquelles erraient quelques malheureux chiens et des femmes cherchant quelque nourriture...

On retiendra ces savoureuses notations socio-historiques à l'intention de « Lady Palfy » :

> Cette ville était inconnue en Europe : il y avait six à huit cents palais tels qu'il n'y en a pas un à Paris. Tout y était arrangé pour la volupté la plus pure. C'étaient les stucs et les couleurs les plus fraîches, les plus beaux meubles d'Angleterre, les psychés les plus élégantes, des lits charmants, des canapés de mille formes ingénieuses. Il n'y avait pas de chambre où on ne pût s'asseoir de quatre ou cinq manières différentes, toujours bien accoté, bien arrangé, et la commodité parfaite était réunie à la plus brillante élégance.

Mais comment expliquer cette explosion esthétique, dans une nation apparemment arriérée ?

> C'est tout simple : il y avait ici mille personnes de cinq à quinze mille livres de rente. À Vienne, ces gens-là sont sérieux toute leur vie et songent à avoir la croix de Saint-Étienne. À Paris, ils cherchent ce qu'ils appellent une existence agréable, c'est-à-dire donnant beaucoup de jouissance de vanité... À Londres, ils veulent avoir un parti dans la nation. Ici, dans un gouvernement despotique, ils n'avaient de ressources que la volupté.

Quelle patte, tout de même, ce Beyle, et quel tempérament ! On l'a vu au flanc du Saint-Bernard, puis en butte aux poursuites des

Kaiserlich, puis face à telle foule autrichienne en colère... Ici, c'est au cœur de la fournaise que nous le voyons se démener, trop en colère pour se donner le temps d'avoir peur, s'interrogeant – non sans mérite, au milieu des flammes – sur l'éventuelle justification de la stratégie (que l'on dirait aujourd'hui « terroriste ») de Rostopchine, et moins fâché par le comportement de l'ennemi que par celui de ses compatriotes (« des gens qui auraient rapetissé le Colisée... » !)

Dans une note des *Œuvres intimes* de Stendhal éditées par lui (p. 1521) Victor Del Litto assure que Beyle « a beaucoup affabulé sur sa participation à la campagne de Russie ». Est-ce bien sûr ? Les témoins étaient là (à la différence de l'épisode de Castelfranco), lui-même était devenu un personnage en vue, il remplissait des charges importantes, il a bel et bien été repéré en des lieux (Smolensk, Moscou, Orcha, la Bérézina) très fréquentés. Qu'il ait romancé des détails, oui. Mais la traversée du feu et de la glace est bien là, vérifiable. Et quand on pense que Pierre Daru lui-même rendit hommage à sa conduite !

La retraite... Napoléon (qui n'a cessé de gouverner la France et l'Empire au milieu des flammes, y étudiant notamment les statuts organisant la Comédie-Française...) a songé à hiverner à Moscou, d'où il aurait négocié en position de force avec Alexandre replié à Saint-Pétersbourg. Puis il a pensé à un long séjour à Smolensk. Mais il s'est vite décidé au repli, qu'on lui prédit d'autant plus périlleux que l'hiver sera avancé. Koutouzov est aux aguets. L'automne est là. Bref, la Grande Armée – on peut encore la nommer ainsi – s'ébranle le 16 octobre vers Smolensk. Un mois après son installation triomphale à Moscou.

Que la retraite à laquelle s'est amèrement résigné Napoléon fût une aventure périlleuse, on en a vite la preuve : dans *En traîneau avec l'empereur*, Caulaincourt, qui fut sans cesse à ses côtés, raconte qu'au moment même de son propre départ de Moscou, à l'aube du 25 octobre, il manque de très peu d'être pris ou tué par un parti de Cosaques.

> Si l'empereur fût parti, comme il le voulait, avant le jour, il se serait trouvé au milieu de cette nuée de Cosaques avec un seul piquet et les huit généraux qui l'accompagnaient. Si les Cosaques qui vinrent sous notre nez avaient plus d'audace et fussent tombés en silence sur la route au lieu de hurler et de ferrailler sur les bords du chemin nous étions enlevés... Que faire avec une petite épée, et dans l'obscurité... ? L'empereur eût certainement été tué ou pris...

Voilà qui commençait bien...

Nous allons voir ce lourd garçon dauphinois de Beyle, doué pour les mathématiques, fou de musique et fort porté sur les jupons, faire face crânement, après l'horrible dévoration du feu, au harcèlement de l'ennemi. Celui auquel nous avons affaire maintenant, pendant les trois terribles mois de la retraite, est un brave, aussi habile dans l'action que ferme face aux épreuves, capable de supporter les pires privations, de négocier les solutions les plus ingénieuses, de mettre l'arme au poing face à l'ennemi. L'hédoniste de Milan s'est fait, à l'épreuve, stoïcien. Étonnants effets de la furie locomotrice !

Observons qu'au moment de quitter Moscou il a reçu une promotion singulière : ce fonctionnaire civil, auditeur au Conseil d'État chargé de l'inspection du mobilier impérial, débouté par l'autorité militaire de sa demande de promotion dans l'intendance de guerre et qui n'est venu à Moscou qu'en tant que commissionnaire chargé de lettres et de paquets, se voit soudain chargé de la « direction générale des approvisionnements de réserve » pour la région de Smolensk, Mohilev et Vitebsk – celle où l'on va, plus ou moins à l'aventure, en tout cas forcé par l'événement... Tout est à inventer en matière de subsistance. Énorme responsabilité, dont il se voit investi avec ravissement ! « Je vais former à Smolensk des réserves immenses... » (D'autant plus indispensables que Napoléon pense à faire de cette ville un pivot de la bataille à venir.)

Ces responsabilités, assumées avec vaillance, ne vont pas peu contribuer à le tenir droit et ferme. Qu'eût-il été, sans emploi, roulé dans le grand reflux, dans la débâcle ? Envahi par la tristesse, le dégoût, peut-être avachi ? Le fait est que notre Henri Beyle va en faire assez, en quelques semaines, pour s'attirer l'estime de gens qui jusque-là l'avaient à coup sûr pris pour un farfadet irresponsable, comme ce Pierre Daru qui, si revêche avec lui jusqu'alors, ira jusqu'à lui pardonner, pour sa belle conduite, de l'avoir vu affalé au fond d'un trou...

Sur la première étape de la grande retraite, voici d'abord un sec compte rendu, extrait d'une lettre écrite de Smolensk à son ami Félix Faure, qui a le style d'un rapport d'état-major :

> Parti de Moscou le 16 octobre, je suis arrivé ici le 2 novembre, après le voyage le plus intéressant qui vaut seul d'être venu en Russie. Deux belles attaques de Cosaques, la ferme croyance pendant une nuit d'être tué ou pris le lendemain... Pas le temps d'écrire. La présence de mes collègues ne neutralisait plus la partie romanesque de mon âme, sans laquelle je suis ennuyeux pour moi-même. Je me porte fort bien et vais aller à Minsk pour acheter...

Quelques jours auparavant, à l'adresse d'un autre correspondant, il a évoqué un des « incidents de parcours » dont il est question (ces « belles attaques de Cosaques ») dans la lettre à Faure :

> Le 24 octobre, comme nous faisions nos feux, nous avons été environnés d'une nuée d'hommes qui se sont mis à nous fusiller... J'arrivai à Smolensk avec un pauvre petit convoi qui a été houspillé par les Cosaques qui ont eu, entre autres choses, la malhonnêteté de me piller mon caisson de vivres, de manière que j'ai été 18 jours au pain de munition et à l'eau...

Ce qu'il vit là, Henri Beyle, 29 ans, saisi dans un inimaginable tourbillon d'histoire où il n'est plus seulement un intrus abasourdi, la mouche du coche, mais un acteur chargé soudain de responsabilités majeures – le ravitaillement, en cas de retraite, est aussi important que la pointe du sabre lors de l'offensive –, l'a-t-il jamais imaginé, fût-ce au temps de ses rêves de Chérubin des Alpes ? Chargé de responsabilités dans l'ombre du grand homme dont la calèche ne précède – ou suit – la sienne que de quelques minutes peut-être, voilà de quoi rehausser de touches de fierté son égotisme fondamental. Se vit-il alors projeté vers un avenir nouveau ? S'imagina-t-il, pris dans cette course à l'abîme, voué à un destin romantique, dans l'ombre de César ? Le Mocenigo qu'il porte en lui, comme un double quelque peu diabolique ou forcené d'aventurier sans entraves, va-t-il connaître une sorte d'épiphanie, surgissant des formes potelées du fils des Beyle et des Gagnon ?

> Quelles idées n'ai-je pas eues dans ma calèche pendant ma campagne de dix-huit jours de Moscou à Smolensk,

notera-t-il dans son journal, rentré à Paris, le 4 février 1813, non sans ajouter :

> J'en avais écrit un peu sur un volume de Chesterfield* pillé par moi à la maison de campagne de Rostopchine : il a été perdu avec le reste...

N'essayons pas de nous substituer à celui qui inventera Julien et Fabrice. Mais on aimerait pouvoir reconstituer le rêve éveillé de notre intendant, bien emmitouflé au fond de sa calèche filant sur les traces de l'empereur, souvent si proche et qu'il croise de temps à autre, à l'étape... « Quelles idées n'ai-je pas eues... » Tout, en ces jours-là, est si fabuleux, si inimaginable, le surhomme à la merci d'un parti de Cosaques, alors qu'à Paris, du fond de sa prison, ce fou de général Malet déclenche une conspiration qui manque de peu de détrôner Napoléon... Et ce sol qui, d'heure en heure sous les roues des calèches, sous les sabots des chevaux, se mue de boue en glace...

Notations de Caulaincourt, sur la route entre Moscou et Smolensk :

> Les Cosaques faisaient des « hourras » continuels sur la route qu'ils traversaient à chaque instant entre les divisions, même entre les régiments quand il y avait un intervalle... fondant à l'improviste, tuaient, blessaient, dévalisant ceux auxquels ils laissaient la vie... Il faut s'être trouvé dans cette position, il faut avoir été l'un des acteurs de cette grande scène pour s'en faire une juste idée... Ces choses les plus simples étaient devenues des difficultés presque insurmontables. Honneur aux braves de tous les rangs, de toutes les classes qui ne se laissèrent pas abattre, car jamais hommes ne furent soumis à de plus dures épreuves et ne montrèrent plus de constance et de dévouement.

N'oublions pas que l'homme qui écrit cela a traversé la plus flamboyante des histoires aux côtés d'un personnage qui depuis près de vingt ans réinvente, l'épée à la main, la carte du monde. Et que ce que Caulaincourt décrit comme une épreuve extrême aux limites de ce que l'homme peut supporter, fût-il un ancien de Saint-Jean-d'Acre ou de Somosierra, Henri Beyle le vécut, quelques verstes plus loin, harcelé par les mêmes Cosaques...

* Les Mémoires de Lord Chesterfield, homme d'État anglais, ami de Montesquieu.

Sur sa participation à cet épisode épique qui vit la Grande Armée s'arracher à Moscou pour gagner Smolensk – où elle avait fait deux mois plus tôt une étape orgueilleuse –, nous disposons de plusieurs textes de référence. Mais d'abord celui de Prosper Mérimée qui dans son *H. B.*, si décrié et si pénétrant, a résumé en quelques phrases un chapelet d'anecdotes contées au fil des soirées, entre deux verres et trois galanteries, par Henri Beyle à ses amis :

> Il avait fait plusieurs campagnes, entre autres celle de Russie, en 1812, avec le quartier général de l'empereur. Naturellement brave, il avait observé la guerre avec curiosité et froidement. Sans être insensible aux grandes et poétiques scènes qu'il avait vues, [il en retenait] surtout ses côtés bizarres et grotesques…

Et Prosper Mérimée de donner la parole à son ami :

> Partis de Moscou, nous nous trouvâmes, à la nuit tombante, au nombre d'environ quinze cents hommes, séparés du gros de l'armée par une forte division russe. On passa une partie de la nuit à se lamenter. Puis les gens énergiques haranguèrent les poltrons et firent si bien, qu'on résolut de s'ouvrir un chemin l'épée à la main dès que le jour permettrait de distinguer l'ennemi. Ne croyez pas qu'on dit alors : « Braves soldats », etc. Non. « Tas de canailles, vous serez tous morts demain, car vous êtes trop j… * pour prendre un fusil et vous en servir. » Cette allocution héroïque ayant produit son effet, à la petite pointe du jour nous marchâmes résolument aux Russes, dont nous voyions encore briller les feux de bivouac. Nous arrivons la baïonnette baissée sans être découverts, et nous trouvons un chien tout seul. Les Russes étaient partis dans la nuit… Il disait qu'il n'avait pas trop souffert de la faim pendant la retraite ; mais il lui était absolument impossible de se rappeler comment il avait mangé, si ce n'est un morceau de suif, qu'il avait payé vingt francs, et dont il se souvenait encore avec délices [1].

Trois lettres écrites par Henri à Smolensk, respectivement à la comtesse Daru, à son cousin Martial et à son ami Félix Faure, donnent, sur ces épisodes de cape et d'épée, des éclairages saisissants :

* Jean-foutre.
1. *Notes et Souvenir*, 1855.

> Pendant la marche de Moscou à ici [écrit-il à « Lady Palfy »], on est allé battre les Russes à Malojaroslavetz. Il est bien fâcheux que cette victoire ait un nom si baroque, on dit que... jamais les Russes n'ont été chassés de leurs positions de façon plus brillante et plus honorable pour l'armée. Je n'étais point à ces belles choses... Ayant quitté Moscou le 16 octobre, j'arrivais à Smolensk avec un pauvre petit convoi qui a été houspillé par les Cosaques qui ont eu, entre autres choses, la malhonnêteté de me piller mon caisson de vivres... Nos peines physiques de Moscou à ici ont été diaboliques... J'en gèle encore... Vous ne nous reconnaîtriez pas, ma chère cousine... Nous avons l'air de nos laquais... Tout ce qui n'a pas l'âme un peu forte est plein d'aigreur... mais le soldat vit bien, il a des tasses pleines de diamants et de perles*. Ce sont les heureux de l'armée et comme ils sont la majorité, c'est ce qu'il faut...

À Martial Daru, pour une fois resté à Paris, il fait une confidence, sur la marche des opérations, qui surprend :

> L'armée russe est repoussée sur Kalouga, ce qui nous laisse libres d'aller à Pétersbourg... par Vitebsk et Riga...

Un plan qui n'apparaît guère dans les rapports de l'époque.

Et avec Félix Faure, il s'épanche sur les faiblesses de ses compagnons, non parce qu'ils ne rêvent que fourrures ou pelisses, mais parce que l'épreuve montre que seul « un vernis transparent » recouvre « l'aigreur inspirée par le mal-être ». Nombre de ses collègues ne peuvent dissimuler « leur mine allongée » ni leur « cœur aigri ».

Mais lui, Henri, où en est-il ? S'il ne surmonte pas l'épreuve sans peine ni « dégoût » parfois, il confie à son ami grenoblois (et ce n'est pas ici pour la montre, ni par gloriole, ce texte est adressé à un confident inconnu) que

> ce voyage seul me paie ma sortie de Paris en ce que j'y ai vu et senti des choses qu'un homme de lettres sédentaire ne devinerait pas en mille ans...

Autre éclairage, celui que donne son ami anglais Hobhouse, le futur Lord Broughton, rapportant un entretien entre Beyle, Lord

* Tout le monde à Moscou ne s'est pas contenté de « pilloter » comme lui...

Byron et lui, dans une loge de la Scala de Milan. C'est le comportement de Napoléon surtout qui suscite la curiosité des Anglais :

> Pendant toute la retraite, raconte le Français, Napoléon fut déprimé… Il marchait en s'appuyant sur un bâton blanc… Comme ses compagnons s'en étonnaient, il répliqua d'un air sombre : « Oui, messieurs, voilà les grandeurs humaines… » Toute l'armée l'observait avec anxiété… Des soldats crièrent sur son passage : « Ce malin nous fait tuer tous… » Il se retourna et regarda en face ceux qui parlaient ainsi. Les soldats fondirent en larmes*…

Et Hobhouse de conclure :

> J'ai toutes sortes de raisons de croire que Beyle est digne de foi. Mais je lui trouve une manière cruelle de dire les choses…

Digne de foi ? On est mieux enclin à le croire quand il parle de lui – des recoupements sont possibles – que quand il se prend pour Caulaincourt ou Duroc. « Napoléon ne parlait pas à des fous comme moi », a-t-il quelque part avoué. Cette espèce d'intimité avec le grand homme est peu plausible : il ne semble l'avoir approché, pour un véritable échange de propos, que sept mois plus tard, à Görlitz en Allemagne, à l'occasion de la bataille de Bautzen. Mais le moyen, face à Byron, de ne pas jouer les familiers du sublime ?

> Nos peines physiques de Moscou à ici ont été diaboliques… Nous sommes tous à faire peur…

Mais à partir de Smolensk où il devient responsable des « approvisionnements de réserve », il va pouvoir manifester son active bonne volonté – c'est peut-être ce qui le sauve –, surtout à Orcha, plus loin, sur le Dniepr. C'est au cours de cette étape que son énergie et son savoir-faire se manifestent surtout. Les témoignages sont nombreux des services qu'il rendit alors pour acheminer vers

* Caulaincourt donne de l'empereur pris dans le flux de la retraite une tout autre image. Faut-il lui consentir plus de crédit ?

cette ville où firent étape la plupart des unités de la Grande Armée un ravitaillement tenu par beaucoup pour miraculeux.

Pour ceux qui furent mêlés à cet épisode, le nom de Beyle se confondra désormais avec celui de cette ville du Dniepr. Il est admis qu'il « se distingua à Orcha en procurant trois jours de vivre à toute l'armée, les seuls vivres qu'on ait eus de Moscou à la Bérézina ». Ce qu'il traduit dans ses *Souvenirs d'égotisme* (le mot n'est pas tout à fait propre en l'occurrence...) par cette formule un peu emphatique, qu'il « donna à l'armée, entre Orcha et Bobr, le seul morceau de pain qu'elle ait reçu ». Ce que « M. Daru reconnut publiquement au nom de l'empereur... ».

C'est à Bobr en tout cas que paraît avoir pris fin sa mission officielle de « responsable du ravitaillement de réserve pour la région de Smolensk, Mohilev et Vitebsk ». C'est là en tout cas qu'il communiqua à ses chefs les pièces relatives aux marchés qu'il avait passés, notamment avec des marchands juifs d'Orcha, dont il ne se plaint pas, et qu'il apura les comptes. Des papiers attestant ces activités ont été conservés.

Revenons à Mérimée, dont on sait que, parlant de son ami disparu, il ne pèche pas par naïve complaisance, dût-il n'avoir pu procéder encore à tous les recoupements souhaitables :

> Il fut du petit nombre de ceux qui, au milieu des misères que notre armée eut à souffrir dans la désastreuse retraite de Moscou, conservèrent toujours leur énergie morale, le respect des autres et d'eux-mêmes...

C'est à ce type de « respect » qu'il faut rapporter le trait, souvent cité, et parfois en mauvaise part*, plutôt qu'au « dandysme » que croit y voir Michel Crouzet :

> Un jour, aux environs de la Bérézina, Beyle se présenta devant son chef, M. Daru, rasé et habillé avec quelque recherche. M. Daru lui dit : « Vous avez fait votre barbe, monsieur ? Vous êtes un homme de cœur. »

« De cœur » ? Ou « de raison » ? Il est bien connu que, pour les prisonniers, déportés, ou tous autres hommes soumis à une longue

* Notamment par Paul Claudel qui haïssait l'auteur du *Rouge et le Noir* : le modèle de Julien, Berthet, n'avait-il pas tiré son coup de pistolet dans l'église de Brangues, dont le poète deviendrait le châtelain !

épreuve collective, la discipline sanitaire est une des formes de la sauvegarde, de la résistance à l'effondrement. Beyle l'avait-il appris de tel ou tel de ses chefs ou compagnons, en Italie ou en Autriche ? Ce personnage hors normes savait aussi, d'instinct, que certaines disciplines ne sont pas le fait des « jean-foutre »...

Voici donc l'épisode de la Bérézina, épreuve d'autant plus cruelle que la Grande Armée doit y faire face à la fin du mois de novembre, alors que tout n'est plus autour d'elle que neige et glace, que les chevaux, dérapant sans cesse, n'y peuvent porter leurs cavaliers ni tirer les canons, que la température descend sous les moins vingt degrés, que le sol, partout, n'est que traîtrise.

Dans le flot qui se hâte péniblement vers la rivière, affluent du Dniepr, qu'il avait vue bien anodine en août, Henri Beyle a-t-il deviné que les heures sont comptées, que le franchissement du pont peut être une question de vie ou de mort ? Le fait est qu'il se comporte comme si ce pressentiment le poussait à bousculer les prévisions. Revenons à l'acide Mérimée, décidément précieux, qui rapporte cette confidence d'un des plus proches compagnons de Beyle à Moscou, le conseiller Bergogné, auditeur au Conseil d'État qui, on l'a dit, partageait son logement à l'Académie de médecine :

> M. B... m'a raconté qu'il devait la vie à Beyle, qui, prévoyant l'encombrement des ponts au passage de la Bérézina, l'obligea de passer sur l'autre rive le soir qui précéda la déroute. Il fallut presque employer la force pour décider M. Bergogné à faire quelques centaines de pas. Il faisait le plus grand éloge du sang-froid de Beyle et du bon sens qui ne l'abandonna jamais au moment où les plus résolus perdaient la tête.
> Beyle était homme de ressources dans les circonstances graves ; il disait modestement qu'il devait cet avantage à sa provision de maximes toutes faites, au moyen desquelles il se trouvait prêt pour agir lorsque les autres perdaient leur temps à délibérer...

L'épisode du passage de la Bérézina, au soir du 27 novembre 1812, quelques heures avant l'effondrement du pont, cette manifestation de flair et d'esprit de décision dont fit preuve alors le sarcastique M. Beyle, dans l'immense cohue d'où il arracha son ami, est un de ceux que l'histoire a retenus ; il contribue à donner du crédit aux autres traits que rapporte l'intendant improvisé à Moscou. Les « embellissements pathétiques » (pour parler comme Chateaubriand) qu'il s'autorise ne suffisent pas à discréditer ce qu'il y eut alors, dans son comportement, de profondément honorable.

Si nous franchissons la Bérézina, confie alors Napoléon à Caulaincourt, je suis maître des événements. Sinon, nous ferons le coup de pistolet... Pistolet ou pas, le passage de la rivière ne mit pas un terme à l'épreuve des survivants. Les Cosaques se sont faits moins obsédants qu'à Smolensk. Mais ils n'ont pas disparu pour autant. Les fantômes hallucinés qu'ils pourchassent désormais n'ont pas cessé de donner prise à leur agressivité, en dépit de la jonction avec quelques unités de réserve, sur la Dvina – Caulaincourt compare ceux-ci et les rescapés de Moscou :

> Les nôtres, maigres, desséchés, noirs comme des ramoneurs, exténués, paraissant des spectres... Les autres... représentent des hommes d'une autre espèce. Des vivants, non des ombres... Mais les âmes fortes s'étaient raidies contre l'adversité.

Tel Henri qui, ayant réussi à mettre la main sur deux chevaux vivants, atteint Molodetschno, à trente lieues de Vilna, le 4 décembre, quelques heures après Napoléon et Caulaincourt. C'est alors que, se sentant « geler et défaillir », il prend une décision en rupture avec le comportement stoïque qui est le sien depuis des mois :

> Je pris la belle résolution, écrit-il à sa sœur Pauline, de précéder l'armée..

Précéder... Est-il encore tenu, depuis la fin de sa mission, à Bobr, à la discipline militaire ? À qui serait tenté de parler ici de désertion – Henri est un civil –, on peut faire valoir que l'exemple du « sauve qui peut » vient de haut : c'est le même jour que l'empereur, constatant que « ni le Niémen ni Vilna ne seraient les limites de nos désastres », décide de quitter l'armée pour regagner Paris à bride abattue – Paris où l'appelle ce qu'il considère comme le salut de l'Empire :

> C'est aux Tuileries seulement que je pourrai en imposer à l'Europe...

L'un précédant l'autre, c'est le 7 décembre qu'Henri, flanqué de son ami Busche, parvient, exténué, à Vilna, d'où il adresse à Pauline ces mots où presque tout est dit, sobrement :

> Je me porte bien, ma chère amie. J'ai bien souvent pensé à toi dans la longue route de Moscou à ici, qui a duré cinquante jours. J'ai tout perdu et n'ai que les habits que je porte. Ce qui est bien plus beau, c'est que je sois maigre. J'ai eu beaucoup de peines physiques. Nul plaisir moral ; mais tout est oublié et je suis prêt à recommencer pour le service de Sa Majesté…

Étrange tissu de contradictions, mélange de stoïcisme, de dérision, d'abattement – et ce « service de Sa Majesté », qui sonne mieux que du temps des prospérités et des courtisans, à Saint-Cloud… Impavide ou courant, on l'aime…

Et tout autant quand, parvenu le 28 décembre à Königsberg, arraché désormais aux affres de la guerre désastreuse, et devançant de peu l'état-major impérial – décidément, les notables ont tendance à « précéder l'armée » –, il évoque à l'intention de Pauline le sort lamentable de leur cousin Gaëtan Gagnon, parvenu jusqu'à Kovno quelques heures après lui grâce à Pierre Daru qui lui a « cédé son dernier cheval » – et qui y a expiré d'épuisement, de faim et de froid en appelant sa mère. Il n'avait pas, observe sobrement Henri, « toute la résolution désirable » pour résister à l'épreuve inhumaine.

> Moi, je me suis sauvé à force de résolution ; j'ai souvent vu de près le manque total de forces, et la mort.

L'homme qui regagne Paris à la fin de janvier 1813, méconnaissable – aux yeux même de la chère Angeline Bereyter, bien faite en sa douceur mélodieuse et potelée pour panser les plaies du « maigre » Henri –, est un autre. Ni le sybarite de Bècheville, ni le nonchalant coureur de routes transalpines, ni même le corsaire Mocenigo.

« Durci par l'épreuve », comme on a coutume de dire ? La formule, en l'occurence, sonne creux. Il faut chercher au-delà, ne serait-ce que parce que l'épreuve, ici, fut plus intense que celles auxquelles on se réfère d'ordinaire. La faim, le froid, la peur, l'extrême fatigue, la mort en face, constamment… Au-delà, on n'est pas durci. On est autre.

Dans une communication présentée au colloque consacré à Stendhal en Russie (septembre 1994) à Moscou, Mme Guinard-Corredor a mis l'accent sur le sentiment de déboire qui domina l'homme revenu de la grande aventure russe, sur le souvenir de quelque chose de « plat et fangeux » qui, en son esprit, compose l'« effet Russie », sur cette impression de « neige piétinée » qui domine désormais en lui, sur le grief aussi qu'il fait non sans raison à l'empereur, dans l'esquisse abandonnée de ses *Mémoires sur Napoléon*, d'y avoir « égaré le roman de l'avenir » – formule admirable que Hugo dut envier à son aîné qu'il n'aimait guère mieux qu'il n'en était estimé…

Cette conjonction d'échec stratégique, d'épreuve existentielle en fin de compte insupportable, ce paysage de « neige piétinée », aurait, pour Stendhal, rejeté la Russie dans un « ailleurs » exécrable, impropre à la fertilisation intellectuelle ou spirituelle. Ainsi cette prodigieuse matière romanesque serait-elle, par son excès même, restée exclue de l'imaginaire stendhalien. Trop loin, trop froid, trop douloureux pour entrer en paradis beyliste – où pullulent certes les démons, mais à l'échelle humaine. La neige piétinée ne recevra pas le statut de l'herbe parmesane…

On peut retenir ce point de vue. On peut aussi voir en la sinistre épopée russe, en « ce voyage qui m'a fait voir des choses… qu'un homme de lettres sédentaire ne devinerait pas en mille ans », une sorte d'accouchement du poète dans l'homme. Dès lors, les pages du journal prennent un tout autre ton.

On peut s'étonner de ce que « la Russie », l'« événement absolu » de cette vie, très présente dans la conversation de Stendhal – avec Métilde, avec Mérimée on l'a vu, avec Eugénie de Montijo –, soit une si mince matière littéraire pour lui. Quelques notations, ici et là, dans *De l'amour*, dans l'*Égotisme*, dans un article du *London Magazine* de 1825 consacré à l'*Histoire de Napoléon et de la Grande Armée en 1812* de Ségur où il précise qu'il a pris part lui-même « à cette déplorable catastrophe », trop immense, trop douloureuse, intraduisible*.

On a évoqué *Guerre et Paix* (écrit près d'un demi-siècle après les faits…). Ce n'est pas parce qu'il fut alors du parti des vaincus

* Comme les souvenirs des déportés après 1945.

que le rescapé de la Bérézina, à la différence de Tolstoï, refusa de prendre pour thème la guerre de 1812 : il était, on le sait, homme à faire de Waterloo une belle histoire…

Si la mouvante tragédie de 1812 n'a pas, dans son œuvre, le statut qu'elle a pris dans sa vie, ce n'est peut-être pas pour les raisons qui retiennent d'abord Énée de raconter à Didon la chute de Troie : « *Infandum, Regina, jubes renovare dolorem…* » Peut-être du fait de la difficulté qu'aurait eue le commissaire Beyle à y assumer son statut de « héros » inclassable… Ou encore parce que l'homme des Lumières qu'il est encore peut bien constater ces horreurs, mais non en donner une traduction esthétique.

Mais il faut retenir la suggestion esquissée par Michel Crouzet dans sa biographie de Stendhal, puis précisée dans sa communication au colloque de Moscou : c'est peut-être à ce furieux corps à corps avec l'horreur que l'auteur de *Racine et Shakespeare* devra de prendre bientôt le parti du second contre le premier. Quelles leçons pour le *Roi Lear* contre *Bérénice*, quelle introduction à ce qu'il appellera bientôt romantisme, ou mieux *romanticisme*, l'explosion des cadres, des règles, des équilibres, des catégories !

Allez demander de prôner les « trois unités » et l'alexandrin à l'homme flagellé par trois mois d'épouvante, pourchassé par les pires horreurs de la guerre, à celui qui a vu, dans l'hôpital de Vilna, les murs troués que l'on bouchait avec des cadavres gelés…

Sa « fureur de locomotion » qui a pris, en Russie, une forme extrême, ne remplit pas, pour une fois, son rôle créateur. Parce que de tous les voyages de Stendhal, il est à coup sûr celui dont la dimension érotique est la moins repérable ? De Moscou, le 16 octobre, il a mandé à Mme Daru : « Nous n'avons pas vu de femmes depuis les maîtresses de poste de la Pologne… » Quand on pense à ses voyages antérieurs, à Milan, à Brunswick, à Vienne, on peut parler d'inimaginable frustration, ou d'abstinence. Tous les Julien, et les Lucien et les Fabrice qui cheminaient le long du Dniepr n'ont fait surgir ni Mathilde ni Clélia. Dans ce domaine aussi, Koutouzov et les siens auront mis en acte la stratégie de la terre brûlée…

La médiatisation de l'horreur par la littérature, il faudra attendre

Zola, et le XXe siècle, pour l'opérer. C'est à l'intérieur de l'homme que le voyage, cette fois, a opéré. En tuant en lui l'homme des Lumières – en lui qui a « pillé » à Moscou un Voltaire qu'il devait, honteux, abandonner dans la neige, en lui qui, aux pires heures de la retraite, aux abords de la Bérézina, lisait la correspondance de Mme du Deffand et les Mémoires de Lord Chesterfield. Les Lumières ? Il fallait les avoir bien profondément intégrées pour s'en inspirer encore, entre Vilna et Königsberg – dût-on filer vers Paris « dans un traîneau d'acajou... ».

La plus grande aventure de sa vie, son épopée-naufrage, son exode absolu, Henri Beyle, homme de lettres, n'en fera pas matière à littérature. Du bagne, Dostoïevski tire un livre, et mille traits de ses romans. Daniel De Foe, du naufrage, fait son œuvre. Et Wilde, de sa prison. La tragédie russe, chez Stendhal, est un non-écrit, mais certes pas un non-vécu. Un refoulé ? En tout cas le vivier où il puise de quoi armer le regard qu'il porte sur l'espèce humaine. Capable de faire cela, oui... Mais aussi de survivre à cela...

Bilan matériel ? En cette fin de janvier 1813, la santé d'Henri est profondément ébranlée. Il déplore, devenu « maigre », d'avoir perpétuellement faim et froid. Six semaines plus tard, encore, il note dans son journal :

> Je suis plongé sans retour dans une froideur extrême... Depuis quarante jours, je cherche en vain mes anciennes passions...

Que m'êtes-vous devenues, Angela, Angeline, Mina, Palfy, Mélanie ?

Pour ce qui est de la « gloire », le bilan est aussi négatif. Lui qui vient d'accomplir ce que l'on sait ne reçoit ni décoration ni promotion. Passe encore que l'empereur, auquel il se dit encore si fidèle, ne le nomme ni duc d'Orcha, ni prince de la Bérézina. Mais nulle fonction – maître des requêtes, consul à Milan, préfet de la Drôme... – ne lui est offerte. Quel service fut jamais plus « inutile » ? Il aura pu vérifier ainsi que, pour un égotiste de son calibre, la vertu – ici, il s'agit plutôt de *virtù*, à la Machiavel – n'a d'autre fin qu'elle-même…

Quant à son œuvre, un odyssée russe se solde par la perte du manuscrit de son *Histoire de la peinture en Italie*…

CHAPITRE VI

Shakespeare et les petites Anglaises

• Une anglophonie spontanée • Face à Byron • La fuite d'un vaincu... • Un trio pittoresque • Des Londoniennes prudes, et quelques autres... • Waterloo vu à Londres • Les steaks du Tavistock • Shakespeare, enfin ! • ... et joué par Kean... • Les travaux forcés de l'ouvrier anglais • Une maison de poupées • Les pommes de Miss Appleby • Des arbres et des lacs • Cervantès et le coton...

Qu'un Français aussi furieusement français qu'Henri Beyle, dût-il se proclamer, se modeler, se rêver milanais, que ce rebelle affamé de singularité ait fait surgir en lui une veine anglaise, très jeune, avant même d'avoir pris pied au-delà de la Manche, que cet Alpin né du côté ombre et « rempoté » du côté soleil de ses montagnes se soit mis, au plus fort des guerres entre les compatriotes de Bonaparte et ceux de Nelson, à truffer son journal de locutions anglaises comme un snob du temps de Marcel Proust, c'est l'un des traits qui attachent si fort à l'auteur de *Lamiel* : rétif à toutes classifications, prévisions et conformismes.

Il n'a pas repris la rédaction de son journal depuis plus d'un an que, faisant l'inventaire de la petite bibliothèque qu'il véhicule, sous-lieutenant de dragons, à travers le Piémont, il signale la présence d'une grammaire anglaise – et, trois mois plus tard, cite les *Happy Birds* de Thompson.

Rentré à Paris un an plus tard, il prend un professeur d'anglais, un père franciscain, d'ailleurs irlandais, nommé Hicky. Il faut attendre avril 1804 pour que le journal du jeune homme fasse paraître l'admiration que lui inspire « le naturel shakespearien », pour qui sa ferveur ne cessera de croître, culminant vingt ans plus tard dans le flamboyant manifeste *Racine et Shakespeare*, exaltation du second aux dépens du premier. Dès lors, l'auteur d'*Hamlet* se saisit de lui, domine son univers culturel, au point qu'il sera le seul écrivain inscrit au Panthéon de sa pierre tombale aux côtés de Cimarosa et Mozart.

L'Angleterre, donc, *land of Shakespeare* ? Bien sûr. Mais Henri est aussi un fervent lecteur des grands romans anglais du XVIIIe siècle, de *Tom Jones* et du *Vicaire de Wakefield*, sans parler de l'inévitable *Ossian* – et de Walter Scott, quelques réserves qu'il émette sur cet « ultra ». Pour n'être pas aussi fournie que l'italienne, sa culture anglaise est, à partir de ses vingt-cinq ans, riche et variée. Et on a vu que lors de son long séjour à Brunswick, en 1805, ce n'est pas l'allemand qu'il étudie, mais l'anglais. Désormais, son journal est truffé de *True friend* ou de *Happyness*…

Et puis, il y a eu cette rencontre, à la Scala de Milan, en octobre 1816, de Lord Byron dont il goûte le *charming angel's profile* et surtout l'attention passionnée que cet aventurier de haute lisse porte à ses évocations, plus ou moins authentiques, de Napoléon. Fervent de Shakespeare, interlocuteur admiré de Byron : voilà de quoi nuancer en lui la fidélité qu'il voue à l'empereur détrôné qui se morfond à Sainte-Hélène depuis l'été 1815. Shakespeare lui fera oublier (pas toujours…) Hudson Lowe.

C'est en juillet 1817 qu'un projet de voyage *in England* se forme en lui, à l'occasion d'entretiens avec deux curieux personnages dont nous reparlerons, Schmit et Edwards. Ils le persuadent qu'il serait excellent pour son premier livre, consacré a Haydn*, aussitôt traduit en anglais, qu'il se manifeste en personne à Londres, le livre dût-il être signé déjà d'un certain Louis-César-Alexandre Bombet.

Au surplus, il sent le besoin d'une rupture. La fin amère de sa liaison avec Angela Pietragrua – il a rompu à Milan, le 1er décembre 1815 – l'a laissé dans un état de délabrement physique et moral. On le traite à coups de saignées. Il se laisse aller, engraisse encore (93 kg pour 1 m 70 au début de l'été 1817) et n'a retrouvé à Paris aucune revanche érotique. Il vient de faire paraître (sans succès) son *Histoire de la peinture en Italie*, et d'achever ce qu'il appelle son « tour », *Rome, Naples et Florence* en 1817 – qui sera son premier succès d'auteur, et l'apparition du pseudonyme fameux ramené d'Allemagne.

* Largement démarqué d'un auteur italien, Carpani, qui s'en est indigné…

Il est surtout, on le sent, un vaincu de 1815. Quelles que soient les distances qu'il a prises avec l'Empire et son carnaval de gloires clinquantes, il reste un citoyen de l'ère napoléonienne, à jamais marqué par l'« énergie » et les défis lancés par le « plus grand des hommes » – sans compter qu'il reste, dans l'esprit public, marqué par son appartenance au clan Daru, aux privilégiés du régime écrasé à Waterloo, si modestes que fussent les avantages qu'il en a tirés. Notamment au lendemain de la retraite de Russie…

Henri Beyle est, après 1815, dans l'ordre public, et dans son for intérieur, un vaincu, d'ailleurs mis en demi-solde. Exilé pour exilé, pourquoi ne pas visiter la capitale du vainqueur, le pays des Pitt, de Wellington et de Burke ? Observons d'ailleurs qu'en cette excursion outre-Manche, il ne se manifestera jamais comme humilié ou offensé, ou comme « revanchard ». Ses notes – qui sont d'abord celles de l'un de ses amis mais où on retrouve ses coups de griffe – peuvent manifester de l'incompréhension. Elles ne reflètent jamais la rancune.

Le premier des trois voyages* que fit Stendhal en Angleterre se situe du 3 au 15 août 1817. Il était parti de Paris le 1er, en compagnie de deux personnages qui composaient avec lui un parfait trio romanesque : l'espion, l'ivrogne et l'égotiste… Le premier de ses compagnons, principal rédacteur des notes qui inspirent ce récit, s'appelait Schmit van Dorselaer, originaire de Dunkerque, domicilié à Bruxelles, de nationalité hollandaise. C'était un espion de profession, et il jouait un rôle (des rôles) dans les services secrets de Decazes, le Premier ministre de Louis XVIII. De là à croire que l'auteur de *Lucien Leuwen* participa plus ou moins sciemment à une opération de « renseignement » pour le compte des Bourbons, il y a plus qu'un pas…

L'autre compagnon de fugue d'Henri est encore plus pittoresque : Edouard Edwards, frère d'un célèbre médecin et anthropologue anglais qui se liera plus tard avec l'écrivain, agent patenté

* Un quatrième séjour, évoqué par Romain Colomb, en 1828, reste des plus problématiques.

des services britanniques d'occupation (deux ans après Waterloo) en France, était tellement imbibé d'alcool qu'on ne l'appelait que *brother Brandy*. On ne pouvait rêver plus mauvais sujet, plus joyeux ruffian. Tel quel, ce Falstaff enchantait notre Beyle, qu'il tenta, pendant la route, à Calais, d'entraîner dans une imbécile affaire de duel avec un insolent capitaine au long cours, au surplus irlandais, puis manqua le défier lui-même, l'épée en main…

Les trois lascars, déposés à Londres dans la matinée du 3 août, se comportent d'abord en honnêtes touristes du pont de Waterloo au Strand, de St Paul's Cathedral, à Oxford Street… Ils admirent la largeur des rues, les vitrines, jugées « plus belles qu'à Paris » – non sans s'étonner de la présence, partout, de « Milan », mot qui, dans le langage codé de Stendhal, est mis pour Napoléon : le texte ne nous dit pas quelles formes prend cette obsession entretenue chez les Anglais par le vaincu de Waterloo. Portraits ? Objets ? Allusions verbales ? En tout cas, nos gaillards ont l'impression d'être vus par les Londoniens comme l'étaient, par les Parisiens, les Persans de Montesquieu.

Le ton change dès qu'il est question de femmes. Trois lurons en voyage… Non parce qu'elles sont « plus grandes que nous » et vont « les pieds en dedans », mais parce qu'elles « marchent pour marcher » et non, comme les Françaises, « pour se promener ». Autre singularité insulaire : elles qu'ils ont vues, dans la rue, « si prudes », au spectacle « frottent leurs charmes les plus intimes contre nos épaules, mettant la main jusque dans nos cravates… ».

Mais la liberté des femmes peut prendre d'autres formes. Le lendemain, au restaurant, Edwards étant absent, on leur apporte un godet rempli d'une étrange matière. De quoi s'agit-il ? « *It's a calf foot jelly…* » Mais encore ? Alors deux demoiselles très comme il faut s'avancent : « C'est de la djellée de piai de voô… » Commentaire de ce luron de Beyle : « Jamais des demoiselles françaises n'eussent parlé, surtout de gastronomie, à deux hommes… » Autre ton : en sortant, une fille (non, pas une « demoiselle ») leur dit simplement : « Voulez-vous foter moa ? »

Le soir, à l'opéra, *Don Juan*. Il fait très chaud. Pour s'aérer un peu, Gustave (Schmit) va faire un tour au foyer, où il trouve « une fille très fraîche, d'une fraîcheur dont on n'a pas l'idée en France » (!). Il monte avec elle « tout palpitant », dans un fiacre, lui « prend le cul, non à nu », entendant préciser par la demoiselle qu'il ne faut surtout pas donner plus d'un shilling au cocher. Au moment de passer au lit, la fraîche enfant signifie qu'elle ne saurait aller plus loin avant avoir reçu son « compliment », salue la performance de Gustave par un « *you made me so hot* » et, passant à côté, se lave avec tant d'ardeur que le visiteur a cette formule : « Crin contre crin criait »... Revenu à l'opéra, et au foyer avec Henri, Gustave revoit sa nymphe « plus fraîche que devant ».

On leur fait voir, pour vingt-quatre sous, un panorama de Waterloo. Commentaire du futur auteur de *La Chartreuse* :

> Quoique peu sujet à cette bêtise que l'on appelle le patriotisme, j'éprouve de la peine à voir cette bataille au milieu d'Anglais...

Hormis cette touche d'aigreur, il a bien apprécié cette brève plongée dans une société dont les caractéristiques dominantes sont à ses yeux le climat de liberté, presque palpable ; la place donnée au corps – la marche est une preuve de dignité, on méprise qui va en fiacre, on règle ses comptes à coups de poing ; l'absence d'esprit militaire : il n'a vu personne porter de décoration, à une exception près : un unijambiste ; le peu de communication des êtres entre eux : il s'étonne qu'au restaurant on aille jusqu'à séparer les tables par des cloisons. Il constate enfin que « la musique est un aimant tout puissant pour ce peuple... », ce qui ne laisse pas de créer un lien supplémentaire entre lui et les insulaires, dussent-ils préférer Haendel à Cimarosa...

Joli trait pour conclure :

> En voyant des Français*, ils sont jaloux du bonheur qu'ils ont de n'être point timides, et peut-être ce bonheur leur paraît-il de l'insolence**..

Insolence ? Après tout, cette visite se situe deux ans tout juste après Waterloo et la chute de l'Ogre.

Insolent ou pas, Henri a passé deux semaines à Londres sans voir jouer Shakespeare, ce qui était son objectif le plus cher en tra-

* À vrai dire un seul, plus un Hollandais à double face et un Anglais ivrogne...

** On s'étonne un peu, à lire cette sentence, de voir de bons stendhaliens attribuer ce « journal de Londres » à Schmit, tout uniment... Si ça, ce n'est pas du Stendhal...

versant la Manche. Autant aller à Milan sans entrer à la Scala ! On ne saurait dire que son second voyage en Angleterre, quatre ans plus tard, n'a tendu qu'à cela, et qu'il s'était assuré qu'*Hamlet* ou *Macbeth* était bien à l'affiche à l'automne de 1821. Le fait est qu'il repartit pour Londres en octobre de cette année-là – à une date que les plus fins spécialistes ont fixée au 18. Cette fois encore, il voyage en trio, bien que l'un de ses amis, Adolphe de Mareste (qui jouera un rôle important dans la vie de Stendhal), soit arrivé un peu plus tard. L'autre compagnon est un certain Lolot, dit Barot dans les *Souvenirs d'égotisme*, industriel ardennais que notre voyageur tenait pour « bon, beau et bête ».

Étrangement, c'est dans une loge de la Scala de Milan, mais parlant avec un Anglais de la meilleure façon de se suicider – préoccupation qui chez Stendhal n'est pas alors tout à fait abstraite, du fait du tour qu'a pris son amour sans issue pour « Métilde » Dembowski –, que l'idée lui vient d'un nouveau voyage en Angleterre : il fait valoir à son interlocuteur, Lord Brougham, que c'est en mer, par gros temps, après avoir pris de l'opium, qu'il souhaiterait avoir un accident…

Et d'enchaîner :

> Cette idée de me promener en mer me séduisit…

sur quoi il enchaîne, sans transition (pensant à *La Tempête*, ou à *Othello* ?) :

> Le seul écrivain lisible pour moi était Shakespeare, je me faisais une fête de le voir jouer. Je n'avais rien vu [de lui] en 1817…

Pour notre assoiffé de « locomotion », il n'en faut pas davantage : un mois plus tard, il débarque à Douvres, par temps calme…

> J'allais à Londres*… dégoûté de Paris… de moi surtout, chercher un remède au spleen, et je l'y trouvai assez… Il fallait mettre une colline entre moi et la vue du dôme de Milan**.

Le choix de cette « colline » – les falaises de Douvres jugées plus protectrices que le Saint-Bernard – déconcerte. Mais le fait

* Les citations suivantes sont extraites des *Souvenirs d'égotisme*.
** Et Métilde, bien sûr.

1. Dès avant ses 30 ans, Henri Beyle, saisi par Boilly, a déjà pris les formes de la maturité. Tenons ce portrait pour fidèle, c'est celui que préférait le grand-père Gagnon.

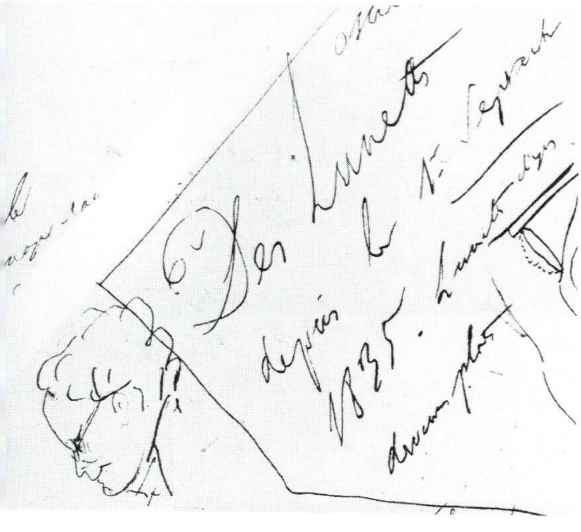

2. Ces lunettes, comme il les a détestées, Henri Beyle, jeune quinquagénaire ! Mais qui a osé avant lui faire son autoportrait de profil ?

3. Peint par Dedreux-Dorcy, c'est le meilleur portrait de Stendhal, aux approches de la cinquantaine : un léger sourire en quête de bonheur ?

4. C'est un Stendhal visiblement atteint par la maladie – les maladies – qu'a dessiné d'un crayon impitoyable un de ses derniers visiteurs à Civitavecchia, Lehmann.

De L'Amour.

5. De la fulgurante Angela, de la « catin sublime » de Milan, on n'a que ce crayon un peu grassouillet. Il est permis de la rêver plus rayonnante.

6. À « Mina » ou « Minette » de Griesheim, le jeune Beyle a voué un amour chaste, voyant en elle « l'âme du Nord » et le reflet du génie allemand.

7. Est-ce bien le portrait de « Métilde » – Mathilde Viscontini-Dembowski –, la plus aimée, la moins aimante ? C'est en tout cas le seul que les chercheurs nous proposent...

8. C'est évidemment d'une époque antérieure à la tumultueuse passion avec M. Beyle que date ce beau buste de Clémentine, comtesse Curial, « Menti » la passionnée.

9. En Giulia, la tendre Giulia, le dernier grand amour aux grâces romantiques, Stendhal a-t-il trouvé le modèle de Mathilde de La Mole, ou de Clélia Conti ?

10. De l'effigie du bon Dr Gagnon aux formes arrondies grand-père bienveillant et maître de sagesse, émane ce bonheur que son petit-fils Henri ne cesser de quêter, au galop...

11. Que l'on tienne ou non pour exagérée la haine que porta le jeune Henri à son précepteur l'abbé Raillane, ce « tyran », il faut convenir que l'effigie de ce personnage fait penser à la Terreur...

12. La chaîne des Alpes, ornement de Grenoble, avait de quoi faire rêver le jeune Henri, et le porter à mépriser, en Paris, cette « ville sans montagne »...

13. À Pauline, sa sœur préférée, Henri adressera une correspondance qui témoigne, mieux encore que ses amours, de la tendresse de son cœur.

14. Depuis certain soir passé par le jeune Henri dans le petit théâtre de Novare où l'on jouait *Le Mariage secret*, Cimarosa lui était si cher qu'il lui emprunta son prénom, Domenico, pour en faire son premier pseudonyme.

15. Quoi de plus stendhalien que ce petit croquis de sa main – insolent, biscornu, libre ?

16. Le passage du Saint-Bernard ! En ces jours de gloire infinie commence « la vraie vie » d'un Henri Beyle de 17 ans...

17. S'il ne fut pas à Iéna, le jeune commissaire Beyle visita bien Berlin, où flottait encore l'ombre du Grand Frédéric.

18. Sur le Prater de Vienne filaient des calèches : on peut imaginer, dans l'une d'elles, le jeune Henri courant à un rendez-vous avec « Babet ».

19. Ce Moscou en flammes – cette ville qu'il avait tant admirée –, c'est la ville que fuit le jeune Henri Beyle sur les traces de l'empereur.

20. Telle est l'affreuse image que donne, en cet automne 1812, la Grande Armée harcelée par la Cosaques – et qu'est chargé de nourrir, de Moscou à Orcha, un jeune intendant nommé Beyle.

21. Les lacs italiens... Des jours dorés, où il découvre la Lombardie sur les traces de Bonaparte, aux pages étincelantes de *La Chartreuse de Parme*, ces paysages n'ont cessé de hanter Stendhal.

22. La Scala de Milan aura été pour Henri Beyle, dit Stendhal, le lieu du monde où il vit le plus clairement se manifester un art de vivre en commun, et les délices de la création musicale.

23. Rome, il l'aura longtemps négligée, puis admirée, avant de la trouver ennuyeuse, vieux consul de retour d'un voyage à Naples. Tout de même, *Les Promenades dans Rome* témoignent d'une ferveur authentique.

24. C'est à Bologne qu'il a voulu situer l'invention de la « cristallisation » amoureuse, à Bologne où il n'a pas vécu mais où il voyait un foyer de la libre intelligence.

25. Sienne ne l'eût-elle pas envoûté, les rendez-vous qu'il donna dans la cité toscane à Giulia Rinieri, qui y venait en voisine, eussent suffi à en faire un paradis.

26. N'est-ce pas beau, Civitavecchia, ainsi représenté ? Comme quoi une image peut être trompeuse !

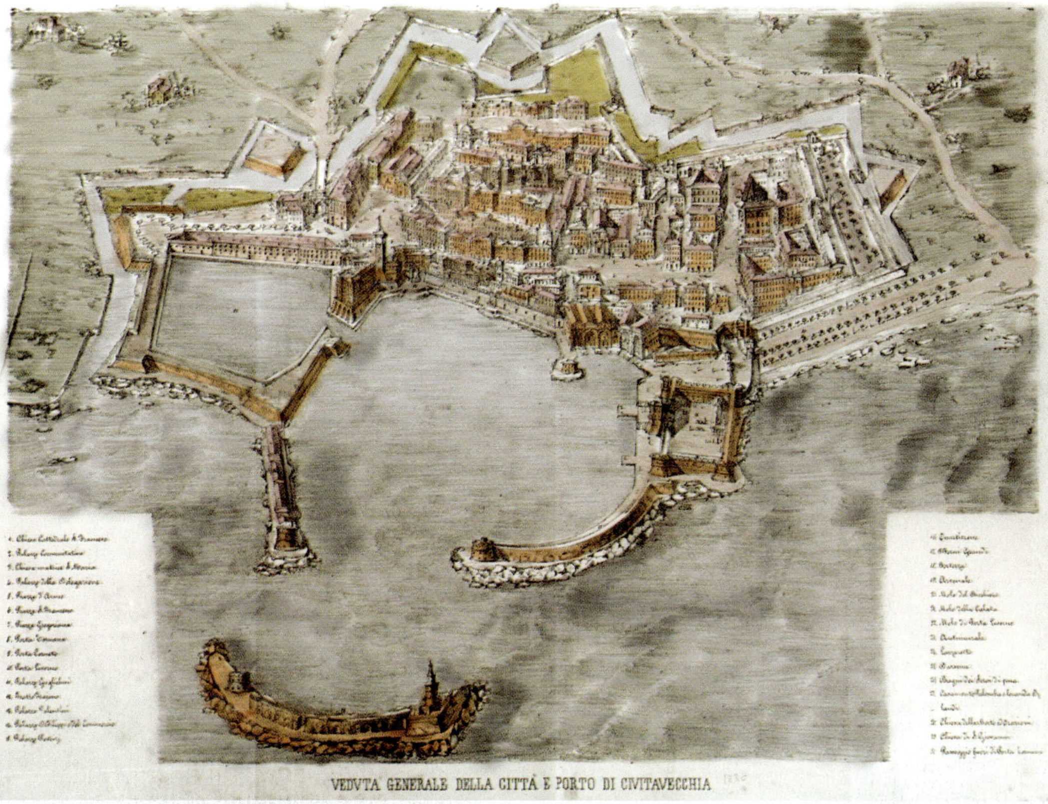

27. A-t-il aimé Londres, ou seulement admiré sa grandeur impériale, le génie du pouvoir, l'« énergie » qui s'y déploie aux temps où les vainqueurs de Napoléon savourent leur victoire ?

28. N'eût-il passé que quelques heures à Londres, Henri Beyle les aurait consacrés à voir et à entendre ce fou génial de Kean dans *Richard III*.

29. Bordeaux, Stendhal l'a aimée, ou admirée mieux qu'aucune ville en France. Ces colonnes « rostrales », ces voiles, cet espace (et le Grand Théâtre, qu'il détestait, n'est pas visible ici...).

30-31. C'est Alfred de Musset, en route avec George Sand pour Venise, qui a ainsi « croqué », brillamment, en 1833, un Stendhal en voyage avec eux sur le Rhône...

... après avoir embarqué à Lyon, dont il ne sait pas reconnaître une beauté qui fait ici penser à quelque ville d'Italie.

32. Le salon de Mme Ancelot – dite par lui « Ancilla » et dont le portrait, en médaillon, fait paraître les forme opulentes – accueillait toutes les gloires du siècle. Et même, en la personne de Stendhal, ci-dessous, ceux qui n'avaient encore que du génie.

33. La caricature dite de M. de Fongeray témoigne bien du génie de Daumier. Est-elle vraiment celle de Stendhal ? On en dispute – avec de bons arguments pour le croire...

34. Les trois dames de Montijo – la comtesse et ses deux filles « Eouké » et « Paca » qui deviendront impératrice des Français et duchesse d'Albe – auxquelles l'auteur de la *Chartreuse* vouera une très éloquente affection.

35. Prosper Mérimée est l'un des hommes qui auront le mieux connu Stendhal. Faute de générosité, il était doté d'une lucidité sans égale : en témoigne son *H.B.* posthume, si éclairant en son acidité.

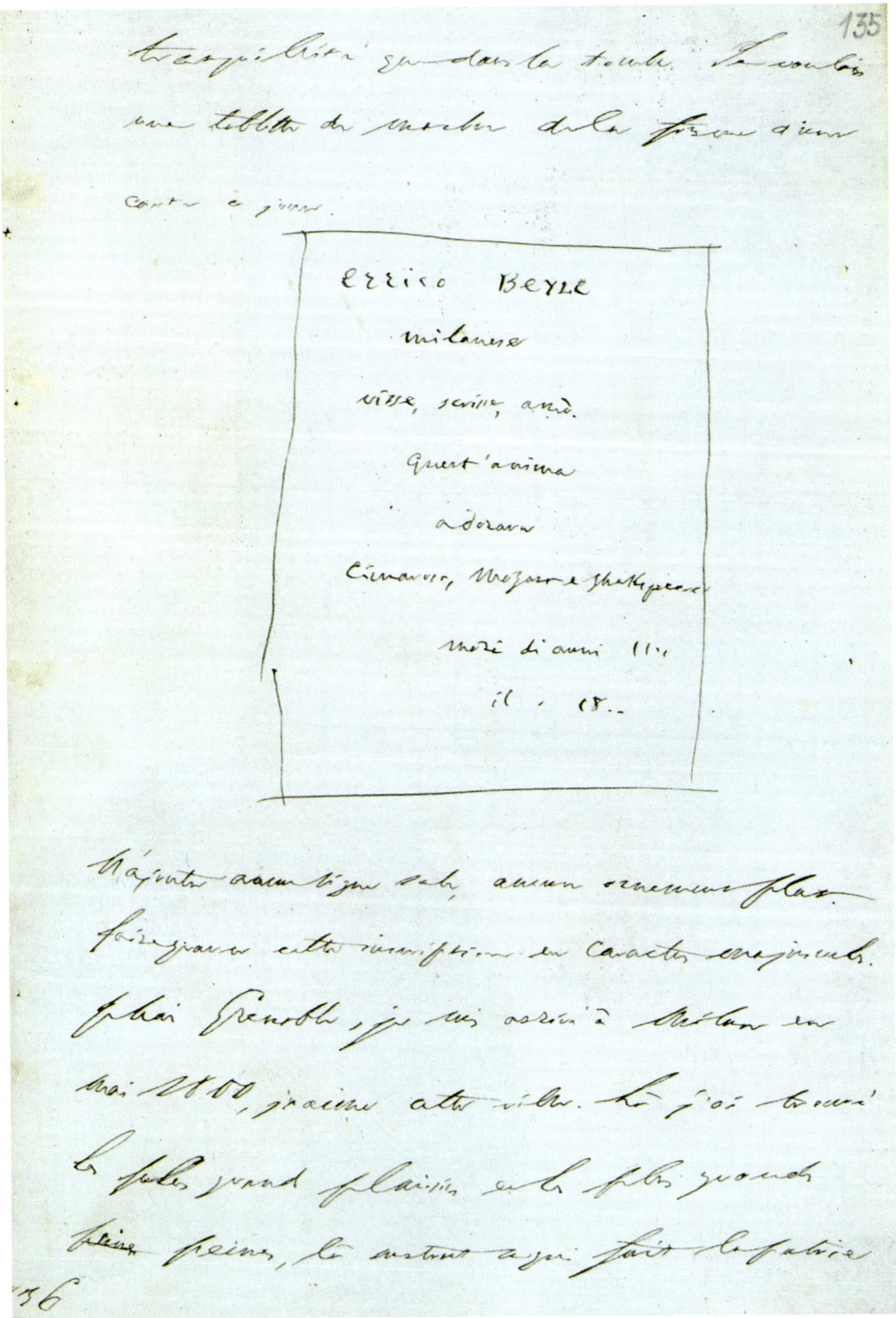
135

tranquillité que dans la tombe. Je voudrais une tablette de marbre de la forme d'une carte à jouer.

ERRICO BEYLE

Milanese

Visse, scrisse, amò.

Quest'anima

adorava

Cimarosa, Mozart e Shakespeare

Morì di anni ...

il ... 18..

N'ajouter aucun signe sale, aucun ornement plat. Faire graver cette inscription en caractères majuscules. Je hais Grenoble, je suis arrivé à Milan en mai 1800, j'aime cette ville. Là j'ai trouvé les plus grands plaisirs et les plus grandes peines, là surtout ce qui fait la patrie

136

36. Comment ne pas clore ce cahier par l'épitaphe fameuse, transférée aujourd'hui à Montmartre ? On y trouve l'hommage à ses trois génies les plus chers – Cimarosa, Mozart, Shakespeare – et le « Milanese » qui en dit long.

est que la motivation de ce second voyage est la fuite autant que le désir...

> Londres me toucha beaucoup à cause des promenades le long de la Tamise vers Little Chelsea. Il y avait là de petites maisons garnies de rosiers qui furent pour moi la véritable élégie... La première fois que ce genre fade me toucha...

Faut-il qu'il soit mélancolique, notre voyageur incisif, pour se plaire à cette forme-là du romantisme...

Est-il descendu, comme quatre ans plus tôt, au Tavistock Hotel, près de Covent Garden ? Il l'écrit, mais confond souvent dans son journal ses deux séjours de 1817 et 1821. Ce qui est clair, c'est qu'il y dévore des steaks énormes arrosés de thé en compagnie de bons Anglais à « l'air malheureux », en lisant les journaux locaux qui « ne l'intéressent point ». Et surtout il est au cœur du quartier des théâtres.

Déception : on ne donne pas de Shakespeare le jour de son arrivée. Il se contentera de Goldsmith, au Haymarket où, en dépit de « l'air malheureux de la salle », il se dit « assez amusé » par le *She stoops to conquer*, qui lui fait naturellement penser à Marivaux, et plus encore par *Beaux' Stratagem*, de George Farquhar. Mais en attendant Shakespeare, voici une bien jolie scène de comédie où, voyageur, notre Stendhal se révèle mieux peut-être à Richmond sur la rive de la Tamise qu'il ne l'eût fait à Bougival sur les bords de la Seine :

> – Mister Bell !... dit un homme en s'arrêtant droit devant moi.
> C'était M. B.* que j'avais vu en Italie chez Milady Jersey, à Milan. Sans être précisément de la bonne compagnie, il y était admis [en Angleterre les classes sont marquées, comme aux Indes, au pays des parias].
> ... Avez-vous vu Lady Jersey ?
> – Non, je la connaissais trop peu à Milan ; et l'on sait que vous autres, voyageurs anglais, êtes un peu sujets à perdre la mémoire en repassant la Manche.

* Peut-être sir Francis Burdett, diplomate.

– Quelle idée ! Allez-y.
– Être reçu froidement, simplement n'être pas reconnu, me ferait beaucoup plus de peine que ne pourrait me faire de plaisir la réception la plus empressée.
– Vous n'avez pas vu MM. Hobhouse, Brugham ?
Même réponse.
M. B., qui avait toute l'activité d'un diplomate, me demanda beaucoup de nouvelles de France.
– Les jeunes gens de la petite bourgeoisie, bien élevés et ne sachant où se placer, trouvant partout devant eux les protégés de la Congrégation, renverseront la Congrégation et, par occasion, les Bourbons*... (Ceci ayant l'air d'une prédiction, je laisse au lecteur bénévole toute liberté de n'y pas croire.) J'ai placé cette phrase pour que mon extrême dégoût de tout ce dont je parlais me donne cet air malheureux sans lequel on n'est pas considéré en Angleterre.
Quand M. B. comprit que je connaissais M. de La Fayette, M. de Tracy :
– Eh ! me dit-il avec l'air du plus profond étonnement, vous n'avez pas donné plus d'ampleur à votre voyage ! Il dépendait de vous de dîner deux fois la semaine chez lord Holland, chez lady N..., chez lady...
– Je n'ai même pas dit à Paris que je venais à Londres. Je n'ai qu'un objet : voir jouer les pièces de Shakespeare.
Quand M. B. m'eut bien compris, il crut que j'étais devenu fou.

Enfin, voici affiché, au Drury Lane Theatre, le 19 novembre, un *Othello* avec le grand Kean, alors au sommet de sa gloire. Edmund Kean, à 34 ans, est l'exemple même de ce que Cocteau appellera, un siècle plus tard, un « monstre sacré ». Fils d'une actrice, excentrique absolu – un lion vit dans son salon, il a pour compagnons préférés des boxeurs, il galope la nuit à travers Londres sur un cheval noir nommé Shylock –, il revient d'une tournée triomphale aux États-Unis. Avant de susciter la haine du public du fait de sa conduite avec sa femme, il est alors une idole, incomparable dans *Richard III* surtout, handicapé dans certains rôles par sa petite taille. Il mourra quasiment en scène douze ans plus tard jouant Othello face à son fils en Iago, s'effondrant en criant : « Je me

* Écrit en 1821 ? ou plus tard ?

meurs, par Dieu... Dis-le-leur, Charles ! » On sait qu'Alexandre Dumas lui consacra une pièce, *Kean, le désordre et le génie*, qui fut le plus grand triomphe de Frédérick Lemaître.

Il faut se battre pour entrer.

> Heureusement, à peine dans le parterre, les gens avec qui j'avais fait le coup d'épaule me regardèrent avec l'air bon et ouvert. Nous nous dîmes quelques mots bienveillants sur les peines passées. N'étant plus en colère, je fus tout à mon admiration pour Kean, que je ne connaissais que par les hyperboles de mon compagnon de voyage Edouard Edwards.
>
> Il paraît que Kean est un héros d'estaminet, un crâne de mauvais ton. Je l'excusais facilement. S'il fut né riche ou dans une famille de bon ton, il ne serait pas Kean, mais quelque fat bien froid. La politesse des hautes classes de France, et probablement d'Angleterre, proscrit toute énergie et l'use si elle existait par hasard...

Qu'Edmund Kean fût ou non un voyou, plus scandaleux que son émule français Frédérick Lemaître, et que son « énergie » en scène fût un effet de la sauvagerie de ses mœurs, on peut regretter que Stendhal n'en dise pas plus long sur un si beau sujet. Othello et la jalousie, l'expression de cette passion, était déjà un bon thème pour l'amant d'Angela et l'amoureux de Métilde. Mais le Maure de Chypre incarné par un *scoundrel* compatriote de Shakespeare, quel thème... Le journal londonien de 1821 est bien court sur le sujet – surtout si on pense au nombre de pages consacrées aux folâtreries érotiques, et au fait que l'auteur du *Rouge*, bon connaisseur de l'art dramatique, vouait la plus grande admiration à Kean (il précise « prononcer Kine »...). On la voit exprimée dans *La Vie de Rossini*. Et mieux encore dans les *Souvenirs d'égotisme* :

> Je trouvai le tragique qui me convenait dans Kean, et je l'adorai. Il remplit mes yeux et mon cœur... Je vois là encore, devant moi, Richard III et Othello.

Mais, pointilleux comme le sont souvent les étrangers, Beyle crut bon d'écrire à la presse anglaise pour se plaindre de coupures dans le texte... Et dans *Rome, Naples et Florence*, il soutient qu'ayant longtemps cru que Talma était le premier acteur tragique de l'époque, mais qu'ayant vu Kean à Londres dans *Othello* et dans *Richard III*, il sut alors qu'on « ne pouvait rien éprouver de plus vif au théâtre ». Il avait pourtant été souvent bouleversé par Mlle George, Mlle Duchesnoy, la Pasta – pour ne pas parler de la Virginie Kubly de ses 15 ans, ni de la cantatrice édentée du *Matrimonio segreto*, à Novare, en 1800…

Si sommaires que soient les commentaires inspirés à Stendhal par la performance de Kean dans *Othello*, ils comportent néanmoins ce trait, qui va assez loin :

> Mon plaisir, en voyant Kean, fut mêlé de beaucoup d'étonnement. Les Anglais, peuple fâché, ont des gestes fort différents des nôtres pour exprimer les mêmes mouvements de l'âme.

Quel beau traité d'interprétation comparé à la lumière des tempéraments nationaux eût pu écrire l'ancien élève de Dugazon, l'ancien amant (et partenaire) de Louason Saint-Albe, devenue la générale Bercoff ! Que la colère ou le désir n'inspirent pas la même mimique à Chaplin et à Raimu, à Charles Laughton et à Emil Jannings, et à quoi – culture, climat ? – se rattachent de telles dissemblances, voilà qui eût mérité de bien savoureux développements de la part de cet admirable spectateur et explorateur du cœur – sinon du corps – humain.

Quant à sa formule de « peuple fâché » appliquée aux sujets de George III, elle eût justifié un commentaire plus précis. Ce n'est évidemment pas la situation de leur nation dans le monde d'alors qui « fâche » les Anglais – elle est fort glorieuse, et prometteuse de paix –, c'est le travail forcé auquel ils sont, selon notre voyageur, condamnés pour seulement survivre…

> Dix-huit heures de travail [pour] l'ouvrier anglais… Le pauvre Italien tout déguenillé est bien plus près du bonheur. Il a le temps de faire l'amour, il se livre quatre-vingts ou cent jours par an à une religion d'autant plus amusante qu'elle lui fait un peu peur, etc., etc. Mes compagnons me trouvèrent fou tout à fait quand j'ajoutai : « Le travail exorbitant et accablant de l'ouvrier anglais nous venge de Waterloo et des quatre coalitions. Nous avons enterré nos morts, et nos survivants sont plus heureux que les Anglais. »

À l'issue de quelque dispute ou pari avec ses deux compagnons et le laquais qui lui sert d'entremetteur à toutes mains, voici Henri Beyle

« engagé dans une partie de filles ». L'organisateur précise qu'ils seront attendus par ces demoiselles dans un quartier perdu, à Westminster Road – un coin « admirablement disposé pour que des matelots souteneurs puissent rosser des Français », leur fait valoir un ami anglais qui parle de « guet-apens » et les incite à se méfier. Adolphe de Mareste* qui aime pourtant jouer les fiers-à-bras renonce prudemment. Mais c'est bien ce piment de risque qui incite Henri, flanqué du troisième larron (Barot), à courir ce guilledou exotique…

> J'avais un dégoût profond. Sans l'ennui de l'après-dîner à Londres quand il n'y a pas de spectacle… et sans la petite pointe de danger, jamais Westminster Road ne m'aurait vu. Enfin, après avoir été deux ou trois fois sur le point de verser dans de prétendues rues sans pavés, ce me semble, le fiacre jurant nous arrêta devant une maison à trois étages qui tout entière pouvait avoir vingt-cinq pieds de haut**. De la vie, je n'ai vu quelque chose de si petit.
>
> Certainement, sans l'idée du danger, je ne serais pas entré ; je m'attendais à voir trois infâmes salopes. Elles étaient menues, trois petites filles avec de beaux cheveux châtains, un peu timides, très empressées, fort pâles. [Elles disent s'appeler Misses Appleby.] Les meubles étaient de la petitesse la plus ridicule. Barot est gros et grand, moi gros ; nous ne trouvions pas à nous asseoir, exactement parlant, les meubles avaient l'air faits pour des poupées. Nous avions peur de les écraser. Nos petites filles virent notre embarras, le leur s'accrut. Nous ne savions que dire absolument. Heureusement Barot eut l'idée de parler du jardin.
>
> « Oh ! nous avons un jardin », dirent-elles, avec non pas de l'orgueil, mais enfin un peu de joie d'avoir quelque objet de luxe à montrer. Nous descendîmes au jardin avec des chandelles pour le voir ; il avait vingt-cinq pieds de long et dix de large. Barot et moi partîmes d'un éclat de rire. Là étaient tous les instruments d'économie domestique de ces pauvres filles : leur petit cuvier pour faire la lessive, leur petite cuve avec un appareil elliptique pour brasser elles-mêmes leur bière…
>
> Je fus touché et Barot dégoûté. Il me dit en français :
>
> – Payons-les et décampons.
>
> – Elles vont être si humiliées, lui dis-je.
>
> – Bah ! Humiliées ! Vous les connaissez bien ! Elles enverront chercher d'autres pratiques, s'il n'est pas trop tard, ou leurs amants, si les choses se passent ici comme en France.

* Que Stendhal nomme Lussinge.

** Sept mètres…

Ces vérités ne firent aucune impression sur moi. Leur misère, tous ces petits meubles bien propres et bien vieux m'avaient touché. Nous n'avions pas fini de prendre le thé que j'étais intime avec elles au point de leur confier en mauvais anglais notre crainte d'être assassinés. Cela les déconcerta beaucoup.

« Mais enfin, ajoutai-je, la preuve que nous vous rendons justice, c'est que je vous raconte tout cela. » Alors je fus comme avec des amis tendres que je reverrais après un voyage d'un an. Aucune porte ne fermait : autre sujet de soupçons quand nous allâmes nous coucher. Mais à quoi eussent servi des portes et de bonnes serrures ? Partout avec un coup de poing on eût enfoncé les petites séparations en briques. Tout s'entendait dans cette maison. Barot, qui était monté au second dans la chambre au-dessus de la mienne, me cria :

« Si l'on vous assassine, appelez-moi ! »

Je voulus garder de la lumière ; la pudeur de ma nouvelle amie, d'ailleurs si soumise et si bonne, n'y voulut jamais consentir. Elle eut un mouvement de peur bien marqué, quand elle me vit étaler pistolets et poignard sur la table de nuit placée du côté du lit opposé à la porte. Elle était charmante, petite, bien faite, pâle.

Personne ne nous assassina. Le lendemain nous les tînmes quittes pour le thé, nous envoyâmes chercher Lussinge* par le valet de place en lui recommandant d'arriver avec des viandes froides, du vin. Il parut bien vite escorté d'un excellent déjeuner, et tout étonné de notre enthousiasme.

Les deux sœurs envoyèrent chercher une de leurs amies. Nous leur laissâmes du vin et des viandes froides dont la beauté avait l'air de surprendre ces pauvres filles.

Elles crurent que nous nous moquions d'elles, quand nous leur dîmes que nous reviendrions. Miss…, mon amie, me dit à part :

« Je ne sortirais pas si je pouvais espérer que vous reviendrez ce soir. Mais notre maison est pauvre pour des gens comme vous. »

Je ne pensai, toute la journée, qu'à la soirée bonne, douce, tranquille (*full of snugness*)**, qui m'attendait. Le spectacle me parut long. Barot et Lussinge voulurent voir toutes les demoiselles effrontées qui remplissaient le foyer de Covent Garden. Enfin, Barot et moi, nous arrivâmes dans notre petite maison. Quand ces demoiselles virent déballer des bouteilles de claret et de champagne, les pauvres filles ouvrirent de grands yeux. Je croirais assez qu'elles ne s'étaient jamais trouvées vis-à-vis une bouteille non déjà entamée de *real champaign*.

* Mareste, qui s'était méfié…

** Pleine de bien-être.

Heureusement le bouchon du nôtre sauta ; elles furent parfaitement heureuses, mais leurs transports étaient tranquilles et décents. Rien de plus décent que toute leur conduite.

Ce fut la première consolation réelle et intime au malheur qui empoisonnait tous mes moments de solitude…

La ravissante histoire des petites Anglaises et du gros Henri ne pouvait avoir de suite – bien que sa minuscule amie l'ait prié, les larmes dans la voix, de l'emmener vivre avec lui à Paris, assurant « qu'elle ne mangerait que des pommes et ne lui coûterait rien… ». Des pommes, pour une miss Appleby…

Écrivant quinze ans plus tard ses *Souvenirs d'égotisme*, il n'oubliera pas de noter que rentrant à Paris, quelques jours plus tard, il sentait peser moins lourdement sur lui la douleur causée par la rupture avec Métilde. Le « peu de bonheur » ramené de Londres, il ne le rapporterait pas à Shakespeare ou au grand Kean, mais à « une autre part qui était la petite maison de miss Appleby… ».

Stendhal passe pour un cynique, égotiste au cœur sec. Je ne connais rien pour ma part de plus joliment tendre que cette histoire de « partouze » en banlieue londonienne, qui devrait être répugnante – ces gros messieurs riches, ces petites pauvres qui se vendent – et qui révèle, chez notre homme, beaucoup plus de délicatesse que n'en montre souvent l'auteur de *De l'amour*…

Mais l'Angleterre, ce n'est pas seulement quelques petites filles pauvres au cœur simple, un royaume triomphant, une capitale en majesté. Nous sommes en 1821 : six mois avant l'aventure de la maison de poupées, Napoléon est mort à Sainte-Hélène, dans des conditions qui n'ont pas laissé indifférent l'ancien intendant de Smolensk, qui se disait prêt, après la Bérézina, à « repartir pour le service de Sa Majesté » – et qui d'ailleurs, on l'a noté, voit se manifester ici et là, à Londres, un étrange amour-haine pour le vaincu.

D'où ces considérations du Stendhal londonien qui, sous tant de rapports, admire l'Angleterre et s'émeut pour les petites Anglaises, à propos de l'« affaire Napoléon » :

Les Anglais sont, je crois, le peuple du monde le plus obtus, le plus barbare. Cela est au point que je leur pardonne les infamies de

> Sainte-Hélène. Ils ne les sentaient pas. Certainement, un Espagnol, un Italien, un Allemand même, se serait figuré le martyre de Napoléon. Ces honnêtes Anglais, sans cesse côtoyés par l'abîme du danger de mourir de faim s'ils oublient un instant de travailler, chassaient l'idée de Sainte-Hélène, comme ils chassent l'idée de Raphaël, comme propre à leur faire perdre du temps, et voilà tout…

Si le regard que porte le voyageur Beyle sur la société anglaise du début du XIXe siècle est ainsi teinté d'amertume – mais on sait qu'il ne parle pas avec moins de sévérité de ses compatriotes, pourris par la « vanité » –, le sentiment qu'éprouve Stendhal sur la civilisation anglaise est souvent très proche de celui qu'exprime Montesquieu, l'un de ses maîtres préférés, qu'il cite volontiers à ce propos. Anglophile quand même, oui, pour Shakespeare et Adam Smith, Goldsmith et Addison, Byron et Mrs. Hutchinson – et les arbres anglais. Ah ! les arbres de Richmond et de Windsor qui lui rappellent sa « chère Lombardie ». Quel plus bel hommage ?

Quand Henri Beyle s'embarque une troisième fois pour l'Angleterre, en juin 1826, ayant cette fois pour guide son ami Sutton Sharpe, avocat de grand talent, au surplus disciple du grand Jeremy Bentham, il a l'originalité d'être devenu un journaliste anglais. Vraiment ? Mais oui. Depuis 1822, il collabore en effet à la *Paris Monthly Review*, avant de devenir le contributeur des publications les plus prestigieuses d'outre-Manche, et de se prévaloir d'une véritable « œuvre » en langue anglaise, consacrée pour l'essentiel à la critique de la vie culturelle à Paris.

Comment s'opéra cette conversion du diariste aventureux et italomane en journaliste britannique ? Il est possible qu'au cours du voyage de l'automne 1821 – le séjour Shakespeare-Appleby –, le visiteur qui n'avait pas « donné d'ampleur à [son] voyage » ait été approché par quelque personnage de la presse britannique, en quête d'informations sur la France. Auteur d'une étude consacrée à cet aspect singulier de la carrière de Stendhal, le professeur McWatters*

* *Chroniques pour l'Angleterre*, Publications de l'Université de Grenoble, 1980.

situe l'origine de cette collaboration chez celui que Beyle appelait le « maître fripon » Galignani. Cet étrange Italo-Anglo-Français tenait un « cabinet littéraire » où Stendhal venait lire les revues anglaises : c'est là qu'il rencontra un Irlandais nommé Thomas Grattan, comme lui « observateur du cœur humain », directeur de la *Paris Monthly Review* qui, séduit par la verve satirique (et peut-être la saveur pittoresque de son « anglais »), lui proposa de collaborer à sa publication. On trouva un traducteur (tout de même...), un certain Stritch, que Stendhal, dans les *Souvenirs d'égotisme*, qualifie tantôt d'« Anglais impassible et triste », tantôt d'« Irlandais et avocat ». Un troisième Irlandais, nommé William Henry Curran, jouera lui aussi un rôle dans cette carrière marginale, recrutant un peu plus tard, en octobre 1822, l'auteur de *Rome, Naples et Florence* pour le *New Monthly Magazine*, fondé par un certain Henry Colburn que le grand journaliste londonien Hazlitt qualifie de « petit Bonaparte » et Charles Dickens de « chemineau sournois »...

Chose étrange, le *New Monthly Magazine* avait été lancé pour faire pièce au prestigieux *Monthly Magazine*, tenu pour « jacobin et bonapartiste »... Mais Stendhal n'avait cure de ce débat idéologique londonien. Sous couvert d'un langage étranger, il se tailla en riant sous cape une place de corsaire marginal, étrillant – entre deux articles consacrés à Rossini ou à Kant – la production littéraire française de son temps. Il avait d'ailleurs choisi, pour ce faire, le pseudonyme d'Alceste...

Certains ont vu dans cette correspondance « anglaise » de Stendhal une chronique sulfureuse de la Restauration de 1823 à 1827, au temps surtout du ministère Villèle, chronique qui prend à la même époque une forme romanesque, et moins acrimonieuse, dans *Armance*.

D'autres, comme François Michel, y ont décelé un autoportrait assez « noir » de M. Beyle. Sous couvert de la clandestinité, l'auteur de ces chroniques aurait surtout cherché à régler ses comptes d'écrivain encore incompris au seuil de la quarantaine, passant du rôle de l'« ami qui égratigne » à celui de « franc ennemi », sinon d'« ennemi pas très franc »...

Ce n'est pas là que les stendhaliens les plus fervents trouvent leur miel. Il était bien naturel que notre héros s'exprimât rudement sur le compte d'une littérature dégoulinante d'autosatisfaction et de morgue restaurée. Les fausses valeurs du préromantisme ne méritaient pas plus d'indulgence. Mais on convient volontiers avec Mr McWatters, Pierre Martino et François Michel qu'il y a quelque chose de pervers dans

> ce désir profanateur de ruiner, en se ralliant à l'ennemi*, une hégémonie française longtemps incontestée en Europe, contre laquelle s'acharnaient les revues britanniques.

N'était-ce pas là, de la part d'un esprit aussi libre, aller trop complaisamment à la rencontre des désirs ou de l'attente de ses employeurs ? Tenons que la verve, iconoclaste ou non, d'Henri Beyle tendait plutôt à l'autosatisfaction du corsaire qu'au « service » de quelque cause ou parti pris que ce soit. C'est par égotisme qu'il se gausse des mèches de Chateaubriand (qu'il admire) ou des poses du jeune Hugo (qu'il n'apprendra jamais à aimer). Inconvenance ? Incongruité ? Il ne déteste pas...

Ce qui est surtout digne d'être remarqué ici, souligne Mr McWatters,

> c'est la curiosité à l'égard de la France qu'ont montrée, sans distinction d'opinions, tant de Britanniques et dont Stendhal en tant que journaliste écrivant pour les deux revues anglaises les plus écoutées – le *New Monthly* et le *London Magazine* – fut le bénéficiaire.

Le fait est que, « journaliste » ou pas, Henri Beyle se retrouva à Londres pour la troisième fois, de juin à septembre 1826, son plus long séjour. Et cette fois, il n'est pas seulement guidé par l'Anglais éminent qu'est Sutton Sharpe, il élargit son expérience et s'évade de Londres vers le nord de l'Angleterre.

On ne peut manquer de relever en passant que chacun des voyages d'Henri en Angleterre aura immédiatement suivi une tragédie sentimentale – en 1817, la rupture avec Angela ; en 1821, la prise de conscience du rejet signifié par Métilde ; en 1826, c'est le congé que lui donne « Menti », la comtesse Curial – le confirmant par une lettre adressée à Londres –, qui précède et accompagne la fuite outre-mer. Coïncidences ? Choix plus ou moins conscient de

* Mot ici très abusif...

l'île où furent inventées *Peines d'amour perdues* comme refuge et changement d'âme ? Bref, il y est parti, une fois encore, le cœur meurtri.

Mais ce n'est pas à cette blessure qu'il faut attribuer l'amertume que reflètent bien des notations des *Souvenirs d'égotisme*. Alors qu'il accomplit avec Sutton Sharpe – et pour une part avec le cousin de celui-ci, un Mr Rodgers, de Birmingham – un splendide voyage à travers plusieurs des hauts lieux du royaume, de Lancaster aux lacs du Cumberland et de Windermere en juillet, de Manchester à Birmingham et à Londres en août (où il reçoit, le 28, la fatale lettre de « Menti »...), il avait bien de quoi nourrir son anglophilie.

On lit pourtant, dans les *Souvenirs d'égotisme*, ces notations étonnamment péjoratives :

> La logique de l'Anglais, si admirable en finance et dans tout ce qui tient à un art qui produit de l'argent à la fin de chaque semaine, devient confuse et se perd dès qu'on s'élève à des sujets un peu abstraits qui directement ne produisent pas de l'argent... par le même mécanisme qui donne des imbéciles à la diplomatie *of the King of France*...

Et pourtant, il voyage là en un pays qu'il admire, aux côtés d'un homme comme Sutton Sharpe qu'il sait, mieux qu'aux cotonnades de Manchester, attentif à la moindre ligne de Jeremy Bentham, de Montesquieu ou de Schiller. Ses voyages ne le portent pas toujours au sommet de lui-même.

CHAPITRE VII

Un incertain voyage au pays de cristal…

• L'amour, au terme du voyage ? • De Bologne à Bologne • Une ville libre • L'Italien et la diligence • « La Ghita », personnage mythique ? • Les quatre sortes d'amour • Le voyage à Salzbourg • Un rameau scintillant • « Cristallisez pour moi, monsieur… » • « Notre » théorie… • De Bologne à Rome, de l'indifférence au bonheur…

… Mais le voyage n'est pas toujours la course vers un but, un site, conforme à un itinéraire civil ou militaire, daté, encadré, encarté si l'on peut dire. Il peut même n'être pas cette furieuse galopade vers le moi où l'on est en droit de voir la forme suprême de l'égotisme – qu'on résumerait, si l'on osait, en un néologisme synthétique, le « moyage ».

Le voyageur peut être en quête, moins d'un lieu, d'une sensation, d'une esthétique, d'un paysage, d'une culture, que d'un concept. Et quel autre imaginer, de la part de Stendhal, que l'amour, le mode de sa formation, sa mobilité, son exaltation, voire son déclin. Thème admirable pour un voyage romanesque. Encore que le roman – y compris celui de Stendhal – ait tendance à s'enraciner, à s'animer autour d'un lieu – salons parisiens, garnison de Nancy ou cour de Parme.

La démarche que l'on suggère ici a certes un point de départ – Bologne, et un objectif, le pays de Salzbourg – et même un itinéraire, par Padoue, Riva et Innsbruck. Mais le fait est que l'on n'en sait pas la date. Que l'on n'en connaît que deux ou trois protagonistes. Et qu'on a de bonnes raisons de le croire imaginaire. Mais il est trop central dans l'œuvre, l'âme, le cœur, le « système » de Stendhal pour n'être pas, mieux qu'en rêve, « en suspension » dans sa vie. Et digne, ici, d'examen.

Vrai-faux voyage que l'écrivain allemand W. G. Sebald* a tenté pour sa part de reconstruire, à partir de *De l'amour* et du chapitre additionnel de ce livre que le soupirant de Métilde a intitulé « Le rameau de Salzbourg ». On voudrait le raconter, sur un mode moins romanesque, comme une sorte de parcours initiatique à travers la Stendhalie profonde, celle du cœur, qui est aussi celle du voyage. Sans négliger ce que l'auteur du *Rouge* appelait la « lo-gique » (en scindant bien le mot, précise Mérimée), comme s'il s'agissait de géométrie dans l'espace. Ou dans le cœur.

D'abord, puisqu'il s'agit d'un voyage, situer le point de départ. C'est à coup sûr – s'il y a rien ici de sûr – Bologne, comme le suggèrent quelques traits de *Rome, Naples et Florence*. En dépit de ce titre ternaire qui, choisi évidemment pour sa musicalité supposée – deux brèves, une longue –, destinée à faire chanter l'italianité en sa ligne mélodique profonde compte tenu de la priorité milanaise, la capitale de l'Émilie-Romagne, apparaît souvent dans les carnets stendhaliens comme le concentré des vertus qu'il tient pour éminemment italiennes – le naturel, l'énergie, la passion, l'invention artistique –, encore que l'art de vivre n'y égale pas – selon lui – celui des Milanais, ni les richesses culturelles celles de Florence, ni les grandeurs celles de Rome, ni la beauté spontanée celle de Naples.

Dès lors qu'il n'aime guère Gènes ni Turin et ne goûte Venise qu'en touriste éclairé, on serait tenté de voir en ce *Milanese* primordial un amoureux de Bologne, dût-il n'y avoir fait que quatre ou cinq séjours de quelques semaines. Il suffit de parcourir le *Rome, Naples et Florence* – surtout l'édition de 1826, enrichie de notations datant de ses séjours bolonais de 1817 et 1819 – pour se persuader que la cité d'Annibal Carrache est peut-être, au fond, la plus stendhalienne – libre, forte, gaie – des cités italiennes.

Le plus étrange, quand on sait ce que pense notre homme du pouvoir clérical, est que le régime auquel est soumise cette cité dépendante de Rome ne contribue pas peu à l'admiration qu'il lui porte. Sous l'égide du cardinal Consalvi, secrétaire d'État du

* Dans un livre intitulé *Vertiges*.

vieux Pie VII, représenté en Émilie-Romagne par le remarquable cardinal Lante, cette cité lui semble plus intelligemment administrée que la plupart de ses rivales. Bref, voici Bologne établie comme une capitale de la Stendhalie, ou mieux comme étape majeure du voyage stendhalien.

Le 10 décembre 1816, M. de Stendhal accompagne un de ses amis milanais à la diligence qui relie Milan à Bologne (évitant Mantoue dont le duc interdit que l'on traverse ses États, car, a-t-il décrété, « il n'y a que les jacobins qui voyagent... »). Il note :

> Veut-on jouir du spectacle le plus plaisant ? Il faut voir un Italien s'embarquer dans la diligence... L'attention, qui n'est jamais dans ce pays qu'au service des passions profondes, ne peut pas se mouvoir rapidement... L'Italien qui s'embarque meurt de peur d'oublier quelqu'une de ces précautions contre le froid, l'humidité, les voleurs, le peu de soin des aubergistes... Il s'embrouille... Il faut voir son désespoir pour les moindres oublis... son bonnet de soie noire à mettre sur la tête pour aller au théâtre *...

Stendhal voyageait-il plus sereinement ? Le fait est qu'il ne va pas tarder à suivre son ami sur la route de Bologne, d'autant plus impatient de l'imiter que ses amours avec Angela ont vécu et qu'il est témoin, à la Scala, d'une tragédie intime dont il est assuré de retrouver à Bologne l'héroïne. Laquelle va jouer un rôle majeur dans cette chasse à l'intelligence de l'amour qui occupe sa vie autant que la quête de l'amour lui-même.

Le personnage qui va nous occuper maintenant est si mystérieux que, soit sous la forme du diminutif que Stendhal attribue à la rumeur publique, « la Ghita », soit sous son patronyme, Mme Gherardi, on ne saurait jurer de son existence. Sinon de celle, éclatante, que lui donne Stendhal, assurant que, « de sa vie, on eût pu faire dix romans ». Faire d'elle, par exemple, la Gina de *La Chartreuse* ?

Le nom de Gherardi est pourtant fort connu. C'est celui d'une famille de Brescia implantée pour partie à Milan, pour l'autre à

* Depuis que les Français ont inventé d'interdire aux Italiens de garder leur chapeau au théâtre.

Bologne, et dont nous avons déjà croisé deux membres éminents : Fanny, l'éblouissante maîtresse de Joachim Murat, que le petit sous-lieutenant Beyle tenait pour l'étoile absolue de la constellation milanaise au temps de Marengo ; et son frère Giacomo Lechi, le charmant compagnon de route d'Henri pendant son voyage en diligence entre Paris et Milan en 1811 *.

Surgit alors cette Gherardi (dite « la Ghita », comme s'il s'agissait d'une cantatrice ou d'une demi-mondaine) et qui nous prendra par la main pour cette étape décisive du voyage en Stendhalie, alors même que des stendhaliens avertis n'ont cessé de s'interroger sur son existence : elle ne figure même pas dans le *Petit Dictionnaire stendhalien* d'Henri Martineau, où sont signalés et décrits tant de comparses médiocres, gendarmes et sous-préfets, de l'odyssée beyliste...

Serait-elle, théoricienne déclarée de la « cristallisation », et par là héroïne majeure de notre histoire, vouée au rôle de découvreuse non découverte ? Ou serait-elle en fait la synthèse de la Fanny rayonnante de 1800 (morte en 1811) et des héroïnes croisées ou aimées depuis lors par Henri, Victorine, Mélanie, Mina, Angela, « Palfy »... Serait-elle « cristal » elle-même ? Compte tenu des contradictions et des effets de miroir, tenons-la pour réelle, en bons lecteurs de Beyle.

> Voulez-vous que je vous conte le désespoir de la Ghita quand elle a découvert que P... ne l'aimait pas et avait seulement voulu mettre une femme de plus sur sa liste ? Elle n'a pas eu le courage de s'habiller pendant près d'un an. Elle venait à la Scala en robe de chambre d'indienne rouge montant jusqu'au cou, même les jours de première... Elle a été plus d'un mois sans voir ses amis...

Et le noble Milanais qui fait cette confidence à Beyle, le 12 décembre 1816, conclut :

> Les désespoirs d'amour sont ici la petite vérole des âmes...

Dix jours plus tard, l'auteur d'*Histoire de la peinture en Italie* (qui vient de paraître) est à Bologne, où il sait qu'il va pouvoir

* Chapitre IV.

rencontrer cette femme passionnée – et aussi le grand poète Shelley, qui y séjourne. D'emblée, la capitale émilienne le séduit.

> Bologne est une des villes où l'hypocrisie est la plus difficile... Pendant des siècles, Bologne a été, pour les sciences, ce que Paris est maintenant... L'esprit public s'applique à voir les ridicules des prêtres... [qui y] souffrent la liberté des mœurs, sans quoi les brocards les empêcheraient d'en jouir. Lambertini, avant d'être pape, y fut le prélat le plus gai et le plus libre en ses propos – ce dont témoigne le président de Brosses... Bologne est décidément la ville du naturel, la ville des gens d'esprit... Je me suis abonné au *custode* du musée de la ville... où je vois la *Sainte Cécile* de Raphaël... Les Dominiquin, les Carrache, le Guide, les grands hommes de Bologne... La promenade est de la grandeur des Tuileries...

Mais là ne se limite pas l'admiration que Stendhal porte à la cité aux tours penchées – à laquelle, bizarrement, il ne reproche que la disposition de ses rues, flanquées de galeries des deux côtés, ce qui lui paraît abusif... Écoutons maintenant l'éloge suprême :

> J'ai trouvé chez les femmes de Bologne deux ou trois genres de beauté et d'esprit dont je n'avais pas l'idée. Je n'avais jamais vu la beauté la plus tendre réunie au génie le plus singulier comme chez Mme Gherardi.

Voilà prononcé ce nom que nous n'allons cesser de retrouver. Mais qui est ainsi désignée ? Si nous excluons la célèbre Fanny, morte depuis des années, il faut voir en elle l'épouse d'un grand notable de Bologne que Stendhal cite à plusieurs reprises dans *Rome, Naples et Florence* comme une sorte d'arbitre du goût et des mœurs dans cette ville : il en parle même comme de son « mentor », au même titre que de Tommaso Bentivoglio, « celui qui revient de Paris ».

Cette seconde Mme Gherardi, dite « la Ghita », beauté si rare et génie si singulier, était-elle bolonaise d'origine ? Ou, comme « Fanny », originaire de Brescia ? Le fait est qu'elle régnait sur Bologne où, selon notre voyageur, le jugement et le libre examen étaient poussés si loin que, même dans un salon et autour d'une jolie femme, un conteur d'histoires ne pouvait espérer que l'on rît que « de ce qui avait été compris... ». Et tant pis pour le fat de Français qui s'attendait à ce que ses anecdotes les plus plates, ou les plus embrouillées, fussent saluées comme des dons du ciel de Paris…

« La Ghita » régnait donc sur Bologne comme seule, selon Stendhal, une femme peut régner sur la société d'une ville italienne. Et c'est à ce titre de reine qu'elle parla, un soir, dans son salon de Bologne, de l'amour, de sa primauté et de sa diversité. Et comme pour bien marquer que Bologne opère précisément « le mélange du degré de passion et de la fertilité d'imagination qu'il faut pour atteindre à la perfection de l'esprit », comme ne cesse de le redire, à son propos, notre voyageur, elle formula à propos d'amour une profession de foi qui ne devait pas tomber dans l'oreille d'un sourd.

Notant au passage que c'est dans « le plus grand silence qu'on traite la galanterie en ce pays » et s'avouant fort ému par le regard posé sur lui par « la plus jolie femme peut-être qu'ait jamais produite Brescia, le pays des beaux yeux », le voyageur qui s'appelle encore Henri (ou Arrigo) Beyle boit ces paroles de « la Ghita » :

> Il y a quatre amours différents…
> 1. L'amour physique, celui des bêtes, des sauvages, et des Européens abrutis ;
> 2. L'amour-passion, celui d'Héloïse pour Abailard*, de Julie d'Étanges pour Saint-Preux ;
> 3. L'amour-goût qui pendant le XVIIIe siècle a amusé les Français et que Marivaux, Crébillon, Duclos, Mme d'Épinay ont esquissé avec tant de grâce.
> 4. L'amour de vanité, celui qui faisait dire à votre duchesse de Chaulnes, au moment d'épouser M. de Giac : « Une duchesse n'a jamais que trente ans pour un bourgeois… »

Et surgit la conclusion du judicieux propos de Mme Gherardi :

> L'acte de folie par lequel on voit toutes les perfections dans l'objet qu'on aime s'appelle la cristallisation.

Voilà le grand mot lâché. À se reporter à *Rome, Naples et Florence*, c'est le 16 janvier 1817, dans un salon de Bologne, que ces paroles furent prononcées. Chacun sait que *De l'amour* s'ouvre par la distinction des quatre sortes d'amour – énumérés, décrits et qualifiés de façon un peu différente, l'écrivain français

* C'est l'orthographe qu'il a choisie.

situant non l'« amour physique », mais l'« amour-passion » en tête de son quadrige, le faisant suivre de l'« amour-goût » dans le style du classicisme français (de Lauzun à Mme d'Épinay), et clôturant sa liste par l'« amour de vanité », reprenant à son compte le joli mot de la duchesse de Chaulnes...

Cas typique d'« emprunt » littéraire, dont notre Beyle était d'ailleurs coutumier, ses œuvres n'étant jusqu'alors que des démarcages d'œuvres, le plus souvent italiennes, attribuées à un certain Louis-César-Alexandre Bombet ? Observons pourtant qu'au bas de la vingtième page de *De l'amour*, Stendhal, comme pris de remords par ce larcin commis à l'encontre de Mme Gherardi (mais dans quelle mesure l'a-t-il inventée, embellie, ou nourrie de sa propre substance ?), signale que « ce livre est traduit librement d'un manuscrit italien de M. Cisio Visconti... qui vient de mourir à Volterra... ». Ce Visconti est évidemment mythique, et sa « mort » liée à ce Volterra où Henri Beyle vient d'essuyer l'un des pires désastres amoureux de sa vie, repoussé peut-être définitivement par Métilde (née Viscontini) qu'il a tenté d'y retrouver. Cette mort de Visconti, c'est celle de son amour : car il y a bien une cinquième sorte d'amour, c'est celle des amours mortes, ou impossibles, dont Stendhal fut un douloureux pratiquant...

Et chacun sait aussi que l'énumération des diverses formes d'amour, dans l'ouvrage de Stendhal, est suivie de la désignation, en tant que manifestation du phénomène, de la « cristallisation » – sans que soit faite la moindre référence à la créatrice au moins supposée de l'idée et de la formule. Cinq ans après avoir avoué la tenir de son hôtesse, l'« idéologue » français s'approprie sans vergogne cette trouvaille qui contribuera fort à sa fortune littéraire. Imaginons Descartes faisant précéder son *cogito* d'un entretien avec la reine de Suède au cours duquel Christine lui eut soufflé la sentence fameuse...

Ainsi, par la simple vertu d'un voyage, un trésor de la sensibilité, de l'intelligence et de la sociabilité bolonaises, joliment formulé par Ghita Gherardi, fut-il tranquillement annexé au génie français, ou mieux stendhalien, et non comme un trait jailli par hasard, mais comme une découverte majeure de la psycho-sociologie. Heureux le voyageur qui peut ainsi s'approprier de telles aubaines, comme le chercheur d'or ou le visiteur de Golconde...

Faut-il croire que fort de son amour pour l'Italie, pour Bologne, pour les si beaux yeux de la Ghita, Stendhal se crut autorisé à cet

« emprunt » ? Jugea-t-il qu'ayant bel et bien rendu hommage à Mme Gherardi dans *Rome, Naples et Florence*, il pouvait s'estimer dépositaire de l'idée et du mot, libre d'en faire usage, cinq ans plus tard, comme un inventeur ? Et d'autant mieux contraint d'en taire désormais l'origine ?

Si « Le rameau de Salzbourg », dans la forme que nous connaissons aujourd'hui, ne fut publié que dans l'édition de 1854, le texte, qualifié de « roman », avait circulé dès 1825. Dans une lettre à Stendhal daté du 28 mai de cette année-là, Victor Jacquemont en fait compliment à l'auteur, et précise que, pour lui (et un ami auquel il l'a fait lire) « très certainement, ce n'est pas un portrait de fantaisie que celui de Mme Gherardi... ». Moyennant quoi Stendhal remit le texte dans son tiroir...

Le fait est que ce n'est que dans une édition ultérieure, et même posthume, de *De l'amour* (1854), que la Ghita retrouvera son rôle de source, dans le très beau récit intitulé « Le rameau de Salzbourg » retrouvé par Romain Colomb, le cousin de Stendhal, qui commente ainsi ce rajout : « Ce fragment, trouvé dans les papiers de M. Beyle, est publié aujourd'hui pour la première fois. Il explique le phénomène de la *cristallisation* et fait connaître l'origine de ce mot. » Ce complément au traité stendhalien est d'autant plus pertinent que l'édition de 1822 comporte bien un chapitre VI intitulé « Le rameau de Salzbourg » où il est question des bois du Devonshire, des États-Unis d'Amérique et des philosophes allemands, mais nullement de Salzbourg et des cristaux qui s'y forment...

C'est donc comme à l'insu de l'auteur, dans un texte par lui écrit – merveilleusement –, puis oublié, ou dissimulé, en tout cas fort révélateur, que nous est présenté ce phénomène naturel révélé par la « diva » bolonaise à un Henri Beyle ébloui. Quand le visiteur rédigea-t-il ce chapitre essentiel, et qui est non seulement un des plus beaux, mais l'un des plus éclairants de *De l'amour* ? Mise à l'écart d'autant plus inexplicable que le caractère scientifique du phénomène était bien fait pour donner à son traité le caractère savant que l'auteur souhaita tant lui conférer afin de le distancier de la déchirante aventure avec « Métilde » la Milanaise, dont il avait d'abord tenté de faire un roman*...

* *Le Roman de Métilde.*

Si fort qu'on le désire, il est impossible de tenir pour « documentaire » le récit stendhalien du voyage de Bologne à Salzbourg entrepris par Mme Gherardi, accompagnée de quelques admirateurs, parmi lesquels Henri Beyle, tel qu'il prend place (depuis 1854) dans *De l'amour*.

Il est aussi impossible de le dater que de le « caser » dans l'emploi du temps de notre voyageur. Compte tenu de la conversation relatée plus haut entre la Ghita et Henri, le moment idéal en serait quelques jours plus tard (« Vous ne voulez pas me croire ? Eh bien, allons-y... »). Un trait bien dans la nature de cette reine d'Émilie, et de l'éternel voyageur. Oui : mais il se trouve qu'une telle excursion demandait plus d'une semaine, et que le calendrier de Stendhal, à cette époque, nous est trop connu pour que l'on puisse imaginer que cet ample détour vers le nord ait pu être fait par l'écrivain alors en route pour Florence. Et comment croire qu'un voyageur aussi disert ait « oublié » cette expédition merveilleuse, en telle compagnie ?

À vrai dire, on ne peut guère situer une visite d'Henri Beyle à Salzbourg ou dans ses environs immédiats qu'en 1809, au moment de son séjour viennois et de sa mystérieuse mission en Hongrie*. Une brève incursion dans la patrie de Mozart du jeune intendant Beyle, alors en voie d'envoûtement par le maître de *Don Giovanni*, est alors plausible. Incursion qui lui eût permis de découvrir le phénomène de la cristallisation des rameaux de Hallein. Mais s'il y fut alors, on peut s'étonner de ne rien lire, dans son journal, qui reflétât cette merveille.

Une autre hypothèse relative à la découverte du « Miracle de Salzbourg » par Henri Beyle a été présentée par W. G. Sebald, dans son *Vertiges* : l'auteur de *De l'amour* aurait pu faire un séjour dans les Alpes – et de là, vers le Salzkammergut, en 1813, après l'achèvement de sa mission d'intendant à Sagan, en Silésie. Il y avait souffert d'une crise de fièvre si intense qu'on avait craint pour sa vie : d'où un séjour de convalescence dans la région du lac Léman. En profita-t-il, avant de gagner Milan, pour pousser vers l'est, et le paradis de la musique ? C'est possible. Mais c'est une hypothèse assez fragile.

Le récit retrouvé par Romain Colomb et réintroduit dans *De l'amour* vers 1854 doit donc être traité comme un morceau plus

* Voir chapitre III.

ou moins romanesque, comme une nouvelle un peu miraculeuse à propos d'un miracle naturel. Mais il est si profondément stendhalien, si librement vrai et savoureux à la fois qu'on en verra l'héroïne en voyage, non pas comme une autre Mathilde ou une esquisse de la Sanseverina, mais bien comme la Ghita Gherardi qu'Henri dit avoir connue à Bologne en 1817, peut-être même avant.

Le récit s'ouvre par une rapide évocation de ces mines de sel (« Salz-bourg », « Salz-kammergut ») de Hallein, à trente kilomètres environ au sud de la patrie de Mozart. Si, écrit Beyle, on jette un rameau dans ces eaux salines, et si, l'ayant retiré peu après, on le met au sec, il se couvre de cristallisations brillantes, d'un effet merveilleux au soleil. Promenade et expérience classiques pour touristes, et d'autant plus distrayante que la descente dans les galeries s'opère à califourchon sur des troncs de sapin inclinés vers la mine placés bout à bout et que l'on chevauche, les dames s'équipant, pour ce faire, d'épais pantalons de serge grise – ce qui leur donne, selon M. Beyle, une « tournure comique »...

Situant sa visite des mines de Hallein « dans l'été de 18... *, avec Mme Gherardi », l'auteur de *De l'amour* assure qu'il n'avait d'abord été question entre eux que de « fuir la chaleur insupportable que nous éprouvions à Bologne » – (ce qui exclut l'idée d'une excursion au lendemain de la fameuse soirée « des quatre sortes d'amour » chez la Ghita, datée de janvier) – et d'aller pour ce faire prendre le frais au mont Saint-Gothard. Mais la beauté des paysages les poussant, les voilà au lac de Garde, et puis à Riva, à Bolzano, à Innsbruck. Et Mme Gherardi trouvant ces montagnes à son goût, les voilà embarqués dans ce qu'ils appellent désormais un « voyage », sur les rives de l'Inn, de la Salza, et jusqu'à Salzbourg – où il n'est, dans le récit, pas question de Mozart... De Golling où ils achètent des vestes de paysans, ils poussent jusqu'à Hallein : c'est alors seulement que M. Beyle nous révèle qu'il ne s'agit pas d'une équipée galante, en tête à tête avec la Ghita, mais de l'expédition d'une « caravane » où personne, semble-t-il, ne se doutait de la merveille qui les attendait.

Allait-on descendre dans les galeries souterraines, à cheval sur les rondins de bois, dans « ce vilain trou noir » ? Oui, trancha Mme Gherardi, entraînant tout le monde – sous le regard, que

* Ce qui ne nous informe guère...

Stendhal devine amoureux, d'un bel officier de chevau-légers bavarois, fasciné par cette amazone italienne qui ne songe qu'à l'aventure, à la plongée dans le puits, au risque à affronter... Henri observe la croissance, perceptible à vue d'œil, de la passion du Bavarois, si intense que celui-ci en vient à vanter la beauté de la main de la dame de Bologne – main qu'une atteinte de la petite vérole, pendant son enfance, avait étrangement brunie*...

Si l'attention du jeune officier saisi soudain par la passion a été attirée sur cette main, c'est parce que la Ghita est en train de jouer avec un « rameau couvert de diamants mobiles que les mineurs venaient de lui donner ». Considérant le regard extasié que le jeune Bavarois porte sur elle, l'écrivain murmure à l'adresse de Mme Gherardi : « Ce rameau cristallisé représente la Ghita telle que l'imagination de ce jeune officier la voit... » Est-ce à dire, fait-elle, piquée, qu'il transforme la branche de charmille desséchée que je suis en cette aigrette de diamants ? C'est-à-dire, réplique-t-il, qu'il découvre en vous des qualités que nous, vos anciens amis, n'avions jamais vues... C'est assez dire que les amants voient ce que n'aperçoivent pas les gens sages, qui ignorent le phénomène de cristallisation. » Ghita : « Ah ! vous appelez ça cristallisation... Eh bien, monsieur, cristallisez pour moi ! »

Mais où en sommes-nous ici, cher Henri Beyle – non, déjà Stendhal ? Est-ce, à Bologne, Mme Gherardi qui nous a illuminés de ce mot magique ? Est-ce vous qui – mais où, mais quand ? – l'avez instruite si joliment ? Il est clair que le jeu de miroirs va très loin ; que voyage ou pas voyage, et du fait du génie de l'une (inventée ou sublimée par lui ?) ou de l'autre (inventeur par amour ?), ce cristal a surgi, qui pourrait provenir d'une autre mine que de celle de Hallein... Du cerveau de Stendhal, mieux que de sa mémoire frappée par la merveille contée par tel ou tel (ou telle) de ses amis ?

Le fait est que cette invention essentielle de son œuvre est, artificiellement ou non, le fruit d'un voyage. Qu'inventée ou non, c'est d'une « locomotion » qu'il a voulu faire jaillir cette fleur par excellence de sa science érotique. Qu'ayant fait d'abord surgir le mot d'une soirée à Bologne, et l'attribuant à la merveilleuse Ghita dans *Rome, Naples et Florence*, Stendhal, revenant à l'image dans *De l'amour*, publié cinq ans plus tard, la reprend alors à son compte,

* La main de Mathilde Dembowski était elle aussi frappée d'une certaine déformation qui lui donnait un aspect pathétique...

mais dans un texte qu'il retient d'abord et que ne fera émerger que son exécuteur testamentaire, vingt ans après…

Là pourtant ne s'arrête point ce vagabondage amoureux, qui entrecroise si savamment le voyage et l'amour, la passion et l'ailleurs, géographique et en quelque sorte géologique… Et c'est toujours autour de Ghita Gherardi, étoile de cette constellation, que va, selon Stendhal, s'ordonner la recherche des mouvements de la passion. Mouvements, ou parcours, ou même itinéraire de l'amour ? Dans tout le développement qui suit, essentiel chez Stendhal, ce qui frappe, c'est le caractère itinérant, en quelque sorte vagabond, en tout cas géographique, du sentiment amoureux.

Nous voici, une fois encore, chez la Ghita, à Bologne. Pour ne pas changer, on parle d'amour, et plus précisément de celui qu'éprouve le peintre Oldofredi, aimé de la princesse Lanfranchi, pour leur belle amie Florenza. Et, bien sûr, la Ghita en revient au thème de la cristallisation (« notre théorie », dit-elle en se penchant vers Henri Beyle, qui ne sait peut-être plus très bien si c'est lui ou elle qui…), afin de décrire l'état où se trouve le peintre. L'aime-t-il ? L'aime-t-elle ? Qui peut, en cet instant, le dire ?

> – On aime ou n'aime pas…, coupe quelqu'un.
> – Pas du tout, monsieur ; c'est tout comme si vous disiez qu'un homme qui part de Bologne pour aller à Rome est déjà arrivé aux portes de Rome quand, du haut de l'Apennin, il voit encore notre tour Garisenda. Il y a loin de l'une de ces deux villes à l'autre, et l'on peut être au quart du chemin, à la moitié, aux trois quarts, sans pour cela être arrivé à Rome, et cependant l'on n'est plus à Bologne.
> – Dans cette belle comparaison [c'est Stendhal qui parle], Bologne représente apparemment l'indifférence et Rome l'amour parfait.
> – Quand nous sommes à Bologne, reprit Mme Gherardi, nous sommes tout à fait indifférents, nous ne songeons pas à admirer d'une manière particulière la femme dont un jour peut-être nous serons amoureux ; notre imagination songe bien moins encore à nous exagérer son mérite. En un mot, comme nous disions à Hallein, la cristallisation n'a pas encore commencé…

Beyle n'est pas homme à laisser perdre de tels joyaux :

> Pendant que Mme Gherardi parlait, je pris une carte à jouer, sur le revers de laquelle j'écrivis Rome d'un côté et Bologne de l'autre, et, entre Bologne et Rome, les quatre sites que Mme Gherardi venait d'indiquer.
> 1. L'admiration.
> 2. L'on arrive à ce second point de la route quand on se dit : « Quel plaisir d'être aimé de cette femme charmante ! »
> 3. La naissance de l'espérance marque le troisième gîte.
> 4. L'on arrive au quatrième quand on s'exagère avec délices la beauté et les mérites de la femme qu'on aime. C'est ce que, nous autres adeptes, nous appelons du mot de cristallisation...

Mais par où voit-on que s'est opérée la cristallisation ? fait quelqu'un. En quel point de la route ? Et par quel signe ?

> Je crois, dit Mme Gherardi, qu'un homme commence à aimer quand je le vois triste... La différence entre être sérieux et être triste (*l'esser serio* et *l'esser mesto*) est décisive lorsqu'il s'agit de résoudre un problème tel que celui-ci : « Oldofredi aime-t-il la belle Florenza ? » Je crois qu'Oldofredi aime, parce que, après avoir été fort occupé de la Florenza, je l'ai vu triste et non pas seulement sérieux...

L'auteur de *De l'amour* ne s'en tient pas à cette sentence de la Ghita, et reprend son récit :

> Un jour, je me promenais avec Mme Gherardi sur la route de la *Cascata del Reno* ; nous rencontrâmes Oldofredi seul, fort animé, l'air très préoccupé, mais point sombre. Mme Gherardi l'appela et lui parla, afin de mieux l'observer.
> – Si je ne me trompe pas, dis-je à Mme Gherardi, ce pauvre Oldofredi est tout à fait livré à la passion qu'il prend pour la Florenza ; dites-moi, de grâce, à moi qui suis votre séide*, à quel point de la maladie d'amour le croyez-vous arrivé maintenant ?
> – Je le vois, dit Mme Gherardi, se promenant seul, et qui se dit à chaque instant : « Oui, elle m'aime. » Ensuite il s'occupe à lui

* Le choix de ce mot « séide », qui implique la dépendance, est-il là pour signifier que Stendhal se reconnaît pour second dans cette théorisation de l'amour en plusieurs phases, et du phénomène majeur ?

> trouver de nouveaux charmes, à se détailler de nouvelles raisons de l'aimer à la folie…

Elle se tait un instant, tandis que vont les chevaux. Et oubliant semble-t-il qu'elle parle à un compagnon, elle murmure :

> … Il y a des moments de bonheur divin et tels que peut-être rien au monde ne peut leur être comparé… Quand enfin l'âme, fatiguée et comme accablée de sentiments si violents, revient à la raison par lassitude, ce qui surnage après tant de mouvements si opposés, c'est cette certitude : « Je trouverai auprès de lui un bonheur que lui seul au monde peut me donner. »
> Je laissai peu à peu mon cheval s'éloigner de celui de Mme Gherardi. Nous fîmes les trois milles qui nous séparaient de Bologne sans dire une seule parole, pratiquant la vertu nommée discrétion.

Le mouvement encore, le pas des chevaux… L'amour, cette route entre Bologne et Rome, entre l'indifférence et l'amour parfait… Où il apparaît bien que le bonheur est un chemin, ou mieux un cheminement. Que la quête du bonheur est un voyage – un vagabondage…

CHAPITRE VIII

Dans le rôle de cicérone…

• Une pure fiction ? • Comment se rendre en Italie… • Vélocifère et *vetturini* • Une police sans pitié • Guide, mais « sans gravité » • Mes sept « clients » • Converti aux jésuites ? • Du charme des brigands napolitains • M. de Lamartine à Florence • Interdit de séjour à Milan !

Peut-on être assez naïf (encore plus naïf qu'à propos du « voyage à Salzbourg » ?) pour prendre au sérieux l'autoportrait d'un guide nommé Stendhal tel qu'il surgit des *Promenades dans Rome* ? On le sera. On prendra « l'ancien officier de cavalerie » au mot, convaincu que par bien des points cette savante pochade qu'aimait tant André Suarès, autre amoureux de l'Italie, est plus ou moins autobiographique – à condition de savoir que cette semi-vérité globale n'est faite que de mensonges partiels…

Qu'un égotiste aussi farouche, qu'un promeneur aussi désinvolte ait pu être pris pour guide ou *cicérone* par quelques Parisiens avides de connaître l'Italie, il y a de quoi laisser sceptique. Et que cet égotiste désinvolte ait accepté de remplir cette mission (ou de jouer ce rôle…) non sans faire savoir qu'il n'y mettrait aucune « gravité » reste un assez bon sujet d'étonnement.

Le fait est qu'à la fin de l'été 1827, un Henri Beyle de 44 ans, qui n'est encore connu que des quelques centaines de lecteurs de *Rome, Naples et Florence*, de *Racine et Shakespeare*, de la *Vie de Rossini* déjà revêtus de la signature de « Stendhal », et qui vient d'achever son premier roman, l'énigmatique *Armance*, accepte en apparence de jouer ce rôle (un peu comme on fait au théâtre) de cicérone pour un groupe de touristes amis en partance pour l'Italie et dont Rome est l'objectif principal. Ce voyage, dont la datation reste imprécise*, devait donner matière à un livre centré sur la capitale des États du pape, dont le titre sera *Promenades dans Rome*.

Stendhal le cabochard, l'irrégulier, le paradoxal, qui a fait du voyage – fût-il militaire – une cascade de surprises et d'improvisations à la Montaigne, Stendhal le provocateur en berger de troupeau ? Autant imaginer François Villon en bedeau de la cathédrale, Rimbaud en proviseur de lycée... Le lecteur des *Promenades* est d'ailleurs prévenu d'emblée : tout est, sinon faux, au moins décalé, dans son évocation du voyage romain de l'automne 1827, à commencer – ici la dérision prend la forme du génie – par l'épigraphe, une citation supposée de *Roméo* de Shakespeare, mise dans la bouche de Mercutio :

... J'ai vu de trop bonne heure
la beauté parfaite...

Pour si belle qu'elle soit, c'est une forgerie de notre cicérone : les meilleurs spécialistes l'ont cherchée en vain dans l'œuvre immense du poète de Stratford.

Faux encore la date du départ, l'itinéraire, la situation des voyageurs à la date où s'ouvre le récit – le 3 août 1827. Ce jour-là, la petite troupe qu'Henri prétend conduire n'est pas « à huit lieues de Rome », mais à Gênes – date que notre cicérone n'aurait pas dû oublier car elle est celle de sa rencontre avec le grand romancier Manzoni, qui n'est pas encore le demi-dieu de la littérature romantique italienne, mais déjà notoire.

Et que dire de l'*incipit* de l'ouvrage : « Ce n'est pas un grand mérite, assurément, d'avoir été six fois à Rome. » Il se trouve qu'il n'y est allé que quatre fois – ce qui n'est pas non plus un démérite... Henri Beyle croit même utile de préciser que sa première visite à Rome remonte à 1802, quand on sait – son journal l'atteste – qu'il a découvert la ville, et les chants d'oiseaux du Colisée, en 1811. Mais quoi ? Nous n'avons jamais pris les informations données par notre vagabond avec cette « gravité » qu'il proscrit si fort.

Qui lit *Promenades dans Rome* d'une main, ayant en l'autre le très sérieux *Calendrier de Stendhal* d'Henri Martineau, va de sur-

* Le passage écrit est daté d'août 1827 à septembre 1829. Le séjour de Beyle va de juillet 1827 à janvier 1828.

prise en surprise : il n'aura jamais été, de l'été 1827 au début de 1829, là où il le dit, et quand il le dit. La partie napolitaine du voyage est quasiment passée sous silence ; et plus encore la florentine. On fera semblant de donner raison à l'imaginaire. L'important étant ici le nouveau « métier » qu'il fait.

Avant d'en venir à l'évocation du comportement d'un guide nommé Stendhal en septembre 1827 entre Saint-Pierre et le Forum romain à la tête de la petite cohorte, on voudrait citer le très savoureux « Comment se rendre en Italie » qu'il a inséré dans ces *Promenades.* Il y a là un très judicieux aperçu sur l'art du voyage transalpin au temps de Rossini et des *carbonari.*

L'équipage ?

> ... La meilleure manière d'aller de Paris à Rome ? nous demande-t-on en France. D'abord la poste*, mais il faut avoir une calèche construite à Vienne, et fort légère... Prenez peu de bagages ; en traversant ces petits États soupçonneux, chaque caisse ou malle est une source de vexations à la douane ou à la police... Toutes les dépenses sont doublées pour un voyageur qu'on voit arriver en poste [et] les brigands n'arrêtent que les voitures en poste, dédaignant les autres...

L'itinéraire ?

> La plus expéditive et, suivant moi, l'une des plus jolies routes commence... par Belfort. Une petite voiture conduit à Bâle (douze francs) et la diligence à Lucerne. On navigue ensuite sur ce lac singulier et dangereux**, théâtre des exploits de Guillaume Tell.

La meilleure voie d'accès à l'Italie, selon M. Beyle, est donc le Saint-Gothard. Mais jugeant le Simplon plus beau que le Saint-Gothard, il a pris le plus souvent la diligence qui, de Bâle, conduit à Berne... puis dans la vallée du Rhône par les gorges de Louèche.

> Une excellente diligence conduit à Lausanne et Domodossola...

* La chaise de poste.
** On n'a pas oublié sa mésaventure à Genève, en mai 1800...

> Le conducteur est un homme parfait. La mine tranquille de ce bon Suisse éloigne toute idée de danger… Il est plus sûr de passer la montagne en diligence que dans sa propre calèche… Depuis l'ouverture de la route, quatorze voyageurs seulement ont péri… Au village du Simplon du côté de l'Italie, on trouve une des meilleures auberges d'Europe, tenue par un Lyonnais… et rien n'est plus pittoresque que la vallée d'Iselle [qui conduit] au pont de Grevola où commence la belle Italie… Une petite voiture conduit… sur le lac Majeur, vis-à-vis des îles Borromées… En vingt minutes, une barque vous porte à l'auberge del Delfino, dans l'Isola Bella : c'est un des plus beaux lieux du monde… [et] en cinq heures, un vélocifère* transporte à Milan…
>
> De Milan à Rome, je trouve plus amusant de venir par voiturier… Dans une rue de Milan, on est abordé par une foule de *vetturini* qui pour huit ou dix francs par jour vous offrent une place dans une calèche ouverte… Pour ce prix, ils vous offrent aussi de dîner et une chambre à l'auberge… On peut trouver mauvaise compagnie dans la *vettura*… Mais on trouve aussi des voitures bien composées… J'ai voyagé une fois avec trois prédicateurs qui s'en allaient prêcher le carême… Le premier jour, ils me firent faire la prière matin, midi et soir. Je fus sur le point de les quitter : le désir de faire le métier de voyageur l'emporta… [et] je leur dois les idées les plus justes sur la manière d'être des femmes dans les diverses villes d'Italie… Ils me racontèrent les anecdotes les plus gaies et les plus certaines… confiées au tribunal de la pénitence…

Autres recommandations du guide nommé Stendhal : pendant le voyage en Italie, il convient d'être vêtu avec beaucoup de simplicité et de ne pas porter de bijoux, et, dès qu'on aperçoit un gendarme ou un douanier, de prendre une pièce de vingt sous avec laquelle on joue de manière à ce que ces personnages la voient : « Toute la férocité de l'animal ne tient pas contre cette vue… » Le dimanche, il faut aller à la messe, conseille Henri :

> Quand ce ne serait pas un devoir, ce serait un plaisir… Nous y avons entendu à l'élévation, du mieux exécutée, la musique de Rossini… par des clarinettes allemandes…

Quelques traits pour avertir que la police est terrible :

> Que venez-vous faire dans ce pays ? Il n'y a rien de curieux ici… Il

* Voiture publique à cheval très rapide.

y a un autre motif. Y avez-vous été du temps de Napoléon ? [Mais notre guide fait observer qu'on] se tire de partout en se disant malade, en allant à la messe tous les jours... [et que] l'air gai déconcerte les commis de police...

Mais oui, comme il l'écrit, « le voyage est un métier ». Et sous ses airs buissonniers, notre Beyle en a appris les pièges, et peut les enseigner...

Si avertis que nous soyons de la fantaisie avec laquelle sont traités ici dates et itinéraires, nous ferons donc à peu près « comme si » nous y croyions. La base du récit de cette « promenade » romaine est à coup sûr plus solide que celle du voyage à Salzbourg...

La petite troupe qui a quitté Paris au début de l'été 1827 sous la houlette de Stendhal – qui vient d'achever les corrections d'*Armance* – a choisi, ou s'est laissé imposer l'itinéraire favori de l'écrivain, par Bâle, le Simplon, le lac Majeur et Milan, en vingt-deux jours, sans se hâter, « confortablement répartis en un landau et une calèche, sept maîtres et un domestique ». Ils sont assez nombreux, précise-t-il, pour passer gaiement « les soirées qui dans les voyages, sont des moments pénibles ».

Stendhal n'en serait pas « le guide » si la charte non écrite de l'expédition n'impliquait pas le droit de sécession ou de retrait : chacun peut à tout instant s'isoler ou prendre le large, jusqu'en France. Nous n'en apprendrons guère sur les compagnons de Stendhal sinon que l'un, Frédéric, a l'heureux caractère et la bonté d'un Allemand, et que l'autre, Paul, est beau, aimable et gai, railleur parfois. Des trois femmes – qui ont projeté de rester un an à Rome –, nous ne connaîtrons que le goût de l'une d'elles pour Mozart, ce qui devrait la conduire, selon le cicérone, à aimer comme lui le Corrège et Raphaël.

Ici, on nous permettra une remarque : l'un des indices qui pourraient renforcer ou fonder notre crédulité à propos du rôle de guide de M. Beyle, c'est la pénombre dans laquelle sont laissés les personnages féminins de l'aventure. Si Stendhal avait imaginé tout cela, comme il aurait su les faire charmantes, les voyageuses... et lui charmé, et charmant !

L'un des principes du « guide » a été formulé d'entrée de jeu : oubliez ce que vous croyez connaître, depuis Paris, par les gravures, les copies.

> Pour m'acquitter avec un peu de dignité de mes fonctions [précise Henri], je me suis réservé expressément le droit de ne point exprimer mon avis*... sinon à la fin de notre séjour à Rome.

On visitera aussi, sous sa conduite, Naples et Florence, et on tentera de flâner sur les routes, dans l'espoir d'être arrêtés par quelque coupeur de route calabrais, de ceux qui, en butte avec un seigneur, un propriétaire, un mari, ont « pris *la macchia* »...

Est-il indiscret de se poser la question de savoir si notre écrivain promu guide, par l'élection d'un groupe d'amis, fut plus ou moins rétribué – lui qui, tirant toujours le diable par la queue, quêtait sans trêve un vague emploi administratif ? On peut penser qu'il opéra « au pair » et qu'en échange de ses brillants services ce voyage au-delà des Alpes lui coûta moins cher que les précédents.

Le catalogue des merveilles « à voir » à Rome et alentour que dresse le cicérone Stendhal, du Colisée à la Farnesina, n'a pas de quoi déconcerter, pas même une vieille dame anglaise. Ce qui retient mieux l'attention, chez notre « guide », c'est une réflexion de ce type :

> Quelle duperie de parler de ce qu'on aime ? Que peut-on gagner ? Le plaisir d'être ému soi-même un instant par le reflet de l'émotion des autres...

(Rien que pour ces quelques mots-là, qui se plaindrait que l'auteur d'*Armance* se soit plié à ce dérisoire exercice ?)

Et pour que les choses soient un peu plus claires en cette aventure truquée, il faut citer cette brève mise au point du guide nommé Stendhal :

* Un droit dont on peut dire qu'il n'a pas abusé !

> Toutes mes idées présentées à mes compagnons de voyage ne sont point passées sans opposition. Je prie le lecteur de se souvenir que je ne fais que l'office de l'« avocat général » à propos des « motifs de conviction ». J'invite à se méfier de tout le monde, et même de moi. L'essentiel est de n'admirer que ce qui a fait réellement plaisir...

Que nous dit de neuf, dans l'ordre esthétique, l'auteur de *Promenades dans Rome* ? Pour en juger sainement, il ne faut pas oublier que si libre d'esprit qu'il soit, armé d'une vraie culture, d'un œil aigu, d'une assez bonne connaissance de l'art italien (pour un homme de son temps) et de quelques lumières techniques (d'ailleurs dessinateur doué lui-même), Stendhal n'a pas cette relation un peu miraculeuse avec les arts plastiques qui nous fait tant aimer Diderot ou Baudelaire. Le cicérone du « groupe des sept » qui arpente en causant Rome, Florence ou Naples a le goût plus sûr que ses contemporains Chateaubriand, Hugo ou Balzac. Mais il tient Canova pour un homme de génie, minimise la grandeur des Vénitiens et reste fermé à presque tout ce qu'a inspiré l'art médiéval. Non pas chrétien, certes, mais antérieur au *Quattrocento*, à Ghirlandajo notamment qu'il a su admirer avant d'autres.

Dans ce cadre, relativement étroit, qui lui permet de regarder sainement les vestiges romains, et presque tout ce qui touche à la Renaissance et à l'âge classique dans l'espace méditerranéen, il est un guide judicieux et disert. Son extraordinaire aveuglement à propos des écoles espagnole et germanique – et même flamande ou hollandaise – ne peut faire qu'il ne perçoive et commente sainement l'ensemble de l'art italien – on sait qu'il a pris très tôt la mesure du génie de David et de celui de Gros, de Delacroix, sinon celui d'Ingres, non sans idéaliser Prud'hon.

Prenons un commentaire type du « guide » Stendhal devant un petit auditoire à ombrelles. Il ne se fait pas d'illusion quant à son rôle. Après une visite des *Stanze* de Raphaël, qui représentent pour lui le sommet absolu de l'art pictural, écoutons-le soupirer :

> Je vois avec une peine infinie que je rebuterais mes amis si je voulais par force leur faire admirer les *Stanze*. Au fond, telle enlumi-

> nure de M. Camuccini* leur plaît davantage, et *Le Déluge* de Girodet leur semble supérieur à Michel-Ange... Je me réfugie dans les explications historiques...

Ayant écrit qu'« à Rome, tout cicérone tue le plaisir », il précise ceci :

> Pour faire en conscience le métier de *cicérone*, j'ai été obligé de supprimer beaucoup de conjectures... Je voudrais que le lecteur ne crût rien sur parole et sans l'avoir vérifié, et qu'il se méfiât de tout, et même de cet itinéraire. *Croire sur parole* est souvent commode en politique ou en morale, mais, dans les arts, c'est le grand chemin de l'ennui.

On rêve tout de même d'avoir suivi, de Colisée en Saint-Pierre, le gros monsieur presque aussi amoureux des pierres que des *ragazze*, si débordant d'histoires, fulminant de traits, injuste et lumineux, et d'autant plus lucide que la passion l'égare, impétueux contre lui-même, fou de tendresse, inégal et savoureux : les voici une fois de plus à Saint-Pierre :

> ... Nous sommes arrivés ensuite à un effroyable tombeau. Un énorme squelette de cuivre doré soulève une draperie de marbre jaune ; c'est le dernier ouvrage du Bernin. Là repose Alexandre VII Chigi. Le pape est à genoux. On le voit entouré de figures de femmes qui représentent la Justice, la Prudence et la Charité. Le Bernin avait osé montrer la Vérité dans toute la simplicité de son costume : on l'a revêtue d'une draperie de bronze... Je ne nierai pas qu'il y ait ici un certain feu d'exécution qui attire les regards du peuple. J'ai vu des paysans de la Sabine arrêtés, bouche béante... Mais ce qui est fait pour toucher le vulgaire révolte mes amis... Voilà la grande difficulté des arts et de la littérature au XIXe siècle... Travailler pour le gros public ou pour les *happy few* ?... Les paysans de la Sabine, après avoir considéré l'énorme squelette doré du tombeau d'Alexandre VII, retournent dans leurs montagnes bien meilleurs catholiques...

Voilà qui donne le ton de ce cicérone peu banal. Devant l'œuvre, et si savant qu'il soit (souvent...), Stendhal ne se fait ni technicien ni neutre. Il lui faut d'emblée tirer la leçon des rapports entre

* Peintre italien de l'époque.

l'œuvre et ses « consommateurs », entre l'art, la morale, ses implications sociales, spirituelles. Non, décidément, il ne déçoit pas, passant de la condition de dilettante à la fonction de guide...

Ce qui surprend, étonne, et en fin de compte séduit les lecteurs stendhaliens de ces Mémoires d'un guide, ce sont peut-être les notations de type politique ou religieux. Nul n'est moins sectaire que lui, qui s'irrite des plaisanteries « voltairiennes » de son ami Paul dans les églises. Prenons pour exemple cette extraordinaire page consacrée à une visite du *Gesù*, l'église que l'on tient pour le symbole et haut lieu romain de la Compagnie de Jésus.

Il est peu de dire qu'Henri Beyle était un ennemi des jésuites. Le mot seul, sous sa plume, est synonyme d'hypocrisie, de fourberie et de conservatisme. Plus encore que sous celle de Voltaire qui, ancien élève des écoles de la Compagnie, leur reconnaissait des mérites professionnels. Mais on va voir comment cet émule – en ce domaine – de Pascal décrit sa visite à l'église *del Gesù* qualifiée de « magnifique ». Il ne se prive certes pas de lancer une pique contre la société des prêtres noirs, par exemple sous forme d'une histoire que se racontent sous cape les Romains. Le *Gesù* est situé sur une place connue pour être fort éventée. On raconte qu'un jour le diable, se promenant par là avec le Vent, lui dit en montrant le sanctuaire des Pères : « J'ai quelque chose à faire là-dedans, attends-moi ici. » Mais le diable n'est jamais sorti de l'église, et le vent souffle toujours à la porte... Drôle, non ?

Mais une fois son vieil anti-jésuitisme assouvi, notre Beyle change de ton. Et alors qu'il s'agit d'un édifice que de meilleurs amis des jésuites ne tiennent pas pour ce que le baroque hispano-latin a produit de plus beau, il faut l'entendre parler de « cette église magnifique » bâtie en quelque sorte sur le tombeau de saint Ignace. Ce qui surprend, en cet épisode de la « promenade » stendhalienne, ce n'est pas sa prise de position esthétique, c'est le jugement qu'il porte sur l'entreprise du fondateur. Certes, Ignace de Loyola est décrit comme « un aventurier espagnol, rempli d'exaltation et un peu fou » (mais on sait que les qualificatifs d'« espagnol » et de « fou » ne sont pas forcément négatifs, sous sa plume...). C'est la suite qui est d'une tout autre tonalité, surprenante :

> Les généraux, ses successeurs, et entre autres Laynez*, homme à comparer, pour le talent, au cardinal de Richelieu, et même à saint Paul, ont fait des jésuites ce qu'ils sont. Je voudrais bien qu'un athée écrive leur histoire *sine ira et studio***. Cette société n'est-elle pas une des plus remarquables depuis celle instituée par Lycurgue***, depuis celle instituée par Moïse ? M. de Lalande**** disait : « Savez-vous pourquoi tous les prêtres du monde me prônent ? C'est que je suis un athée-jésuite… »

On ne saurait mieux décrire cette « entrée dans les ordres » de Beyle que ne l'a fait Michel Crouzet :

> À Rome s'épanouit l'attitude religieuse de Stendhal : il y trouve une incarnation, le verbe fait chair, c'est-à-dire la beauté sensible et spirituelle… l'Église elle-même… Il lui reconnaît un génie propre, cette force sans violence de l'esprit délié et comme purifié qui est l'esprit politique quand la force lui est défendue… Le Monsignore est une sorte de héros d'une diplomatie « jésuitique », d'une perfection dans la maîtrise et l'adaptation naturelle, simple et souriante, aux autres…

Il est vrai que Stendhal était un dévot de Montesquieu, dont la description de la République jésuite (les « réductions ») du Paraguay est l'un des plus beaux hommages jamais rendus à la Société de Jésus par un écrivain français, en tout cas depuis Montaigne qui, lui aussi maître à penser de Beyle, était un ami déclaré des jésuites, admirateur surtout de leur Collège romain – que Stendhal trouvera, lui, bien décevant.

La lecture des *Promenades dans Rome* réserve une autre surprise, nous révélant un Stendhal moins « jacobin », moins hostile aux « stupides Bourbons » que l'ensemble de son œuvre le donne à croire : on sait d'ailleurs qu'il n'avait pas craint de multiplier les

* Diego Laynez, le premier successeur de Loyola. Issu d'une famille de juifs convertis.
** Sans haine ni complaisance.
*** La cité grecque.
**** Astronome dont le nom est synonyme d'athéisme, auteur d'un livre classique sur l'Italie.

démarches, sous ce régime abhorré, pour obtenir quelque emploi public décent – à la Bibliothèque royale notamment –, et qu'il avait, par ailleurs, dédicacé l'un de ses livres au « grand empereur »... Alexandre Ier !

À la date, probablement fantaisiste, du 15 juin 1828, l'auteur des *Promenades* romaines, fils de Chérubin Beyle, ce fervent monarchiste et dénoncé comme tel par son diable de fils, note après une visite à la villa Borghèse, que

> toute l'Europe envie les éléments de bonheur réel que la France possède sous le règne de Charles X. L'Angleterre elle-même est bien loin de l'état de prospérité dont, si nous n'étions pas un peu fous, nous saurions jouir...

De zélés stendhaliens parlent ici de « phrase paratonnerre »... Est-ce parce qu'il porte en lui *Le Rouge et le Noir* qui ne manquera pas d'indigner les gens honnêtes, que l'ancien commissaire du premier Empire estime bon de dresser ce « paratonnerre » ? Le fait est que la formule sonne bizarrement, tranchant avec la suite du développement qui est un hommage ambigu à l'œuvre de l'Empire...

Pour si absorbé qu'il soit par la beauté et la grandeur des collections et des monuments romains, notre « guide » ne serait pas Stendhal en Italie si la musique ne le sollicitait pas, et s'il n'entrait pas, à son propos, dans quelque débat. S'agissant de cet art pour lui sacré entre tous, il se garde bien, avec ses auditeurs, de jouer les cicérone. Et bien qu'on puisse lui prêter plus de compétence à propos de Rossini et de Cimarosa qu'au sujet de Canova ou de Claude Lorrain, on le voit peu disert à ce sujet au cours de ce voyage, bien que sa petite troupe soit souvent accueillie dans des salons romains où l'on pratique volontiers la musique.

Écoutons-le parler pourtant de *bel canto*. D'abord à propos de l'une de ses formes, celle qu'il goûte le moins : l'art des castrats. Pour lui, et s'agissant de Rome, cette école, si fameuse au siècle précédent, est en déclin. Il n'en dit pas autant des divas italiennes qu'il admire tout particulièrement :

> Ce qu'il y a de plus beau en musique, c'est un récitatif dit avec la méthode de Mme Grassini et l'âme de Mme Pasta... Cela, expliqué en dix pages élégantes, serait compris de tous... [mais] j'en aurais le talent, je ne le ferais pas. Je ne désire être compris que des gens nés pour la musique, je voudrais pouvoir écrire dans une langue sacrée...

Le recours à une telle langue – qui marque bien la distance qu'il maintient en lui entre les sons et les formes – ne lui est pas nécessaire pour évoquer, remarquées au concert de la veille

> quelques-unes des plus jolies femmes de Rome... La beauté romaine, pleine d'âme et de feu, me rappelle Bologne, mais il y a ici de plus longs moments d'indifférence et de tristesse...

Ainsi le parcours amoureux entre Bologne et Rome (ah ! la Ghita !) n'est-il pas toujours accompli sans encombre*...

À noter d'ailleurs que les *Promenades* ne sont guère émaillées de ces rencontres érotiques qui font vibrer tant de pages du journal d'Henri... Vieillirait-il ? Il n'a, on l'a dit, que 44 ans, et nous lui verrons d'autres conquêtes... Serait-ce – impliquée par son métier de guide – la conscience « professionnelle » qui le retient ? Non : tout donne à penser que ses pensées sont alors accaparées par Giulia Rinieri, la dernière en date des bien-aimées, qui ne s'est pas encore jetée dans ses bras (elle sera précédée, en cette compétition, par « Mme Azur »), mais le lui a fait espérer. D'où cette apparente chasteté du cicérone au ventre rond et au cœur tendre...

Nous ne quitterons pas Rome sans faire un sort à ce joli trait, qui révèle qu'en son cœur la fascination milanaise a cessé d'obscurcir le goût pour les autres capitales italiennes, comme nous l'avions déjà observé à propos de Bologne. Ce qui est savoureux, en son cas, ce n'est pas que la capitale des césars et des papes reprenne pour un temps sa primauté, c'est la raison qu'il donne de cette restauration ·

> Voilà pourquoi Rome l'emporte sur toute l'Italie : dans les autres villes, un prince... payera le menuisier dont la femme lui plaît... et tout s'arrangera le plus pacifiquement du monde. Le mari sera le meilleur ami du prince et ira commander les dîners à l'*osteria*. À Rome, le mari tuera le prince, sans façon.

* Chapitre VII.

On a déjà marqué à diverses reprises à quel point ce vieil ennemi des « prêtres » qu'est l'auteur des *Promenades* laisse paraître l'admiration que lui inspire l'édifice chrétien, et souvent même le clergé catholique aux prises avec les réalités du monde et du pouvoir. De Pie VII au cardinal Consalvi, on le voit saisi de respect pour bien des manifestations de l'extravagante association romaine entre Dieu et César. Mais en aucune occurrence peut-être cette révérence n'apparaît mieux que dans l'épisode du changement de pontificat de février-mars 1829 – Pie VIII succédant à Léon XII.

Promenades dans Rome nous fait vivre, sans la moindre ombre de vraisemblance s'agissant du conteur, l'épisode de l'élection du nouveau pape, des démarches d'un ambassadeur de France nommé Chateaubriand à l'apparition de la fumée blanche sur le Vatican qui annonce le verdict du conclave. Le tout avec une précision et une « gravité » d'autant plus remarquables qu'à cette époque, Henri Beyle, dit Stendhal, rentré depuis un an à Paris, s'y occupe à la fois de la sortie de son livre « romain », et de la conquête d'une certaine Alberthe de Rubempré, dite « Mme Azur » parce qu'elle habitait rue Bleue : en attendant le grand amour qu'il vivra avec Giulia Rinieri, il s'est jeté avec fougue dans cet épisode érotique qui, si l'on en croit sa partenaire, témoigne de sa verdeur physique. Si bien que le « reportage » romain très vivant et coloré qu'il a introduit dans ses *Promenades* peut être tenu pour l'un des chefs-d'œuvre de ce que les journalistes appellent le « bidonnage »...

En fait, « M. de Beyle », ancien fonctionnaire et notoirement bien informé des choses d'Italie, avait été chargé, par le ministère des Affaires étrangères, à la demande de son ami Amédée de Pastoret, commissaire du roi, d'un rapport sur les candidats à la succession, les *papabile*. Et il s'en était acquitté, avec l'aide de son ami le comte Siméon – qui, lui, fit le voyage de Rome –, de façon telle que le roi Charles X qui lui était rien moins que favorable en fut, selon Henri Martineau, « enchanté ». En fait, dans son rapport (rédigé en trois heures, selon Romain Colomb), notre « expert » avait annoncé l'élection du cardinal De Gregorio, que l'on disait fils naturel du roi d'Espagne et qui se disait « Bourbon ». Or, l'élu fut le cardinal Castiglioni qui devança De Gregorio d'une voix...

Stendhal, expert pontifical, après avoir été « guide » ? L'égotisme peut mener à tout, à condition d'en sortir. Après tout, l'auteur de *La Chartreuse* a inventé d'assez beaux personnages de prêtres, abbés ou gens d'Église, pour être apte à faire un pape – non sans égratigner au passage (à force de « je » et de « moi », il a « déplu aux cardinaux ») le comportement d'un ambassadeur nommé Chateaubriand...

En dépit du titre donné à son livre par Stendhal, sa petite troupe et lui-même n'entendaient pas se cantonner à cette ville de peintres de génie, de prélats éclairés et de maris ombrageux. Naples et Florence, conformément au titre d'un ouvrage antérieur de « M. de Stendhal, officier de cavalerie », étaient à l'origine des objectifs de Frédéric, de Paul et de leurs amies.

S'il apparaît que, de 1811 à 1827, l'image qu'il se fait de Naples – « la plus belle ville d'Europe » – s'est à coup sûr ennoblie, s'il est clair qu'il ne se refuse plus à l'envoûtement de Pompéi, que la musique napolitaine a su vaincre ses réserves, que le théâtre San Carlo où chante le grand Lablache rivalise désormais pour lui avec l'incomparable Scala, il faut bien admettre que ce que retient le lecteur de cette escapade méridionale du « guide des sept » échappé de Rome, c'est celle des brigands, dont son ami Paul-Louis Courier avait su, en Calabre, faire les héros d'un si joli récit...

Comme dans *Rome, Naples et Florence*, Stendhal consacre des pages savoureuses de ses *Promenades* au brigandage qui, en voie de régression, reste, surtout au sud de Rome, une des épices du voyage italien. Qui, rentré à Paris, oserait raconter son voyage transalpin sans le poivrer d'une anecdote de ce type ?

> La ligne d'opération des brigands s'étendait de Ravenne à Naples en passant par les hautes montagnes d'Aguila et d'Acquino... Depuis 1826, les brigands ont disparu [des États du pape] par les soins du cardinal Benvenuti. Mais avant cette époque, un paysan des environs de Rome avait-il éprouvé de la part d'un grand seigneur ou d'un prêtre puissant quelque injustice trop irritante... il prenait *la macchia* [la forêt], il se faisait brigand.

Chassé de Rome, le brigand prospérait à Naples.

> L'un de nous [raconte donc l'auteur des *Promenades*], a eu le bonheur de voir ces voleurs dont on nous a peut-être parlé cent fois...

Suit le joli récit d'une excursion, à partir de Naples, vers Rome, de neuf personnes entassées dans un cabriolet, traversant Aversa, Capoue et Sparanise, dans un paysage de rêve... quand au milieu du jour, au pic du soleil, retentissent les cris des postillons et deux coups de fusil... Ce sont des *birbanti*...

> Je voyais à six pouces de mon œil l'intérieur du canon du fusil de celui qui me tenait en joue. Ce canon était fort rouillé... Les voleurs – ils sont huit – parlent bas et vite, frappant les mains et les genoux du canon de leurs fusils pour être obéis *subito*.

Notre voyageur trouve ces brigands « comiques », trop semblables à ceux qu'on lui a si souvent décrits. Ils sont jeunes – 18 à 25 ans –, petits, vêtus en paysans, le visage couvert d'un mouchoir. Seul le cocher et les postillons sont jetés à terre et frappés. L'opération ne dure que sept à huit minutes – et bientôt surgissent les carabiniers... Notre voyageur, qui a réussi à cacher quelques écus dans ses bottes, en sera quitte pour quarante francs et sa montre... Ce qui, de l'avis de l'auteur des *Promenades*, n'est pas cher payé pour une si plaisante aventure.

La partie florentine de ce voyage – qui, si on se reporte au calendrier authentique de l'écrivain pour ce qui a trait aux derniers mois de 1827, fut plus longue que l'épisode romain – ne semble pas avoir pris la forme collective, en tout cas pas celle qu'elle a peut-être revêtue à Rome. En Toscane, le voyageur Stendhal retrouve sa pleine liberté de mouvement, et n'opère pas aux *Uffizi* comme aux *Stanze**.

Si, à l'issue de son quatrième séjour romain, Stendhal le Milanais

* Les *Uffizi* sont le plus grand musée de Florence. Les *Stanze*, on l'a vu, les salles vaticanes consacrées à Raphaël.

s'est fait romain, et avec enthousiasme, on ne saurait dire que le voyage de 1827 l'ait tout à fait converti à la magie florentine. Il ne cessera de trouver les Toscans – ceux de Florence surtout – trop imbus de leur supériorité culturelle, trop assurés qu'on ne parle italien qu'entre Sienne et Livourne, qu'on ne peint, ne sculpte, n'invente qu'au bord de l'Arno. Il trouve ces gens trop « français », c'est-à-dire artificiels et prétentieux.

Mais cet épisode florentin, qui lui permet de revoir des merveilles qui l'enchantent – tout ce qui touche à Michel-Ange, notamment –, lui offre l'occasion d'une rencontre avec Alphonse de Lamartine, alors secrétaire à la légation de France dans le grand-duché, rencontre qui lui donne l'occasion de corriger l'opinion qu'il se faisait de l'auteur des *Méditations*.

Sans pour autant le détester, comme il faisait de Victor Hugo, et voyant en lui le second des poètes français (après Béranger, car telle était la gloire du chansonnier...), il ne goûtait guère la tonalité générale de l'œuvre, ni du personnage – payant mal de retour la bienveillance des commentaires consacrés par Lamartine à *Racine et Shakespeare*. La rencontre de Florence, qui intervient à la demande du poète-diplomate, fut très cordiale. Lamartine l'a évoquée avec beaucoup de chaleur. Quant à Stendhal, il écrit alors à un correspondant qu'il a trouvé son célèbre confrère « fort bonhomme et toujours admirable ». On peut regretter qu'il n'ait pas donné le même écho à une rencontre qu'il eut alors avec Leopardi.

Mais, en fin de compte, le grand voyage italien de notre cicérone romain sera marqué, plus fortement que tout, par la cruelle mésaventure vécue en arrivant à Milan le 1er janvier 1828 : lui, Stendhal le Milanais, l'ami des Lechi, des Gherardi, de Mgr de Brême, le *scaligero* familier de la plus enviée des loges du théâtre lombard, est proprement chassé de la ville, prié d'en déguerpir « dans les douze heures » : auteur de *Rome, Naples et Florence*, Beyle dit Stendhal, est un athée, un insolent, un ennemi de l'Empire autrichien. « Guide romain » ou pas, il n'est plus, en Lombardie, qu'un exclu. Voilà ce qui arrive aux jacobins en ces temps d'ordre moral, de Sainte-Alliance et de despotisme.

Le plus étrange est que cette sanction lui est infligée au moment même où Henri Beyle, si longtemps ennemi juré des curés et des tyrans, opère, on l'a vu, une surprenante reconversion (plutôt que conversion, tout de même...) vers des valeurs religieuses et parfois même monarchiques – dont témoignent les notes romaines qui feront la matière des *Promenades*.

C'est à Rome que le « guide des Sept » a pris conscience d'une certaine grandeur d'État liée à l'ordre catholique, et notamment jésuite, à un art de l'exercice du pouvoir dans la vie. Michel Crouzet a raison d'écrire que s'il n'a pas lu (et pourquoi ?) le grand jésuite espagnol Baltasar Gracián, ce Machiavel qui aurait su lire l'Épître aux Romains, « il l'a réinventé ». Et André Suarès dit mieux encore que dans la Rome modelée par Pie VII et Consalvi, Stendhal admire « un empire, une politique... incomparables. Les papes sont pour lui des princes pleins de force et de talent. Il est donc romain au sens le plus catholique ».

Est-ce parce qu'il s'est fait « romain » à la fois par admiration d'un ordre, par amour des œuvres et respect du génie, que cet amoureux des Lombardes et de la Lombardie est chassé de Milan ?

On sait bien que non. Mais peut-être l'a-t-il pensé...

CHAPITRE IX

Quatre pas au-delà des Pyrénées

• « Comme le Cid ! » • Le *pundonor* • Pour le sublime, fût-il clérical • Une excursion à Barcelone, vraiment ? • Les mulets catalans • Un libéralisme à sens unique • *Carlistas* et *cristinos* • Une certaine « Clara » • Les demoiselles de Montijo… • … et l'oncle Beyle • Le pont sur la Bidassoa • Ce petit palais d'Irún • Les malheurs de la guerre…

Ce n'est pas en calèche, ni à cheval, ni tiré ou porté par quelque mulet pyrénéen qu'Henri Beyle reçut en plein cœur la flèche de l'« espagnolisme », ni du fait de quelque pérégrination, civile ou militaire, ni en croisant le regard d'une Angela ibérique. Pas même en lisant le *Quichotte* ou face à une crucifixion de Zurbarán. Non, mais en entendant, tout enfant, sa grand-tante, la fière Élisabeth Gagnon, s'écrier devant lui : « C'est beau comme le Cid ! » D'où surgit un flot d'images héroïques, de mots nobles et de gestes grandioses : *Arriba España !*

Après, bien sûr, ce fut la lecture, en cachette, du Cervantès de son père qui, avant la découverte de Shakespeare et de l'Arioste, de Molière et de Saint-Simon, identifia en lui l'idée du « beau » et celle de l'Espagne. Moins en tant que pays, que peuple, qu'art ou histoire, qu'en tant que type de comportement fait de cambrure, d'héroïsme, de mépris du profit. D'où cette propension qu'il eut à « jeter ses filets trop haut », là où se déploie une *énergie* qui ne sert point à faire tourner les filatures de Manchester…

Nous qui connaissons maintenant assez bien la « fureur de locomotion » qui agite M. Beyle, cette fringale de départs et de flâneries audacieuses qui le prend entre deux amours et deux livres – lesquels y ont souvent beaucoup à gagner… –, pourrons-nous nous étonner que la Castille ou l'Andalousie n'aient pas attiré notre vagabond replet, que les moulins à vent des plaines du Nord l'aient vu défiler, et non ceux de la Manche…

Mais, moins timides, les escapades au-delà des Pyrénées n'auraient probablement pas pu exalter mieux ce qui était « espagnol » en lui, cet esprit de « guérilla » qui était au fond de son être et le vouait à admirer les curés fanatiques de la Sierra Morena électrisant leurs *pueblos* contre l'envahisseur français, quand bien même cette jacquerie hérissée de crucifix vouait à sa perte la grande aventure impériale héritière de la Révolution.

> Tous les jours, confie-t-il, en achetant la moindre chose, je me suis trompé, par espagnolisme…

C'est-à-dire par refus de la « précaution » bourgeoise, comptable, celle de son père. Il s'agit moins ici de panache, qui exprime la vanité française, la passion de paraître, que de mépris de l'utile et du tiède. Le feu, rien que le feu; le fou, rien que le fou. Contre l'avoir, l'être. Et l'être contre le paraître…

Stendhal est cet homme qui, aux approches de la cinquantaine, s'enflammera pour une femme « parce qu'elle ressemble à Cervantès »… Ce style, qu'il choisit castillan, est fait de peu de mots, de lignes simples, de couleurs sombres, de tissus rêches. Fraise blanche sur drap noir. Le tout concentré en le mot d'honneur, ou mieux de point d'honneur, *pundonor*.

Mais il ne serait pas Stendhal si cette passion noble ne lui venait que d'une tante au cœur fier. Quelques livres aussi ont allumé en lui ce feu ibérique. On a fait allusion à *Don Quichotte* et nous verrons que, Shakespeare mis à part, aucun écrivain – ni Dante, ni Corneille, ni Saint-Simon ou Montesquieu – ne l'a marqué plus et mieux que Cervantès. Marqué ? Mieux, modelé, inventé, lui, ce bonhomme qui peut se vanter d'avoir combiné en lui les formes de Sancho et l'âme du combattant de la Manche où les grandes ailes du moulin à vent peuvent fracasser l'imprudent assaillant.

Quand il entame sa première grande aventure, à travers les Alpes, sous Bonaparte, avant de charger « les deux canons de Castelfranco », à qui prétend-il se comparer ? À Montaigne, à Descartes, écrivains-guerriers ? Non, à Calderón de la Barca, engagé en Catalogne sous Olivares du temps du Grand Condé, avant de réinventer le théâtre espagnol et de s'enfermer dans un couvent de Castille. Voilà un homme selon son cœur.

Étrangement, on l'a noté, ce bouillonnant hispanophile ne tient guère compte de Baltasar Gracián, maître en maximes du cynisme politique, auteur de *La Pointe ou l'Art du génie* bien digne d'inspirer le comte Mosca ou M. Leuwen. Mais André Suarès, qui s'y entendait, retrouve dans maintes maximes de Stendhal le ton du jésuite scintillant qui, en quête d'acuité, trouve l'héroïsme.

L'inspiration espagnole, ou hispanique, ne reste pas chez Stendhal une simple propension à la raideur ou au défi, à l'art souverain de déplaire. Elle peut prendre la forme de l'intérêt historique. On a signalé, évoquant le jeune « commissaire adjoint aux guerres » promu intendant à Brunswick, le projet qu'il fait en 1806 d'écrire une histoire de la guerre de Succession d'Espagne. Que cette entreprise soit en partie dictée par la découverte d'une documentation exceptionnelle dans la fameuse bibliothèque de Wolfenbüttel qu'avait dirigée Leibniz, jadis associé à la diplomatie de Louis XIV, et qu'elle n'ait pas été poussée très loin, ne peut faire que le jeune Beyle s'y soit un temps consacré – y acquérant des connaissances sur un sujet qui lui tenait à cœur : l'Espagne de la seconde génération des lecteurs de Cervantès…

À moins que ce soit une autre Espagne… Dans un article très suggestif de la revue *Romantisme* (premier semestre 2000), Gerald Rannaud soutient que c'est en pensant à la tragédie qui s'annonce alors (1808) au sud des Pyrénées du fait de la stratégie de Napoléon, qui rêvait de surpasser, en ce domaine, Louis XIV, que le jeune commissaire Beyle se consacra à ce sujet. En manière de mise en garde ? L'hypothèse est très séduisante…

Mais, se fût-il mué en historien de l'Espagne, l'intendant Beyle eût souffert d'un handicap grave : sa radicale incompréhension des comportements des souverains majeurs, Charles Quint et Philippe II : les notations à leur propos que l'on relève ici et là dans son journal ou sa correspondance ne manifestent que le mépris du « libéral » pour l'absolutisme clérical, sans tenir compte de ce que ces personnages incarnent, ou même inventent, de l'« espagnolisme » qui lui est si cher…

Sur d'autres points, pour lui essentiels, nous trouverons cet hispanophile effervescent étrangement décalé par rapport à l'objet de sa passion. Ne nous arrêtons pas à la musique : quel mélomane français, voire non espagnol, avant le XXe siècle, était sensible à la grandeur de la musique hispanique du temps d'Alphonse X ?

Mais la peinture ! Où sont les grands maîtres du Siècle d'or dans les innombrables considérations de Stendhal sur les peintres ? On a dénoncé son incompréhension des Flamands et des Hollandais. Mais le Greco ! Mais Zurbarán ! Mais Velázquez...

> On y trouve une vérité austère [convient-il]. Ces Espagnols sont admirables pour peindre un moine qui a peur de l'enfer ; les plis même de sa robe vous donnent cette idée ; du reste, jamais de beau idéal.

Stupéfiant !

On dirait, ici, Stendhal aveugle – si l'on avait la preuve qu'il fût jamais en mesure de considérer de près et avec soin les merveilles de l'école espagnole, dont Paris fut si longtemps privé. Mais lui qui s'intéresse si bien aux mésaventures tragi-grotesques de la famille de Charles IV manipulée par Napoléon et à l'épopée de la résistance populaire espagnole, comment ne fut-il pas frappé par la grâce farouche de Goya* ?

D'autant que l'œuvre du maître de Saragosse, mort en 1828 à Bordeaux où il a passé les cinq dernières années de sa vie – peu de temps avant la première visite de Stendhal en cette ville –, est largement antérieure à celle de l'auteur d'*Histoire de la peinture en Italie*. On peut être assuré que Beyle n'a pas pu voir *Les Horreurs de la guerre*, longtemps tenues cachées. Mais comment ne pas le regretter ? Nul n'était mieux à même d'admirer la prodigieuse évocation de la résistance populaire à l'invasion française qu'il devait lui-même saluer comme un chef-d'œuvre de l'« espagnolisme ». Ainsi, en juillet 1818, écrivait-il à son cousin Romain Colomb :

> J'ai la tête farcie d'écrits sur l'Espagne de 1808, de cette Espagne ignorante, fanatique, héroïque. Le sujet m'a fortement intéressé et tu vas avoir quelques bouffées de la chaleur dont je me sens pénétré.

* Espagnolisme ou pas, on osera formuler ici une impression personnelle, celle d'une sorte de ressemblance – parfois physique, comme dans l'autoportrait du vieux Goya aux binocles, et tel croquis de Stendhal par lui-même, muni des mêmes attributs, sans parler, bien sûr, plus profondément, des analogies des génies et des caractères, irréductibles...

> Ce ne sont que des sensations isolées, sans ordre, sans suite. Veux-tu en savoir davantage ? Fais comme moi, lis de Pradt, Escoïquiz, Cevallos, Rocca, Azanza, etc.

Ce qui est clair, c'est que la résistance espagnole à Napoléon qu'a illustrée le peintre du *Dos de mayo* a exalté l'hispanophilie de Stendhal. Cette sombre frénésie d'héroïsme lui paraissait « sublime », et devait, selon lui, inciter la postérité à placer les Espagnols du XIXe siècle au-dessus de tous les autres peuples d'Europe, hormis les Français...

Bref, l'« espagnolisme » de Stendhal a ses limites, qui sont souvent des méconnaissances, très explicables. Ce qui l'est moins, c'est la timidité presque caricaturale de son comportement. Ce furieux de l'exploration culturelle ne fit au-delà des Pyrénées que deux sondages fugitifs, et limités à ces Espagnes périphériques, dont la Catalogne où sa percée au-delà des Pyrénées a été mise en doute par certains historiens – et le Pays basque. Cette timidité est d'autant plus étonnante que notre vagabond est, à partir de 1836, grâce à son ami Mérimée, accueilli comme un familier dans un foyer espagnol, celui des Montijo, bien placé pour lui ouvrir toutes les portes à Madrid ou à Séville.

Le fait est que ce dévot, ce fou d'« espagnolisme », toujours prêt à se jeter dans la première calèche venue, au fond de quelque diligence inhospitalière, voire dans le *steamer* le plus enfumé, réduisit sa campagne d'Espagne à deux excursions mesurées non en jours, mais en heures, à Barcelone, à Irún. Disons à sa décharge que ces heures « espagnoles » furent de riches heures et que l'auteur du *Rouge* – qui laisse mûrir en lui *La Chartreuse* – sut tirer de chacune de ces minutes au sud des Pyrénées des notations hâtives certes, mais point indignes de lui, ni de son sujet.

Quand Henri Beyle rencontre, à la fin de 1821, un jeune homme, de vingt ans son cadet, qu'il trouve fort antipathique avant d'en faire, dix ans plus tard et pour longtemps, son ami ambigu, Prosper Mérimée, ni l'un ni l'autre ne sait que le second sera, pour le premier, un maître en *hispanidad*. Ce n'est qu'un peu plus tard que Mérimée inventera « son » Espagne et le merveilleux *Théâtre de*

Clara Gazul qui lui vaudra de paraître longtemps, dans le journal et la correspondance de Stendhal, sous le sobriquet de « Clara ». Et c'est plus tard encore que Mérimée découvrira enfin l'Espagne, en 1830.

L'hispanophilie fondamentale de l'auteur d'*Armance* n'aura cessé de se nourrir des apports du jeune auteur du *Carrosse du Saint-Sacrement*. Quand, en 1835, Henri Beyle, qui avait espéré de la monarchie de Juillet un beau poste diplomatique, en Italie, mais peut-être bien aussi en Espagne (et pourquoi pas Barcelone ?), commence à se morfondre à Civitavecchia et s'agite pour obtenir une autre affectation au-delà des Alpes ou des Pyrénées, Mérimée, devenu un personnage influent et qui a fait en 1830 un long séjour en Andalousie, lui fait miroiter une plus aimable destination :

> … Il est clair qu'il faut demander votre changement. À votre place, j'irais à Valence [et] un congé pour aller passer deux ou trois mois à Madrid. Si vous tenez fort à causer avec des gens intelligents, allez à Barcelone… Il y a un opéra italien – et à peine un théâtre à Valence, où on ne trouve point de bibliothèque, point de musée. J'ai passé vingt et un jours à Valence sans m'ennuyer, mais j'y ai tiré une trentaine de coups. J'avais quatre filles en activités de service, appelées toutes les quatre Vicenta : saint Vincent est le patron de la ville… De plus, les Catalanes sont grasses, courtes, mal bâties ; les Valenciennes cambrées des reins, blanches, sveltes et bien faites… En résumé, à votre place, j'irais à Valence… [30 avril 1835].

On sait que les conseils et les éventuelles démarches de son jeune ami ne suffiront pas à lui faire connaître le charme des dames de Valence. Mais son amitié lui ouvrit les portes d'une maison qui allait devenir le haut lieu parisien de la *hispanidad*, celle des Montijo, en un temps où nul ne pouvait prévoir que les deux très jeunes filles qu'on y rencontrait deviendraient l'une l'impératrice des Français et l'autre la duchesse d'Albe.

C'est à Séville, en 1830, que Mérimée avait été accueilli par le comte et la comtesse Guzmán y Palafox de Montijo. C'est l'hôtesse, en qui il vit l'incarnation de la beauté andalouse – bien qu'elle fût d'origine britannique… – et sans qu'il y eût jamais rien d'érotique entre elle et cet entreprenant écrivain, qui raconta à Mérimée l'histoire de la Gitane et du brigadier de Navarre qui devait connaître quelque fortune.

Cinq ans plus tard, la comtesse de Montijo, fuyant l'agitation politique dans la péninsule, vint s'installer à Paris, y retrouvant son commensal de Séville. Lequel vint un jour accompagné d'un gros monsieur très disert qui se prit d'affection, peut-être pour la comtesse, en tout cas pour ses deux filles, pour celle, surtout, alors âgée de 10 ans, qu'on appelait Eugénia, prononcé à l'espagnol *Eou-Ké-Nia* – un vocable qui enchantait ce jongleur de syllabes et de pseudonymes exotiques*.

L'hispanomane Henri Beyle se prit d'affection pour ce foyer, pour ces petites filles surtout, « Eou-Ké » et « Paquita » ou « Paca », déployant à leur adresse son magnifique talent de conteur, leur faisant notamment le récit de l'entrée de Napoléon dans Berlin après Iéna, un Napoléon suivi à distance raisonnable par un petit soldat nommé Beyle. Ce qu'Eugénie sut de la saga impériale, c'est du vieux conteur qu'elle l'apprit, lui vouant une affection manifestée en une correspondance qui compte près de deux cents lettres, où percent l'affection d'une part, l'admiration de l'autre.

De telle ou telle note marginale du manuscrit de *La Chartreuse*, il ressort que c'est pour les deux adolescentes espagnoles que Stendhal écrivit le premier jet de l'évocation de la bataille de Waterloo reprise dans *La Chartreuse*, contée, entre cent autres épisodes de la grande aventure, sur le ton du vieil oncle ancien combattant. Professeur de bonapartisme de la future impératrice...

Quand, en mars 1839, leur père venant de mourir, les deux jeunes filles regagnèrent leur pays, c'est ce Stendhal décrit par Michel Crouzet comme ayant « horreur de la paternité » qui les accompagna aux Messageries d'où partait la diligence pour l'Espagne. Quelques mois plus tard, revenu à Civitavecchia, rentrant d'un congé en France, il notera sur un exemplaire de Montesquieu : « Paris, sans Pakit, Eouké et leur mère, était plutôt insipide... » D'où la correspondance entre le diplomate isolé et les trois Espagnoles...

Belle histoire, où s'affirme en Stendhal une magistrature d'histoire et de morale, une sociabilité inattendue, et où s'affine un « espagnolisme » qui, à la différence de son italophilie, n'aura pas pris de forme franchement érotique – à moins que l'on élargisse le concept à celui d'*agapê*, du don savoureux où s'entremêlent inlassablement offrande, vertu et plaisir, à l'inverse de l'esprit

* Cf. une mystérieuse note à la fin du chapitre III de *La Chartreuse* : « PARA P. Y. E. 15. X. 38 ».

de « bataille » qui résuma souvent, d'Angela en « Palfy », la quête stendhalienne de cette forme de bonheur.

Il est surprenant qu'ayant revêtu, au plan de l'existence, cette forme délicieuse, l'espagnolisme n'ait pas trouvé chez lui l'expression littéraire qu'on était en droit d'attendre de l'auteur du *Rouge* et de l'ami de Prosper Mérimée. À vrai dire, l'examen qu'il en fit, sur place, ne saurait être comparé à l'enquête conduite, en deux grands et longs voyages, par l'auteur de *Carmen*. Les excursions de M. Beyle au-delà des Pyrénées ne devaient guère lui apporter mieux que quelques aperçus judicieux, colorés d'estime.

Faut-il tenir pour incontestable l'« excursion » de Stendhal à Barcelone qu'Henri Martineau situe dans son *Calendrier de Stendhal* en septembre (le 15 ou 16) 1829 ? On ne retiendra pas pour preuve de la véracité de cet épisode le récit que notre voyageur en fait à la fin de ses *Mémoires d'un touriste*. Ce ne serait pas la première « blague » imputable à l'homme qui laissait entendre que son Horace avait été percé d'une balle à Iéna.

Que Stendhal ait voulu faire d'un imaginaire négociant en fer le narrateur de ces *Mémoires d'un touriste*[1] accentue le caractère de fiction du récit. Mais pas plus qu'à propos de Saint-Malo ou de Nîmes, la voix de ce Philippe L. n'invalide ce qui est dit ici de Port-Vendres ou du « Mont-Joui* ». On ne trouve pas de cliché tauromachique, esthétique ou culinaire, pour « faire vrai ». Les petits ennuis, les ridicules sont signalés comme les découvertes heureuses...

Mais si l'on retient comme recevable l'hypothèse de ce voyage en Catalogne, on est bien obligé de rejeter sa datation. On ne sait pourquoi le « touriste » qui écrit en 1838 a jugé bon de situer son excursion à Barcelone neuf ans plus tôt, en 1829, au temps de son premier voyage dans le Midi, plutôt qu'en 1838, date qui s'impose pour une raison très simple : c'est qu'il y est constamment question de la rébellion « carliste », alors que Ferdinand VII n'est mort qu'en 1833 et que les combats entre partisans de la régente Marie-

* Montjuich.
1. Éd. Crès, 1927, p. 347-360.

Christine et ceux du frère du roi, Don Carlos, ne débutèrent qu'en 1834. On lira donc ce qui suit en le situant après le voyage au Pays basque de 1838. À part cette datation fantaisiste, le récit est aussi vraisemblable que celui qui a trait à Toulouse ou à Marseille.

Le « touriste » négociant nous présente son escapade à Barcelone comme une « imprudence fieffée » – ce qui contribue bien sûr à lui donner de la saveur. Imprudence pour une question de papiers ? Ou en raison de l'insécurité qui règne, du fait de la guerre « carliste », au sud des Pyrénées ; ou du banditisme qui rivalise avec celui qui sévit en Calabre ? Quoi qu'il en soit, ayant « cousu quelques bank-notes d'Angleterre dans la doublure de [sa] redingote », le gros Henri s'en va au royaume d'Ibérie.

Belles forêts de liège, villages blanchis à la chaux, repas exécrables à Mataró, servantes aux beaux yeux noirs mais à la taille courte. Et soudain, alerte : les carlistes ! Les carlistes nous attaquent... Fausse angoisse. Mais les mulets et charrettes sont si « durs » qu'il préfère parcourir les dernières lieues avant Barcelone dans la carriole d'un marchand de légumes... Bref, voici le « Mont-Joui », l'excellente auberge des *Cuatro Naciones*, le contact avec une police « inquisitoriale », et surtout « le délicieux plaisir de voir ce que je n'avais jamais vu ».

Les *Ramblas* lui plaisent tant qu'il va jusqu'à trouver que « Barcelone ressemble à Milan » (que dire de mieux ?), d'autant qu'il n'y voit pas la mer, cachée par les fortifications. Et le voilà parti dans des réflexions politiques (« jamais je n'ai tant pensé... ») qui le conduisent à juger fort plaisants ces bons Catalans si avides de justice qu'ils ne rêvent que d'imposer aux gens de Grenade ou de La Corogne de payer quatre francs les cotonnades fabriquées à Barcelone, alors qu'Andalous ou Galiciens pourraient les acheter aux Anglais pour un franc...

> Les Catalans sont libéraux comme le poète Alfieri, qui était comte et détestait les rois, mais regardait comme sacrés les privilèges des comtes*...

* Stendhal n'aurait pas aimé que l'on dise la même chose de son cher Montesquieu...

Il n'entend parler que de la guerre civile entre les *cristinos*, fidèles à la régente, et les carlistes qui se battent pour le prétendant, son beau-frère Don Carlos *. Et ce qui l'agace, c'est que les partisans des deux camps en appellent (croit-il comprendre) à une intervention française, ce qu'il trouve « peu digne de la fierté espagnole » (et d'avancer un argument absurde : « Qui nous a aidés en 1793 et 1794… quand un grand homme, Pitt, avait juré la perte de la France ? » (Mais si, M. Beyle, rappelez-vous, certains Français demandaient alors une « aide » étrangère, celle de « Pitt et Cobourg » ou de ce maréchal de Brunswick dont la capitale vous est bien connue. Ce n'est pas autre chose, « fierté espagnole » ou pas, qu'attendent de Paris les carlistes, c'est bien ce que jadis espéraient Vendéens et gens de Coblence, de Londres ou de Vienne…)

Mais hormis cette réserve d'« actualité », l'expérience n'altère pas « l'inclination naturelle pour la nation espagnole qui [l'] a amené ici ». Car cette nation ne se bat pas « pour des appointements », mais pour « un avantage moral ». Et le visiteur de Barcelone d'ajouter :

> J'aime encore l'Espagnol parce qu'il est « type ». Il n'est copié de personne. Ce sera le dernier type existant en Europe.

De surcroît, merveille :

> On m'assure que les Espagnols commencent à ne plus tant respecter les moines…

Lors de son voyage de retour, pourtant, il constatera que ses compagnons, tous autochtones, et dotés d'une culture dont témoigne l'entretien qu'ils ont sur la poésie dramatique espagnole, inspirés de surcroît d'un « libéralisme » qui leur fait redouter la victoire des carlistes,

> tombent en prière sitôt que quelques partisans de ce bord sont annoncés – ce qu'un Français n'oserait faire, de peur que l'on se moquât de lui…

* La première incarne une timide libéralisation, le second un retour à l'autocratie.

Ce qui ne l'empêche pas de conclure :

> Il me semble que depuis la mort de Ferdinand VII*, l'esprit public, en Espagne, a fait un pas immense : les prêtres et les moines ont perdu tout crédit politique : l'opinion veut les réduire à administrer les sacrements.

Avant d'en venir à cet heureux diagnostic, notre excursionniste a observé que « le grand problème, à Barcelone [où il exclut de passer plus de vingt-quatre heures] est de rentrer en France… ». Il se trouve mêlé à un groupe de sept personnes qui lui « ont l'air de gens qui émigrent » (on dit ici « aller à France »…). Et de commenter :

> On émigrerait à moins. La vie, en Espagne, est fort désagréable [il n'y a passé que quelques heures…] et cet état de chose peut bien durer vingt ou trente ans encore…

Ses compagnons, pourtant, « ressemblent à Don Quichotte : même loyauté, même absence de raison » – notamment à propos des privilèges de la noblesse, parce qu'ils seraient « utiles au peuple ». Commentaire de Stendhal :

> Ce qui fait que je les aime, c'est qu'ils le croient. Quant à savoir qui, parmi eux, est « carliste », et qui « christino »…

Bref, il retrouvera Perpignan après un intermède ibérique en fin de compte assez heureux : Cervantès se porte mieux, au-delà des Pyrénées, que le Grand Inquisiteur.

On lit dans le journal, en date du 17 avril 1838 :

* Le pitoyable souverain dont Napoléon se joua sans grandeur, et pour son malheur.

> Écrit en venant du pont de la Bidassoa à [quelques mots illisibles] de l'Espagne, le 17 avril 1838. Vu Béhobie, dîné à Irún ; vu l'église d'Irún, celle de Fontarabie [quelques mots illisibles]. Passé la Bidassoa en barque ; café à Fontarabie ; la plus belle fille du voyage [quelques mots illisibles]…

Nous en saurons heureusement un peu plus en ouvrant son *Voyage dans le Midi*, publié un siècle plus tard sans qu'il ait pu y remettre la main, mais qui respire – de ce fait ? – un air de spontanéité, de sincérité, qui nous le fait aimer encore mieux peut-être que les *Mémoires d'un touriste* un peu gâtés par l'affectation du supposé conteur-négociant.

On reviendra* sur la partie française de ce « reportage », si l'on ose ce mot à propos d'un grand écrivain : mais c'est bien de cela qu'il s'agissait. On passera vite sur les jolies notations du visiteur du Pays basque français, de Bayonne à Saint-Jean-de-Luz – gaieté des filles et des soldats, noblesse des mendiants, violence des orages, élégance de l'habitat, beauté de la mer à Saint-Jean, saisissement en découvrant la Rhune** qui domine superbement le paysage dans son environnement de nuages.

… Et voici, vue du pont sur la Bidassoa, l'île des Faisans où, lui apprend le guide, « Louis XIV vint se marier » (alors qu'en fait cet îlot minuscule fut le cadre de la signature du traité des Pyrénées). Il note, un peu plus loin, l'encombrement du pont d'Irún par une foule de soldats misérables : des *cristinos*, qui « ont de beaux yeux et me regardent comme une bête féroce dont on trouble le repos… ». Les officiers ne lui rendent pas son salut… Du petit palais d'Irún, sur la calle San Marcial, il assure n'avoir

> rien vu en France, dans ce voyage, qui ait autant de style…, c'est-à-dire qui parle tant à l'âme…

Et de préciser, sans ménagement :

> Je suis tellement ennemi de ma patrie et mauvais Français que le petit palais d'Irún me fait beaucoup plus de plaisir que le grand théâtre de Bordeaux***.

* Chapitre XI.
** Il écrit Rhun.
*** À propos de ce jugement, voir chapitre XII.

On peut être fou d'Espagne et n'en pas goûter la cuisine. La description que fait notre voyageur de son dîner face au merveilleux petit palais d'Irún vaut celle du repas ridicule :

> … Une sorte de bouillie de pain pour potage… Des pois chiches qui ressemblent au maïs et n'ont aucun goût… Un morceau de lard environné… d'un foin fort amer. Le vin comme de l'encre, un ragoût avec une sauce au goût si étrange que je ne puis continuer ma côtelette…

À l'église de Fontarabie, il trouve « une nudité confiante » qui lui rappelle l'architecture antique, quand le chœur « immense et doré, lui rappelle le style du Bernin ». Mais il goûte peu les bas-reliefs ornementés, ni les madones très habillées qui, à ses yeux, « ôtent tout le sérieux d'une église ». Tout compte fait, il est surtout frappé par l'« air désolé de Fontarabie, par cet air de misère qui suit la guerre » – que ce vieux routier de cinq ou six grandes campagnes n'a jamais trouvé aussi poignant qu'ici, où elle a pris surtout la forme civile, la pire de toutes.

Retour vers Irún, où il recueille avec plaisir cette réflexion du guide :

> Irún est petit, m'a-t-il dit avec un orgueil vraiment espagnol, mais voyez que de forts !

À vrai dire, il faut ne retenir ses citations qu'avec circonspection, car le voyageur Beyle est moins à son aise, dans l'ordre du langage, en cette Espagne tant admirée, qu'en Italie ou même en Angleterre :

> Je comprend l'espagnol en lisant le journal mais dans la conversation, tout occupé à ce que je veux dire, je ne me souviens plus des mots : je parle italien ou anglais à mon Basque…

Deux jolies notations, qui s'embarrassent peu de linguistique :

> Trois hommes passent en marchant avec une *lesteté* incroyable, fort vite et sans effort.
> – Sont-ce des soldats ? ai-je dit dans une sorte d'espagnol.
> – Un. Les autres, des contrebandiers…

> Air fier et regards de deux femmes de pêcheurs d'un village voisin. On voit que ces femmes savent que l'amour est la grande affaire de tous les hommes qu'elles rencontrent.

Voilà bien de quoi conforter en lui ce goût d'Espagne qui le tient depuis si longtemps. Fierté, naturel, et jusqu'à ce dénuement qui ne cherche pas à se camoufler, dû pour beaucoup à ces guerres qui surgissent d'on ne sait où. Française ou anglaise, ou papiste, ou castillane… Ce n'est pas sa timide percée occidentale au-delà des Pyrénées qui aura assombri l'idée qu'il s'est faite de l'Ibérie légendaire, une idée qui a flambé en lui dès avant le temps où le petit Henri lisait en cachette, chez le grand-père Gagnon, le *Don Quichotte*.

On ne peut, avant de quitter cette Espagne tant chérie, manquer de déplorer à nouveau que cette magnifique matière mise à l'épreuve – plutôt positive – de deux excursions* de touriste vieillissant mais toujours amoureux, n'ait pas pris, chez lui, la forme d'une œuvre digne de son objet. Qu'il ait pensé à un *Don Carlos* après Schiller est pour le moins surprenant. À vrai dire, et si bon observateur qu'il en fût, le théâtre n'était pas le domaine de cet écrivain prolifique qui traîna avec lui, en tant de voyages, le projet de *Letellier*, comédie mort-née… Mais entre tant de nouvelles situées en Italie, il a choisi l'Espagne pour cadre de celle qu'il a intitulée *Le Coffre et le Revenant*. Qu'il en ait situé l'action à Grenade, qu'il ait choisi pour héros un ancien chef de guérilla anti-napoléonienne ne relève guère la saveur de ce récit où la convention s'aggrave de la recherche de couleur locale. Le personnage de femme, mi-Chasteller, mi-Clélia, est digne pourtant de sauver, aux yeux des stendhaliens fidèles, cet objet de musée.

Entre Stendhal et l'Espagne, le lien va bien au-delà d'une œuvre ainsi à peine esquissée. L'espace qui se situe au-delà des Pyrénées est mieux qu'un objet de l'art, un horizon de son âme.

* Dont l'une reste au moins problématique.

CHAPITRE X

« M. le Consul est sorti... »

• « Ce trou abominable... » • ... et même innommable • Concierge de bateaux • À Ancône, un homme d'expérience • Mme Hérodiade • Rendez-vous à Sienne • Un quinquagénaire au toupet noir • Les lumières de Naples • Un congé de trois ans ! • Fouilles chez le prince • Earline, insaisissable... • Un consul « heureux » ?

Donato Bucci, antiquaire à Civitavecchia et authentique « libéral », qui fut l'un des très rares amis ou commensaux de Stendhal dans le petit port proche de Rome où l'auteur du *Rouge* se morfondit, consul, de longues années durant, évoque cet étrange exil en une formule digne de servir d'épigraphe à ce livre :

> Du fait de ses habitudes de locomotion, M. Beyle était en proie au spleen s'il devait rester longtemps dans le même lieu.

En peu de mots tout est dit, ou presque tout : car la phrase ne saurait aller sans cette précision, trop amère pour qu'un autochtone la formulât : « ... surtout si ce lieu était Civitavecchia ! »

Si lugubres, si négatifs qu'aient pu être les propos tenus par Stendhal à propos de sa ville natale*, on les trouve bénins, comparés à ceux que devait lui inspirer le petit port des États du pape que l'ingrate monarchie de Juillet lui avait donné pour affectation (ah ! la signification que prennent ici les mots « donner » et « affecter » !) où il acheva la plus invraisemblable carrière de serviteur de l'État qu'ait vécue un citoyen français, des ruades d'un cheval suisse du temps de Marengo au ravitaillement de la Grande Armée en déroute sur les rives du Dniepr et des fonctions de

* Jusqu'aux *Mémoires d'un touriste*, on le verra.

conservateur du mobilier impérial à cet échouage nauséeux dans l'attente de quelque *steamer* cabotant sur les rives de la mer Tyrrhénienne, dans « ce trou abominable… » où il « crève d'ennui ».

Depuis sa fuite de Grenoble à 17 ans (pour des raisons de famille plus encore que d'environnement social ou esthétique), puis d'un Paris tristement privé de montagnes, de quel lieu ce nomade excentrique a-t-il plus rageusement trouvé prétexte à s'évader, donnant libre cours à son humeur vagabonde ? S'il a détesté le Paris de son adolescence, peu goûté le Marseille de ses 25 ans, sous-estimé pour un temps Londres ou Vienne, ici ce Milanais de cœur et d'esprit se trouve en perdition.

Sans opéra*, ni musée, ni salon où briller, ni déesse à courtiser, échoué dans ce petit port que l'on dirait romain s'il ne fallait six heures de diligence pour rallier la capitale pontificale, l'ancien commissaire des guerres impériales promu consul se sent comme envasé, moisissant, empuanti… Dans sa correspondance hachée de pseudonymes et de sobriquets, il désigne à ses amis la ville où il représente la France par le mot d'« Abeille ». Compte tenu de son état d'esprit, « Guêpe » eût mieux fait l'affaire. Ou « Moustique »…

Rien ne permet de mesurer mieux l'allergie que lui inspire l'agglomération où il représente la France de Louis-Philippe que le silence fait sur elle dans son journal, pendant les deux premières années de son séjour dans ce « trou », non seulement « abominable », mais innommable. Pas une notation relative au site, aux gens, au climat fort affligeant, aux incidents – qui ne manquaient pas. Une sorte d'occultation systématique de sa résidence.

Il lui faudra deux années (à une mention fugitive près, le 13 octobre 1831) pour que Civitavecchia (ou « Abeille ») surgisse dans le journal, et à propos de vétilles. On voit, en juin 1833, vingt-cinq mois après son installation, paraître un « Civitavecchia, au bout de la jetée… » qui fait alors figure de révélation : ce rivage sans Syrtes existe donc, puisqu'il dispose d'une « jetée », où d'ailleurs aborde tous les jours un vapeur – trois bâtiments français par mois. Et le nom maudit n'apparaît guère dans le *Brulard* écrit au milieu des années trente que pour ponctuer une plainte : « Je suis las de ma solitude parmi les sauvages de Civitavecchia**. »

* Sinon un théâtre en miniature, fort poussiéreux, où il va parfois entendre la diva locale, dite « Molica ».

** Il confesse d'ailleurs qu'il serait peut-être las aussi du Paris de 1836…

N'oublions pas qu'il s'agit d'un homme qui a fait de l'Italie une manière de paradis, et dont le nom de plume se confond, au moins depuis *Rome, Naples et Florence*, avec le pays de l'Arioste et de Michel-Ange. À lire ses notes, on pourrait croire que le consul a vécu là en utopie, ou en apesanteur – deux mots qui porteraient ici à rire... Il est clair que ce mutisme s'apparente à un rejet, que ne pas nommer « Abeille », c'est taire ce qui ne manque pas de lui apparaître comme une humiliation infligée à un ennemi des Bourbons comme lui par la France « libérale » et tricolore : un os jeté, pour le ronger, à un vieux compagnon irascible.

N'oublions pas qu'à 23 ans, le cousin des Daru, intendant impérial à Brunswick, était un personnage promis à un avenir rutilant. Que, si mal appréciée qu'elle fût, sa campagne de Russie avait fait de lui un brave à trois poils, sinon à trois étoiles. Qu'à la veille de 1815, il se voyait proposer une préfecture. Il est certes, comme il l'écrit, « tombé avec Napoléon ». Mais si cet accident lui interdisait toute ambition au temps de la Restauration, il pouvait lui faire espérer de belles revanches après les Trois Glorieuses : et le voilà déporté dans un cloaque maritime, infesté de malandrins et méprisé par les « divas » de la miroitante société italienne. Il n'est pas bon, sous quelque régime que ce soit, de s'être fait une réputation de guérillero...

Ce qui est curieux, dans les rapports ainsi affichés entre l'auteur du *Rouge* (publié à la veille des Trois Glorieuses) et le régime parlementaire qu'il appelait de ses vœux, et dont il salua d'ailleurs l'avènement par un projet de proclamation (signée « Beyle, préfet du Finistère »...) non publié, c'est l'incompréhension qui les marque, et dont témoigne *Lucien Leuwen*. Mis à part le comte Molé, qui ne cessera de lui témoigner sa faveur, et le duc de Broglie, plutôt bienveillant, le gros consul expédié sur les rivages de la mer Tyrrhénienne sera toujours traité avec méfiance ou malveillance par ce régime truffé d'anciennes créatures de l'Empire – comme lui.

Mais ce qui est plus curieux encore, c'est que Stendhal n'ait jamais manifesté, fût-ce par la plus discrète notation, ce qu'eut d'honorable pour lui le fait d'être rejeté du consulat de Trieste, qui fut sa première affectation en 1830 (et où il passa quelques mois, d'ailleurs désagréables), pour être expédié à Civitavecchia. Car c'est le veto des gens de Metternich, chancelier de l'Empire d'Autriche, puissance protectrice à Trieste, qui en chassa l'auteur de *Rome, Naples et Florence* : nous ne voulons pas de ce jacobin chez nous ! Être ainsi l'objet de la vindicte du maître de l'Europe continentale, sommité du congrès de Vienne et de la Sainte-Alliance, n'était-ce pas pour ce vieux bonapartiste un hommage ? Ce genre de réflexion est plus facile à formuler deux siècles plus tard... Tout honoré qu'il fût par ce rejet, aux yeux de l'historien, Henri Beyle n'y vit que le déclassement qui s'ensuivit, et la perte qui en résulta au plan des mensualités...

A-t-il éprouvé un sentiment de revanche en voyant la cour romaine, animée à son égard des mêmes sentiments que Metternich, céder aux pressions de Paris et accepter, la rage au cœur, de voir s'installer aux abords de Saint-Pierre l'inventeur diabolique de Julien Sorel ? Peut-être. Mais si délicieuse qu'elle soit, la rage impuissante d'un ennemi ne suffit pas à fonder un bonheur.

Dans le petit ouvrage qu'il lui a consacré, *Mon cousin Stendhal*, Romain Colomb, observateur plein de sollicitude, mais lucide, semble donner la note juste sur cet exil :

> Ses seuls moments agréables, dans sa triste résidence, étaient ceux où le bateau à vapeur... déposait sur le rivage, parmi la cohue des touristes européens, quelque homme d'esprit de Paris. Mais on ne s'arrête guère à Civitavecchia : c'est uniquement un point de passage, d'où l'on fuit à tire-d'aile. Beyle mettait à profit ces rares accidents de sa vie monotone ; il s'informait à la hâte de tout ce que l'on disait, de tout ce que l'on écrivait à Paris ; soupirant sans cesse après cet Eldorado, dont le charme s'évanouissait régulièrement pour lui après deux mois de séjour consécutif...

Bref, M. le Consul Beyle fut malheureux sur ce rivage où soufflait un vent mauvais, *l'aria cattiva*. Point n'est besoin d'être un maniaque de la locomotion pour chercher à fuir un lieu détesté. Ce qu'il fit, sans pudeur. De bons stendhaliens ont loyalement tenté de comptabiliser les absences du consul de Civitavecchia. Il eût été plus simple de faire le compte de ses mois de présence effective dans le petit consulat (trois pièces) d'« Abeille » et l'agréable appartement du Campo Orsino doté d'un beau balcon avec vue sur la mer. Pour se tenir écarté de la touffeur d'« Abeille », il pouvait alléguer les multiples affections dont il était atteint (goutte, gravelle, séquelles vénériennes). On peut dire que la vie du consul quinquagénaire se divisa, entre 1831 et 1834, en quatre périodes à peu près égales : la première, de présence à son poste (20 %) ; la deuxième, de résidence à Rome (30 %) ; la troisième, de locomotion à travers l'Italie (25 %) ; la quatrième, de congés en France, à Paris surtout (25 %).

Cette évaluation ne tient pas compte de la période ultérieure 1836-1842 : à partir de 1836, le congé de trois mois accordé au consul se transforme en vacances de trois ans. Une préretraite ? Nous verrons qu'elle fut, dans l'ordre de l'écriture, bien employée. Stendhal reviendra pourtant reprendre sa charge en août 1839 jusqu'à son départ définitif pour Paris, le 22 octobre 1841, six mois avant sa mort, faisant alors à Civitavecchia un séjour de quelques mois, dans un esprit différent. Nous en reparlerons.

Attaché aux vagabondages de M. Beyle mieux qu'à ses brèves rechutes dans la sédentarité, on ne s'attardera pas à décrire le morne exercice des fonctions consulaires, ce métier de concierge de bateaux consistant essentiellement à tenir le registre des entrées et sorties d'un port qui, entre Livourne et Naples, devrait être une escale majeure pour le grand transport maritime – et semble plutôt voué au cabotage et va-et-vient commercial.

Au surplus, le travail effectif qu'implique le consulat est confisqué par le « chancelier » Lysimaque Tavernier, jeune fonctionnaire d'origine gréco-turque* dont l'unique ambition dans la vie semble de prendre en faute le singulier patron dont on l'a chapeauté, soit en bombardant l'ambassade de Rome ou le ministère de dénonciations relatives à l'absentéisme du consul, soit en usurpant ses fonctions quand M. Beyle est pris en flagrant délit d'assiduité...

On s'attachera donc aux divagations du consul à travers l'Italie, et au-delà, constatant que le triangle fameux Rome-Naples-Florence (on le sait désormais exclu de Milan du fait du veto autrichien) tend à se transformer en polygone, étendu au cher Bologne, à l'utile Livourne où l'on s'embarque pour la France, à Sienne où revivront des amours, et à Ancône.

Ce port des Marches de l'Adriatique (où Henri avait fait escale en 1811, au temps de la « campagne » pour Angela afin d'y revoir,

* Il s'appelle Caftancioglou.

sinon y reconquérir, une Livia bien décevante...) n'est encore, de ce fait, qu'une sous-préfecture de la Stendhalie. Si elle est promue en 1832 à un rang plus élevé, c'est parce que le consul à Civitavecchia s'y voit confier une mission qui aurait pu donner une impulsion nouvelle à sa carrière, pour peu que l'envie l'en ait pris. Mais les temps sont passés. Vingt ans plus tôt, il eût tenté de faire de l'affaire d'Ancône un tremplin. En 1832, désabusé du « pouvoir », occupé à écrire *Une position sociale*, *Les Souvenirs d'égotisme* et bientôt *Lucien Leuwen*, qu'a-t-il à faire d'une ambassade chez les Barbaresques, d'une préfecture bretonne ?

Le mouvement populaire qui avait chassé les Bourbons de Paris n'était pas allé sans provoquer de l'agitation en Italie où, depuis l'irruption de Bonaparte, le populaire était sensible aux impulsions venues de l'autre coté des Alpes. En Romagne, notamment, des troubles avaient provoqué une intervention autrichienne. Quand ils s'étendirent à Ancône et aux Marches, Paris jugea bon d'intervenir, moins pour voler au secours du Saint-Siège dont Louis-Philippe ne se sentait pas précisément le fils aîné que pour prévenir une nouvelle intervention de l'Autriche. D'où l'envoi d'une flottille sur la côte adriatique avec mission d'y débarquer 1 500 hommes et d'y maîtriser le soulèvement.

Le débarquement à Ancône ne concernait qu'indirectement le consulat de Civitavecchia. Mais le représentant de la France à Rome, le comte de Saint-Aulaire, informé de la compétence d'Henri Beyle en matière d'intendance et de ravitaillement, voulut l'associer étroitement à une opération qui entraînait des activités de cet ordre. Ce n'est pas de son fait, c'est à la demande de son ambassadeur que l'ancien combattant de Russie quitta son poste en mars 1832 pour se retrouver à Ancône nanti d'une lettre de Saint-Aulaire de nature à fouetter, sinon son ambition, en tout cas sa vanité.

> Les rapports administratifs et politiques qui doivent naître de la présence des troupes françaises dans cette place exigent beaucoup de délicatesse et de mesure... Personne n'est plus capable que vous, Monsieur, de trouver dans son propre zèle la certitude de remplir [cette mission]. C'est pourquoi [...] je vous propose de transférer temporairement votre résidence à Ancône... Avec un esprit comme le vôtre, toute autre précision me semble superflue...

Henri Beyle s'acquitta de sa tâche de telle façon que Saint-Aulaire se répandit en éloges sur son compte, tant dans sa correspondance officielle (« M. Beyle a rempli sa mission avec beaucoup de talent et de sagesse ») qu'en privé. Mais on constate, non sans surprise, que cette charge l'importuna, qu'il réclama d'en être déchargé au plus tôt (« Cette mission me contrarie beaucoup... J'ai demandé de regagner mon poste... ») et que son journal de 1832 n'y fait écho qu'en sept mots indifférents. Il est loin le temps où se déployait son ambitieuse énergie...

On ne voudrait pas esquisser la relation de la grande cavale du consul hors du siège de sa mission, ces années de locomotion frénétique, d'errances et de découvertes hors du petit port envasé où l'a expédié la monarchie de Juillet –, de Naples à Amsterdam, de Livourne à Bordeaux et de Sienne à Genève, sans considérer la figure qui était alors la sienne, saisi par la cinquantaine, mais non par le renoncement à ce « bonheur » qui prit si souvent pour lui la forme de l'amour.

Au physique ? Le meilleur portrait dont on dispose de lui, alors, a été tracé dans *Mon cousin Stendhal* par Romain Colomb, le seul peut-être de ses commensaux à ne jamais laisser de fiel se glisser dans ses évocations de l'auteur de *Brulard* – quoi qu'en ait dit l'intéressé, d'ailleurs :

> Il était d'une taille moyenne*, et chargé d'un embonpoint qui s'était beaucoup accru avec l'âge**... Il avait le front beau, l'œil vif et perçant, la bouche sardonique, le teint coloré, beaucoup de physionomie, le col court, les épaules larges et légèrement arrondies, le ventre développé et proéminent, les jambes courtes, la démarche assurée. Ce que Beyle avait de mieux, c'était la main, et pour attirer l'attention sur elle, il tenait ses ongles démesurément longs.
> Malgré les illusions que l'amour-propre et des succès de salon peuvent enfanter, Beyle ne se dissimulait pas absolument ses désavantages. Mais il se consolait en pensant que les qualités de l'âme, l'esprit, le naturel font disparaître la laideur, quand elle est sans

* 1 m 70. Bonne moyenne pour l'époque.
** 94 kg. En attendant mieux. Mais il faut le voir massif plutôt qu'obèse...

> difformité. Ayant conservé fort tard la prétention à passer pour homme à bonnes fortunes, prétention qui, il faut le reconnaître, n'était pas dénuée de fondement, Beyle professait une soumission absolue aux lois de la *mode*. Si différent des autres, en toute chose, il se rapprochait du vulgaire sur un point : la *mode*. Personne ne suivait plus aveuglément les mille caprices de cette sotte déité parisienne. Il mettait donc à contribution toutes les ressources de l'art, pour corriger ou dissimuler les torts de la nature envers lui, comme les traces de la marche du temps.
> ... À 59 ans, Beyle se coiffait comme un jeune homme. Sa tête, faiblement garnie de cheveux, au moyen d'un fort toupet d'emprunt, offrait l'aspect d'une chevelure à peu près irréprochable. De gros favoris, prolongés en un large collier de barbe passant sous le menton, encadraient la face. Est-il besoin d'ajouter que les cheveux et la barbe étaient soigneusement teints en brun foncé ? Puis, le cigare à la bouche, le chapeau légèrement sur l'oreille et la canne à la main, il se mêlait aux *beaux* du boulevard des Italiens. Sa susceptibilité pour tout ce qui composait sa toilette était extrême ; une observation, quelque légère qu'elle fût, sur la coupe d'un habit ou d'un pantalon, pouvait le choquer sérieusement, car elle lui apparaissait comme une sorte d'épigramme à l'adresse de son physique : c'était chez lui une fibre délicate.

Pour le reste ? On se référera volontiers à l'autoportrait qu'il esquisse dans *Une position sociale*, longtemps tenu pour une ébauche de la troisième partie (projetée) de *Lucien Leuwen*. Sous le nom de « Roizand », il s'y projette, non sans quelque vanité, mais non sans éloquence et lucidité :

> ... Amusant, rempli des saillies les plus imprévues, il électrisait ses auditeurs, et rendait le bâillement impossible dans le salon où il se trouvait. Dans ces moments, il inspirait les aversions les plus vives ou des transports d'admiration. Il est impossible de se montrer plus brillant et plus homme d'esprit, disaient ses admirateurs. Mais la vivacité et l'imprévu de ses saillies effrayaient les gens médiocres, et lui valaient bien des ennemis.
> Lorsqu'il n'avait pas d'émotion, il était sans esprit. D'ailleurs, il n'avait pas de mémoire, ou dédaignait de l'appeler à son secours. Sa parole, alors, était aussi discrète que l'expression de sa physionomie l'était peu. Son orgueil aurait été au désespoir de laisser deviner ses sentiments.
> Un mot touchant, une expression vraie du malheur, entendue dans la rue, surprise en passant près d'une boutique d'artisan, l'attendrissait

jusqu'aux larmes. Mais s'il y avait la moindre pompe (*sostenutezza*), la moindre possibilité d'affectation dans l'expression d'une douleur, quelque légitime qu'en fût le motif, alors il n'y avait plus que l'ironie la plus piquante dans les regards et dans [ses] mots... Jamais rien de sérieux, jamais rien de pompeux, de triste même, dans sa conversation. Il ne parlait jamais de ce qui, seul, avait droit à son intérêt : un sentiment vrai, ou l'héroïsme...

Stendhal n'avait pas plutôt reçu son affectation dans ce « cloaque » où il mourait « tantôt de froid, tantôt de chaleur », et « toujours d'ennui », qu'il demandait à résider la moitié de son temps à Rome. Et avant même d'en avoir reçu l'autorisation, il s'installa dans un appartement du vieux Palais Cavalieri, qu'il partageait avec un ami suisse, Abraham Constantin, peintre sur porcelaine et commensal de bon ton, loyal et d'humeur égale.

Mais lui qui, trois ans plus tôt, au temps des *Promenades*, avait été profondément séduit par cette Rome si longtemps négligée, et qui, cicérone plus ou moins imaginaire, y avait redécouvert tant de merveilles que son cher Milan en était presque estompé, lui qui s'ébattait éloquemment entre le Colisée et le Palais Farnèse semble n'avoir retrouvé en 1830 qu'une ville éteinte, revêche, fermée. Une note de son journal, au retour d'un séjour à Naples, résume cette impression : revenir de Naples à Rome (janvier 1832), c'est « passer de la vie à la mort », « c'est entrer dans un tombeau... ».

Cette cité où s'est ébroué gaiement le cicérone de 1827, le consul de 1832 semble s'y ennuyer lourdement. Venu de la France de Charles X en 1827, il y avait découvert un certain génie catholique du pouvoir, un art politique incarné naguère par le cardinal Consalvi et les jésuites*. Et le voilà, cinq ans plus tard, revenu aux aigreurs anticléricales de sa jeunesse. Il est vrai que le Saint-Siège ne le ménage pas, et qu'ayant dû lui accorder l'*exequatur* pour ne pas altérer ses relations avec la France, le cardinal Bernatti, secrétaire d'État, a tenu à faire savoir à Paris que tout autre choix que celui de ce jacobin eût été préférable... Si bien que vexations et mises en garde au consul ne manqueront pas.

* Voir chapitre VII.

Un « tombeau » pour le Beyle de 1831, donc, cette ville qui avait enchanté ce cicérone de 1827 ? Il est bien vrai que notre consul, flanqué de son ami Constantin, n'entretient pas avec la société romaine le type de relations qui a fait son bonheur à Milan ou à Bologne : nous verrons que, faute d'Angela ou de Ghita, les enchanteresses ne lui ont pas tout à fait manqué dans la Ville éternelle. Mais qui ne sait qu'elles sont moins accessibles à un vieux luron de 50 ans qu'à un gamin de 20 ? Et si bien préparé par la vie qu'il soit à jouer le rôle d'amoureux sans espoir, un tel emploi ne peut conduire qu'à la mélancolie...

Les très longues escapades du consul de France hors d'« Abeille » (où les pêcheurs, mariniers, douaniers et brigands peuvent bien déployer leurs talents en son absence) ne furent marquées, fût-ce à Rome, par aucune de ces passions qui ont tant contribué à faire du disgracieux M. Beyle le plus pénétrant des analystes de l'amour. C'est ailleurs, à Sienne surtout, qu'on pourra retrouver, essoufflé mais toujours fougueux, l'homme des « batailles » érotiques de Milan, de Bècheville ou de Paris.

Mais on retiendra qu'au moins deux visages de femmes ont illuminé ce « tombeau » qu'est devenu pour lui la Ville éternelle, dût-il joliment déformer, dans son journal ou sa correspondance, le nom de Rome en « amor » ou en « mero » : ceux de Mme de Saint-Aulaire et de la comtesse Cini*.

Dans *Une position sociale*, cette longue nouvelle écrite parallèlement aux *Souvenirs d'égotisme*, Stendhal trace le beau portrait d'une femme qui n'est autre que l'épouse de son ambassadeur, le comte de Saint-Aulaire. S'il a tout de même pris la peine de modifier titre et patronyme pour en faire « la duchesse de Vaussay », il a osé, dans un texte apparemment promis à la publication, une description du personnage d'une précision que l'on peut juger audacieuse. Quand Mme de Rênal ou Clélia sont des compositions à modèles multiples, cette duchesse-ambassadrice n'est qu'un portrait – celui d'une personne dotée d'une séduction contre laquelle notre inflammable quinquagénaire restait mal protégé.

Qu'il fît mine (pour s'en défendre ?) de la désigner par les sobriquets d'« Hérodiade » ou de « Lady Holye », la duchesse aux longs cheveux fauves, aux yeux pervenche, aux poses alanguies, à la

* On ne saurait situer sur le même plan l'élan qui le porte vers la jeune comédienne Amelia Bettini, très admirée et non moins désirée – mais de toute évidence en catimini.

culture ample, (et d'ailleurs étalée), menant avec le péché de la chair une aventure sans trêve ni pardon – tentée, en prière, cédant, en pleurs – plus Rênal que Gina, romanesque en diable (ou en ange), était bien de nature à émouvoir le volumineux Chérubin quinquagénaire que le destin avait jeté sur la côte voisine, comme un cachalot...

S'il en fait l'héroïne d'*Une position sociale*, Stendhal s'y dépeint (à son avantage) entretenant avec cette déesse volubile et déchirée une liaison flatteuse aux contours d'ailleurs incertains. Il est très peu plausible que le consul-romancier ait triomphé des remords de la romanesque comtesse – si fort qu'elle aimât la littérature. Ainsi bien retenue par l'idée du péché que la confortable Mme Daru par les risques...

Faut-il ajouter que ni lui ni elle ne purent être indifférents à la pensée du mari, qu'elle trompait parfois, dit-on, mais non sans remords, et que M. Beyle estimait fort pour sa part, ayant eu à se louer de lui ? Le fait est que dans une carrière où il eut à faire à pas mal de rustres à la Daru ou à quelques tartuffes, Henri Beyle croisa rarement la route d'un homme aussi bienveillant, avisé et courtois – mais pas au point d'assurer à son consul maritime les suffrages d'une ambassade où les petits marquis haïssaient tous en chœur le roturier tricolore venu du Dauphiné en passant par les casernes de Bonaparte.

Bref, hormis Hérodiade en émoi et l'ambassadeur aux mains fines – qui sera bientôt remplacé par un La Tour Maubourg sans saveur –, notre consul devait, à Rome, se frayer sa voie, indifférent aux odeurs de soutane et d'encens. Le havre fut pour lui la maison Cini, où se manifestait un couple séduisant – elle surtout, Giulia (comme l'autre, qui n'a pas fini de nous occuper...). Belle à coup sûr (mais deux siècles plus tard, ne le sont-elles pas toutes ?), brillante, flanquée d'un mari fort occupé ailleurs et d'un « servant », Filippo Caetani, qui n'était retenu que là, elle devait prendre un rôle majeur dans l'ultime cavalcade de notre quinquagénaire passionné.

Bien qu'il soit impossible de l'affirmer, c'est d'elle qu'il est question, non seulement quand il se réfère à « Sandre » (ou cendre, du latin *cinis*, dont la théologie et le rituel font grand usage), mais aussi quand il exalte ce dernier amour que fut pour lui celui d'« Earline », si présente dans les dernières pages du journal romain. « Earline », diminutif de l'anglais *Earl*, comte. La petite comtesse, donc...

Comme il l'attendra, comme il rêvera de cette Cendre qu'il a préféré nommer Earline que Cendrillon… Et cela, en dépit des mises en garde, délicates mais fermes, du sigisbée Caetani, qui est son ami…

Bref, dans le salon des Cini, où l'on fait de la musique, où l'on récite des poèmes, comme Civitavecchia paraît loin… Ne se croirait-il pas dans le Milan des années de Métilde, dans le Bologne du temps de la Ghita ? Voilà bien de quoi ranimer sa verve, de quoi passer des *Souvenirs d'égotisme* à *Brulard*, et au projet d'une troisième partie de *Leuwen* qui aurait eu pour cadre une ambassade à « Capel », un mot qui évoque en beaucoup de langues un rituel, une célébration, et fait penser à Rome plutôt qu'à Madrid…

Mais le vrai voyage, la véritable évasion de Civitavecchia, l'exercice parfait au vagabondage stendhalien, a tout de même pour objectif, ou pour cadre, cette ville exquise qui n'a jusqu'ici joué qu'un rôle dérisoire en Stendhalie : Sienne, *Siena* la Toscane, la cité du *Palio*, la douce et la fortifiée, la ville de Simone Martini (bien absent des rêves stendhaliens), Sienne où l'attend enfin la chère Giulia Rinieri qui trois ans plus tôt s'est donnée à lui, non à l'issue de ce qu'il appelle une bataille, mais par offrande (« je sais que tu es laid, que tu es vieux, mais je t'aime »). S'est-elle jetée dans l'aventure avec cet Henri de 47 ans après avoir lu *Vanina Vanini* ? Ou illuminée par le soleil parisien qui préparait les Trois Glorieuses ? Le fait est qu'elle a regagné la Toscane sans avoir jamais rompu avec lui. Le barbon bien aimé a certes demandé sa main, mais elle a été délicatement repoussée par le tuteur de Zerline.

Il est là, échoué au fond de sa petite rade. Elle, restée à Paris, en est chassée au printemps 1832 par cette épidémie de choléra dont Giono a décrit l'épisode provençal dans *Le Hussard sur le toit*. Elle a regagné Sienne à l'automne, non sans avoir prévenu Henri que, faute d'être devenu son mari, il lui reste très cher. Et lui, fou d'impatience, jaillit de son consulat et s'embarque pour Livourne, le port de la Toscane, dès le 8 août, beaucoup trop tôt pour la revoir – et se retrouve seul sur la merveilleuse place rose où se déroule le *Palio*, non sans faire se lever autour de lui une nuée de mouchards. On est à l'époque de l'affaire d'Ancône, et le pouvoir papal voit déjà se profiler un nouveau débarquement tricolore, cette fois sur la côte tyrrhénienne...

Déçu du retard de Giulia, le consul-romancier va-t-il regagner son poste ? Mais non : il en profite pour visiter les Abruzzes avant de rejoindre enfin à Livourne son amie qui a fait, elle, à Parme, une escale qu'on pourrait sans trop de pédantisme qualifier de stendhalienne. Y recueillit-elle pour lui quelques notations, qui pourraient avoir été à l'origine du roman écrit six ans plus tard ? Un bon romancier, de surcroît amoureux, ne refuse pas ces présents-là.

Ainsi vont renaître, comme un autre rameau cristallin, les amours de Giulia et de l'homme qui, pour elle, a osé envisager de « partager », par le mariage, le monde du Moi. Amours d'ailleurs traversées de présences et d'interventions multiples, de celles du tuteur de Giulia aux avances d'un, puis de deux prétendants, informés ou non de la liaison parisienne de 1827. Giulia n'a pas cessé d'aimer son amant rebondi et scintillant. Mais ces Toscans sont si beaux... Et jeunes, et pourvus de revenus rassurants.

Sienne-Florence-Sienne-Florence : en un va-et-vient haletant, et fort oublieux de ses fonctions officielles, Stendhal-Mosca et Giulia-Gina vont chanter, des mois durant, un beau duo lyrique sur un fond romanesque très conscient. *Matrimonio segreto* ? Presque. Mais ce *matrimonio* restera à l'état de *sogno*, de songe mélodieux où l'amoureux, avec son physique de barbon dupé à la Bartholo et son charme gourmand, pourra bien gagner toutes les « batailles », mais jamais la guerre.

Campagne faite de trois voyages à Florence et de deux à Sienne, marquée par la « fatale lettre » écrite par Giulia le 1er avril, reçue par Henri le 9, où il apparaît que le cœur de la jeune Siennoise est partagé – ce qui jette notre consul dans un violent désespoir, et conduit à la « défaite » du 24 juin, préludant au mariage de Giulia avec un certain Martini... Accident qui ne peut manquer d'aggraver ce que Beyle appelle alors, passant par Naples, son « dégoût »... De Giulia ? Des femmes ? De l'Italie ? De ses fonctions ? (Ne parlons pas d'« Abeille »...) Non. Pour un temps, de tout ce qui n'est pas Paris – où, nanti d'un congé de trois mois, il s'enfuit...

Trois mois de dîners avec Mérimée, Musset, Delacroix, et quelques demoiselles peu farouches, d'échanges littéraires, de réminiscences amoureuses lors d'une visite à Compiègne chez Clémentine Curial qui, à 40 ans passés, s'étonne que cet ancien amant auquel elle a écrit des lettres d'une fougue saisissante n'ait pas renoncé à elle. Et bien que le duc de Broglie, son ministre, ne soit pas un bourreau, il lui faut bien faire mine au moins de regagner son poste marin entre ses rascasses, ses brigands et ses bénitiers.

Il n'emprunte pas la route habituelle, par la Suisse, mais, de Lyon à Marseille, le Rhône en bateau. Non sans faire, chemin faisant, une savoureuse rencontre : ainsi font les grands nomades, les vagabonds de haut style. Sur le vapeur qui le porte vers la Méditerranée, il fait la rencontre du couple mythique que forment George Sand et Musset, en route pour Venise, où leur séjour ne passera pas inaperçu. Henri connaît un peu Mme Sand, qui a goûté son *Racine et Shakespeare*, et très bien Musset qui fait partie, comme lui, avec Mareste, Mérimée et Sutton Sharpe, de la bande de joyeux drilles familiers des maisons où l'on n'a pas de mal à rencontrer de jolies filles. À l'escale de Bourg-Saint-Andéol, le 15 décembre 1833, une fête s'improvise : et sous les yeux du couple ébahi (elle, surtout), Henri Beyle improvise, bonnet en tête et bottes fourrées aux pieds, une manière de bourrée cosaque qui stupéfie ses compagnons. Il était ivre à coup sûr. Mais il est non moins certain qu'il aimait scandaliser, et mieux que tous ce couple qui fleurait déjà bon les manuels de littérature.

Musset saisit là l'occasion de crayonner, de M. Beyle, un portrait extravagant, digne d'un personnage de Gogol. Et Mme Sand en retient quelques notations assez fines de son journal où, à propos de cet « écrivain… un des plus remarquables de ce temps » (ce qui, en 1833, n'est pas une banalité !), elle observe qu'avec tous ses excès « il n'est pas méchant… », car « il se donne trop de mal pour le paraître… ». Ces voyages, tout de même, quels révélateurs !

Deux évasions s'offrent hors de ses bases, puisque quelque chose du charme de Rome, si éventé fût-il déjà, s'est enfui avec

Mme de Saint-Aulaire, et que beaucoup des délices toscans sont dissipés depuis le mariage de Giulia – qui n'interdira pas quelques retrouvailles : Naples, et les fouilles étrusques.

On a vu que c'est en revenant d'une de ses escapades dans la capitale du Sud que le consul gardien de la douane de mer a ressenti la sensation de passer « de la ville la plus gaie du monde à la plus triste ». La plus gaie, Naples ? Stendhal n'aimait pas l'architecture napolitaine et s'il ne pouvait rester insensible à la foudroyante beauté du site, il y était moins sensible qu'aux paysages de la Brianza lombarde ou qu'aux horizons toscans. On a vu aussi qu'il commença par mépriser la musique napolitaine, à goûter peu les peintres du cru et à ne guère porter d'intérêt à l'ensemble pompéien.

À l'époque où nous nous situons, vers 1833, il est revenu de ses aveuglements. Pour lui, Pouzzoles ne sera jamais Côme, ni Bellini Cimarosa. Mais la cinquantaine venue, le visiteur – oui, il y restera toujours un visiteur... – se laisse prendre aux mélodies de *Norma*, à l'envoûtement, à la *dolcezza* napolitaine.

Prenons par exemple le séjour de trois semaines qu'il y fait en janvier 1832. Il y est accompagné par son ami Jussieu, qui s'amuse de l'enthousiasme de ce gros vieil homme pour la Speranzella, son quartier napolitain favori, et le tient « pour un peu fou ». Ne fait-il pas confiance à ces paysans qui, du côté de Misène, creusent la terre et y trouvent devant vous, comme par hasard, des têtes de marbre ? C'est là qu'il a acheté, pour quatre écus, une tête de Tibère (empereur longtemps retiré en ces lieux, il est vrai, et qu'il dit avoir reconnu à ses beaux yeux), afin d'en faire hommage au comte Molé, dont il ne peut savoir qu'il sera bientôt pour lui le plus bénévolent des ministres...

Ces « fouilles » en baie de Naples sont encore le fait d'un touriste un peu naïf. Mais en quête de fugues culturelles, voici notre Beyle engagé dans une entreprise collective plus savoureuse peut-être que la mise au jour de problématiques effigies romaines dont on peut dire que le musée de Naples n'est pas dépourvu : on va le voir engagé dans les fouilles systématiques entreprises en Étrurie par un homme quelque peu oublié par l'histoire mais de nature à l'intéresser : Lucien Bonaparte.

Rétif pour des raisons et privées et publiques à la cavalcade impériale, le frère le plus doué de l'empereur s'était retiré sur les terres dont il avait tout de même été doté, à Canino, près de Rome.

On avait tout à fait par hasard trouvé non loin de là, à Corneto, en 1828, des vestiges étrusques. Conduit par son ami l'antiquaire (dans le sens ancien du mot, spécialiste des antiquités) Donato Bucci, Henri Beyle y avait été accueilli de bonne grâce par le frère de Napoléon, et s'était associé aux travaux, encouragés et financés par le maître de céans.

Et comme, chez lui, l'essentiel ne saurait aller sans une traduction écrite, on a gardé quelques-unes de ses communications sur des statues, des médailles, des pierres gravées étrusques, dont l'une parut, curieusement, dans le *Mémorial bordelais*. On avait vu Stendhal attentif à assumer totalement sa condition de vagabond, de gyrovague absolu, cavalier au bord d'un lac, dragon, intendant, messager de l'impératrice, nourricier de la Grande Armée en retraite, consul errant : et le voici fouilleur d'antiquités, de Corneto à Cerveteri, en quête d'une civilisation disparue et que tout recommandait à son attention passionnée, du fait de cette condition de peuple « en marge » faite aux Étrusques, ni Grecs ni Romains. Non conformes, en somme. Comme lui…

Honnêtes délassements d'un fonctionnaire fugace… Mais, soit parce qu'ils sont pris aux côtés d'un homme qui, à tort ou à raison, incarne à sa manière les grandeurs et la nostalgie de l'Empire, soit que ce personnage ait une vision bien étroite de la diplomatie, l'amiral de Rigny, nouveau ministre des Affaires étrangères (un amiral diplomate…) écrit le 8 février 1835 au consul de France à Civitavecchia à propos de ses absences :

> Je ne consens à fermer les yeux sur une violation aussi formelle et aussi prolongée des ordonnances que dans l'espoir qu'elle ne se reproduira plus…

(Pauvre amiral, dont le nom ne restera dans l'histoire que pour une semonce de pion adressée à l'auteur de *Brulard*…)

Quelques escapades encore, des Abruzzes à la Lombardie, de Porto Ercole à Ravenne… Mais il n'en peut plus, entre ses moustiques, son chancelier Caftangioglou (cafteur, surtout) et les petits messieurs de l'ambassade romaine : il lui faut un congé, un long congé, il lui faut repartir, *partir* tout court. La retraite, il ne peut la demander encore : ses annuités ne sont pas suffisantes, et *Le Rouge et le Noir* n'a pas tant de lecteurs qu'ils lui permettent de subsister.

Il se trouve que l'homme qui vient à la tête du gouvernement et des Affaires étrangères, au début de 1836, est ce comte Molé qu'il admire de loin, ne le connaissant guère, et auquel il n'a pas osé encore offrir le buste de Tibère découvert près de Naples qu'il lui a destiné. Molé a été prévenu en sa faveur par une amie commune, Mme de Tracy, belle-fille du philosophe qui est le maître à penser de Beyle.

Que ce gentilhomme libéral ait servi ou non de modèle (partiel) au comte Mosca, l'« autre » héros de la *Chartreuse**, le fait est qu'il se conduit aussi généreusement que le ministre parmesan l'eût fait avec son créateur : le 26 mars 1836, M. Beyle est informé que le long congé qu'il a demandé lui est accordé, d'abord assorti d'une demi-solde : mais le consul volage apprendra bientôt, et que sa solde lui sera versée intégralement, et qu'il pourra user sans timidité de la latitude qui lui est donnée. Indéfiniment ? Ce n'est pas dit, cela ne saurait l'être. Mais les six mois accordés seront étendus à plus de trois ans. Décidément, la carrière administrative de Stendhal aura été sans précédent...

De mai 1836 à juin 1839, Henri Beyle s'est donc installé dans une « vacance » qu'il serait mal avisé de décrire comme paisible... Une nouvelle furie de locomotion le prend, qui sera décrite ailleurs. Mais si nomade, si agité qu'il ait pu alors se montrer, inventant en quelque sorte le tourisme à la française comme il avait réinventé le métier de guide à la romaine, aucun individu écrivant sur Stendhal ne peut manquer de signaler que tout le nomadisme du monde, que tous les traits de la « dromomanie » à laquelle est consacrée le présent ouvrage ne peuvent prévaloir contre la brève période de sédentarité à laquelle il se résigne alors.

Si acharné que l'on soit à montrer que la vie de Beyle, cette bou-

* En tout cas mieux que Metternich, que certains disent avoir inspiré le ministre de Parme, quand on préfère y retrouver Talleyrand, dont Beyle apprendra la mort au cours d'un séjour à Bordeaux, au temps où mûrit le projet du roman.

leversante chasse au bonheur, fut un vagabondage effréné, il faut bien reconnaître qu'elle connaît alors une halte plus importante, plus sacrée que toutes les campagnes civiles et militaires qu'il dut conduire : les cinquante-trois journées au cours desquelles, enfermé dans sa chambre parisienne du 8 de la rue Caumartin entre le 4 novembre et le 28 décembre 1838, il dicta (pour une grande partie) *La Chartreuse de Parme*. Bienheureuse halte dans la vie du grand nomade. D'autres, entre deux courses caravanières, ont dicté leurs prophéties. Lui, son chef-d'œuvre – dont le mouvement, on le sait, n'est pas absent.

Le 24 juin 1839, il met un terme à sa longue vacance : et neuf semaines plus tard, il a regagné son petit bureau maritime, avant d'aller soigner sa goutte, à Castel Gandolfo, « chez la jolie comtesse Cini... ».

Alors commence – il lui reste moins de deux ans à vivre... – une bien étrange saison stendhalienne. Michel Crouzet, qu'on prend rarement en défaut, a cru pouvoir la décrire comme celle du « consul heureux ». Heureux, Henri Beyle, à Civitavecchia ? Le 30 novembre 1839, l'auteur de *La Chartreuse* écrit à un ami : « Je suis content, si ce n'est heureux. » L'écrivain qui sait (avant même que Balzac le proclame) qu'il vient d'écrire son chef-d'œuvre a certes les meilleures raisons d'être mieux que « content » – et aussi l'homme de 57 ans qui vient de retrouver à Sienne sa chère Giulia devenue Mme Martini, pour une « bataille » qui ne fut peut-être pas une défaite...

Bonheur aussi du fait du « retour des cendres » – les restes du grand homme déposés sur la terre d'une France qui n'a plus pour ambition que le « juste milieu » incarné par le roi à la tête de poire – ou de la fière posture prise par la France dans la question d'Orient, soutenant les Égyptiens Méhémet-Ali et Ibrahim, contre le sultan de Constantinople poussé par les Anglais à écraser les rebelles du Caire ? Oui, voilà de quoi enchanter le jacobin cocardier qu'est, par bouffées, M. Beyle – à ceci près que, un temps flambard, M. Thiers préférera un bon arrangement – un pas en avant, deux en arrière – avec l'Empire britannique. Alla-t-il, notre bonapartiste, jusqu'à déclarer que son gouvernement déshonorant la France par cette reculade, il « abdiquait la qualité de Français » ? D'où le « Milanese » de sa pierre tombale... On n'attachera guère d'importance à ces propos d'après-dîner.

Ce qui confère une part de « bonheur » à ces derniers temps de l'auteur de *La Chartreuse*, ce sont peut-être les échanges avec Balzac, qui l'incite, en maître reconnu, à retoucher telle page de son chef-d'œuvre – comme un Corrège qu'eût repris Raphaël... C'est aussi cet amour fantomatique pour « Earline » – qui devient le personnage central d'un journal amoureux dont il est tout à fait impossible de tracer les contours mais dont tout donne à croire – et notamment l'étonnement que fait paraître la petite comtesse quand le vieux soupirant tente de faire opérer la « cristallisation » – qu'il resta cantonné au désir. Si grisant...

On ne s'arrêtera pas au terme du voyage, au retour en France, aux derniers portraits, aux « attaques » d'apoplexie, à l'effondrement rue Neuve-des-Capucines, à trois pas du boulevard. Notre Stendhal à nous, le nomade, le vagabond, le gyrovague se ruant au bonheur par la course et par l'œil, nous allons le suivre, promu voyageur professionnel, « touriste » doté d'une bonne mémoire, de quelque imagination, et d'une plume encore plus légère que la cravache du postillon.

CHAPITRE XI

Où le voyage devient un métier

• « Flâneur salarié » • L'amour des paysages • Un fleuve ridicule à force d'îles • Pour ou contre le chemin de fer • Le mont Ventoux à Paris • Les beautés de Nantes • La dame au chapeau vert • Un nouveau départ en automne • Réconcilié avec Grenoble • Un bon succès public • « Avez-vous bien lu *Le Touriste*, monsieur ? »

On associe volontiers l'idée de vagabondage à l'esprit d'insouciance. Être ailleurs, n'est-ce pas se sentir quitte ? Le vagabond Stendhal n'est pas de cette espèce-là. La hantise des départs n'abolit pas en lui celle de la sécurité financière. Il aura vécu dans la double obsession de la découverte mouvementée et de la stabilité rentière, aussi préoccupé de « boucler ses valises » que ses « fins de mois », aussi avide d'équilibrer son budget que de découvrir des horizons nouveaux.

Ah ! ces quelques milliers de francs de rente que n'ont su lui assurer ni son père, ni Pierre Daru, ni Napoléon, ni les nabots de la Restauration ou de la monarchie de Juillet, et qui lui auraient permis d'accéder à ce « bonheur » passionnément cherché, mal accordé à de médiocres angoisses matérielles… D'où le rêve que ne put manquer de nourrir ce gyrovague : mettre ses errances plus ou moins studieuses au service de ses exigences matérielles, devenir ce qu'Albert Londres, reporter mythique du siècle suivant, appellera (pour se définir) le « flâneur salarié ».

Il se trouve que les poètes vivent parfois leurs rêves. Un certain jour du printemps 1837, longtemps après que le consul de France à Civitavecchia eut entamé les plus généreuses vacances qui puissent être accordées à un fonctionnaire français, un éditeur nommé

Ambroise Dupont aurait eu l'idée* de lui proposer de faire, de son prochain périple – pourquoi pas à travers la France ? –, un livre-enquête qui lui serait payé trois ou quatre mille francs. Si la plupart de ses voyages, à Milan en 1800 comme à Berlin en 1806 ou à Moscou en 1812, avaient été accomplis aux frais de l'État, il allait enfin choisir sa route et faire de sa passion du vagabondage le moyen d'alléger ses tourments financiers...

Si on retient cette hypothèse, on aurait tort de faire de ce Dupont l'inventeur d'un « nouveau » Stendhal : le diariste nomade. Dès 1811, nous l'avons vu, à l'issue du voyage entrepris au-delà des Alpes pour conquérir l'Angela milanaise, Henri Beyle avait tenté de publier son journal de voyage, retenu seulement de le faire par un éditeur choqué de l'intimité du propos. Six ans plus tard, avec *Rome, Naples et Florence*, il invente à la fois un genre, et son pseudonyme : mais il s'agit moins là d'un journal de voyage que d'une flânerie esthétique, comme avec *Promenades dans Rome*, évocation nonchalante (et parfois impertinente) des merveilles de l'Italie, mieux que de la description systématique d'une collectivité.

C'est cette fois un projet plus audacieux, non seulement parce qu'il s'agit du portrait d'un pays profond, mais parce que ce pays est celui de l'auteur et qu'il est plus dangereux, intellectuellement, de se colleter avec ses concitoyens qu'avec les sbires de Metternich ou du Sacré Collège...

Est-ce pour cela qu'entreprenant cette introspection de la France, Henri Beyle ne se contente pas comme en 1817 de choisir un pseudonyme et de l'affubler de la qualité d'« officier de cavalerie** », mais se présente au lecteur sous le masque d'un voyageur de commerce, un certain Philippe L., négociant en fer, avatar d'un personnage assez classique de la comédie sociale, qui inspire concurremment à Balzac son *César Birotteau* (l'acide stendhalien qu'est Paul Valéry ne craindra pas de rapprocher la créature de l'un des propos de l'autre...).

Enfin, note Gérald Rannaud,

> Le passé et l'état civil fictifs du marchand de fer ne sont dans les *Mémoires d'un touriste* qu'un trompe-l'œil transparent qui, loin d'abuser le lecteur, soulignent au contraire cette « autonomie »

* Si l'on en croit Victor Del Litto.

** Il a été, fugitivement, en 1801, sous-lieutenant de dragons en Italie...

absolue du touriste. Entre la biographie préliminaire et le journal lui-même une rupture nette se marque dans le passage fortement accusé d'une écriture du récit (passé) à une écriture du discours (présent), en même temps que s'opère brutalement au profit du voyage et de ses perspectives, l'oubli définitif de la biographie postiche.

N'oublions pas en route que si le voyage en France qu'entreprend Henri Beyle, consul en congé, au printemps 1837, a peu à voir avec ses précédentes errances civiles ou militaires à l'étranger, il a un précédent : celui qui l'a conduit en 1829 de Bordeaux à la Provence et dont il intégrera d'ailleurs quelques épisodes dans son « reportage » de 1838. On a déjà usé de ce mot, à propos de ce grand écrivain, comme on le ferait pour le Flaubert de *Par les champs et par les grèves* ou le Dumas de *Mon voyage en Suisse*. Il y a des genres mineurs : il n'y en a pas que le génie ne parvienne à ennoblir, « soties » de Gide ou « bloc-notes » de Mauriac...

Mais où en est le gros homme de 55 ans qui va se hisser dans la diligence Paris-Fontainebleau en ce printemps 1837 ? Sa santé est dans un état au-dessous du médiocre : indépendamment des séquelles de sa maladie vénérienne – irritations cruelles de la peau, fièvres violentes, abattements soudains –, il souffre à la fois de la gravelle et de la goutte, provoquant l'une et l'autre des douleurs poignantes. Son tour de taille ne le retient pas de donner licence à une gloutonnerie souvent notée, notamment par lui... Il ne peut plus lire – et Dieu sait qu'il le fait, en route notamment – sans s'armer de lunettes, dont l'adoption l'a conduit à de tristes réflexions sur ses aptitudes sexuelles. Qui pourtant...

L'écrivain est « en pleine forme ». Il vient de signer avec François Buloz, directeur de *La Revue des Deux Mondes*, un contrat pour la publication de six nouvelles qui lui seront payées trois mille francs. Il écrit *Tamira Wanghen*, nouvelle version de *Mina de Vanghel*, écrite en 1829, et ébauche de *Le Rose et le Vert*, d'où émane *Lucien Leuwen* ; il travaille toujours à *Henry Brulard*, mais va renoncer à faire de ses *Mémoires sur Napoléon* la grande biographie entrevue. N'en subsisteront que de splendides lambeaux où se manifestent les violentes contradictions provoquées en lui, avant et depuis Brumaire, par l'incomparable professeur d'énergie décomposé en despote sanglant mais redevenu l'inspirateur de la rêverie des « enfants du siècle ». Il nous restera toujours la nostalgie de ce qu'aurait pu être le grand *Napoléon-de-Stendhal**...

Pas d'amour en vue. Clémentine Curial se refuse depuis dix ans à re-« cristalliser » avec des cendres. Mme Jules Gaultier se dérobe (« bien attaquée, bien défendue, tout est bien pour les deux camps », lui écrit-elle). Une liaison avec Virginie Ancelot, dite « Ancilla », ferait rire Mérimée à ses dépens. Mais Giulia, la chère Siennoise, la tendre Giulia, a bien pu se marier : elle ne se refuse jamais à lui que pendant quelques jours. Le temps du voyage, précisément ?

Ne le voyons pas, notre consul au ventre rond, partant à l'aventure, assuré que de son seul coup d'œil, ou de son inspiration, jaillira le « génie du lieu », à Moulins comme à Ancenis. Il ne part pas « sans biscuit », ayant pris la peine de se documenter, auprès d'amis sûrs – au moins par leur compétence, sinon par leur loyauté. Ainsi a-t-il longuement interrogé le très judicieux Mérimée sur l'architecture religieuse, le Dr William Edwards, frère du pittoresque *brother Brandy* qui fut son compagnon à Londres, sur quelques données ethnographiques de la population française (dont l'utilisation constitue la partie la plus faible, souvent même ridicule comme tout ce qui touche aux « races », de l'ouvrage) et cet autre ancien compagnon de voyage en Angleterre qu'est Adolphe de Mareste, bon connaisseur des cités du Midi.

Il a compulsé avec soin une collection de *La Gazette des tribunaux*, y puisant des anecdotes souvent savoureuses, révélatrices de la vie et des intrigues provinciales, et lu le *Journal de voyage dans le Midi* du prestigieux libraire Aubin Millin (qui avait joué un rôle dans les recherches de son presque compatriote Champollion). Certains ont même jugé que le soin mis à lire Millin l'avait conduit jusqu'au plagiat, notamment dans la description de la foire de Beaucaire... Bref, le mot de *Mémoires*, justement mis au pluriel, pourrait aussi s'entendre au singulier.

Mais peut-être est-il mal choisi. Car ce vocable a trait à des expériences très personnelles, et étalées sur une longue durée. Or, le livre de Beyle ne se fonde que sur deux ou trois voyages de quelques semaines chacun – le principal ne l'ayant retenu hors de Paris que de la fin de mai au début de juillet 1837 – et sur des

* Il avait fait le plan d'une biographie en trois tomes.

informations d'origines multiples. À vrai dire, les mots de *Journal* ou de *Carnet* eussent été ici plus pertinents. Mais on retient *Mémoires* comme témoignage d'un homme qui, depuis trente-sept ans, a beaucoup erré, éprouvé, noté, retenu. Quant à « touriste », on a souvent observé qu'il était un néologisme stendhalien, emprunté à la langue anglaise à laquelle Henri avait volontiers recours – et où ce vocable était d'ailleurs d'usage récent.

Un mot encore sur l'« objet » du voyage, ou mieux le sujet de l'enquête : la France provinciale de 1837. Louis-Philippe a instauré, sept ans plus tôt, sur les ruines de la Restauration, un régime dit du « juste milieu », où s'épanouit dans la vague nostalgie de l'Empire une bourgeoisie à laquelle Guizot n'a pas encore donné son mot d'ordre, « Enrichissez-vous ! », mais qui ne rêve que de ça... En attendant les audaces en demi-teinte d'Adolphe Thiers, le comte Molé pilote élégamment, dans un style d'Ancien Régime, à la Choiseul ou à la Montesquieu, un navire que nulle tempête ne menace et qui se prépare prudemment à entrer dans l'ère industrielle, lançant ses premiers chemins de fer – Saint-Étienne-Lyon avant Paris-Saint-Germain – et un système bancaire qui donne de nouveaux maîtres à la nation comme Laffitte (idéalisé en Leuwen par Stendhal) : un univers où l'argent s'est substitué à l'héroïsme, mais que le romantisme s'efforce de faire vibrer.

Au fait, quelle sorte de voyageur est-il, le vagabond Stendhal – vieux routard de Lombardie et de Silésie, de Brianza et de Catalogne, pour ne pas parler de Biélorussie ? On l'a souvent dépeint comme acariâtre et exigeant, allergique à toute forme d'inconfort, querelleur et encombrant – mauvais coucheur pour tout dire. Tout dépend de la lecture que l'on fait de ces *Mémoires* – où le moins que l'on puisse dire est qu'il ne cherche pas à se donner le beau rôle.

On peut aussi y découvrir un bonhomme impatient et amoureux de ses aises, certes, mais mieux encore de la beauté sous toutes ses formes, prompt à s'énerver mais aussi à trouver des excuses aux autres, gourmet, gourmand, capricieux, peut-être glouton mais sachant admirer, s'ébaubir, s'attendrir, se lier, assez bon diable au demeurant et porté à distinguer un beau visage, un bon mot, un cri singulier, une douleur à consoler…

Le fait est qu'il est gros, très gros, qu'il s'essouffle vite, ce fumeur de cigares. Ses diverses infirmités, ou incommodités, le rendent parfois acariâtre. On est en droit de rappeler que des heures de cahots incessants dans une diligence bondée ne sont pas faites pour adoucir les humeurs. Il ne goûte guère le train, qui ne relie encore que très peu de villes entre elles. Son mode de locomotion favori est le « coche d'eau », le bateau à vapeur. La plupart des textes qui en émanent revêtent une bonhomie spécifique.

Il préfère, pour ses aises, et compte tenu de sa vanité, l'élégante calèche (surtout fabriquée à Londres, voire à Vienne) où ne peuvent prendre place que deux ou quatre voyageurs, à la grande diligence, où l'on s'entasse à dix ou douze. Mais l'aristocrate le cède le plus souvent en lui à l'ethnologue : la « cancoillotte humaine » (pour parler comme Audiberti) est plus riche, savoureuse, que l'isolement distingué avec un domestique…

C'est en compagnie de son ami Prosper Mérimée, récemment nommé inspecteur de ce qu'on appelait déjà les « monuments historiques », qu'il prend la route vers Fontainebleau, le 25 mai 1837. Les deux amis ont-ils prévu de combiner leurs entreprises ? Non. Mérimée a une mission archéologique à remplir en Auvergne. Stendhal semble, dès l'origine, tenté par les pays de Loire, la Bretagne et la Normandie. Bref, ils se séparent à Bourges, le cadet piquant vers le Massif central en vue d'une étude de l'art roman auvergnat, l'aîné gagnant Cosne-sur-Loire, puis, après quelques déviations vers la Bourgogne ou vers le sud, suivant le cours du grand fleuve vers Nantes.

Congé pris de Mérimée – dont il admire la compétence et le brio intellectuel, mais non ce qu'il tient pour un certain pédantisme, au point d'affubler son ami du sobriquet d'« Académus » –, le voilà rendu à sa condition de « touriste », qui n'étudie pas plus qu'il n'enseigne, se souvenant de temps à autre qu'il est supposé faire le voyageur de commerce et s'occuper, en tant que Philippe L., de la vente de son fer.

De ce carnet de route de six semaines (25 mai-5 juillet) à travers les pays de Saône et de Loire, la Bretagne et la Normandie, qu'il entrelarde de souvenirs de voyages antérieurs, de Lyon à Marseille, de Grenoble à Montpellier et Bordeaux, et complétera par deux excursions en Dauphiné et dans l'Ouest, on peut détacher cinq ou six rubriques très spécifiques – en oubliant les pages assez vaines et laborieuses où, auditeur attentif de son ami le Dr Edwards, il s'échine à classer les Français en « Kymris » nordiques, « Gaëls » du Centre et « Ibères » méridionaux…

On attachera plus de prix aux autres notations du gros monsieur descendu lourdement du marchepied de la « malle-poste » – parfois aussi de sa calèche, ou d'un « coche d'eau » pour prendre des notes en sirotant un petit blanc de Loire : un savoureux autoportrait, l'évocation des paysages qu'il aime beaucoup mieux qu'on le dit, des considérations esthétiques sur les églises, les châteaux et les cités anciennes, des anecdotes plus ou moins judiciaires illustrant les mentalités provinciales, enfin des réflexions moins politiques que sociologiques sur l'état de la France au temps de la monarchie de Juillet. Et M. Beyle ne serait pas Stendhal si ne surgissait, au fil de la route, à la porte d'une auberge, un beau visage de femme…

Il va le plus souvent, on l'a dit, en chaise de poste, où l'on est parfois empilés jusqu'à seize, coincé entre une paysanne aux rondeurs opulentes et un curé disert. Il lui arrive ici ou là de louer une calèche – en cas de bonne fortune, par exemple ; ou de prendre le « tapecu », cabriolet à la mode dans le Dauphiné. Et on le surprend même parfois à chevaucher une jument, lui qui s'était bien promis, lors de sa traversée des Alpes, à 17 ans, qu'on ne le prendrait plus à jouer les centaures…

L'autoportrait du « touriste », on pourrait le résumer en cette phrase saisissante par quoi s'ouvre le livre :

> Ce n'est pas par *égotisme* que je dis je. C'est parce qu'il n'y a pas d'autre moyen de raconter vite…

Une leçon que d'autres auront écoutée, sans savoir rivaliser avec lui…

Mais on le trouvera plus finement crayonné, cet autoportrait, au gré des cahots de la diligence, entre Langres (où il prend peu de peine pour saluer le souvenir de Diderot, cet autre lui-même…) et Beaune dont il ne sait guère apprécier la noblesse. Après avoir cité une sentence qui semble le viser mais dont il ne désigne pas l'auteur – « Les personnes d'esprit sont-elles jamais laides ? » –, il note, à la hâte :

> Je n'eus jamais le temps de… chercher à deviner comment les gens chez lesquels je passais avaient coutume de s'y prendre pour courir après le bonheur. C'est pourtant là la principale affaire de la vie… J'aime les beaux paysages. Ils font quelquefois sur mon âme le même effet qu'un archet bien manié sur un violon sonore ; ils augmentent ma joie et rendent le bonheur plus supportable…

Des paysages ? En guise de première approche du sujet, on se plaît à citer ce trait, si cocasse, et sèchement stendhalien, à propos de sa découverte de la Loire, qui lui paraît d'abord aussi majestueuse que le Rhin – ce qui, du côté de La Charité, frise l'exagération. Mais son admiration va se nuancer :

> Ce fleuve est ridicule à force d'îles : une île doit être une exception chez un fleuve bien appris ; mais, pour la Loire, l'île est la règle de façon que le fleuve, toujours divisé en deux ou trois branches, manque d'eau partout…

(Voilà en tout cas, cher touriste, une infirmité qui n'affecte ni le Rhin ni même le Rhône…) Ridicule à force d'îles…

Les charmes de la nature, il s'y reconnaît fort sensible. Mais c'est pour déplorer que les Français ne le soient pas :

> Le manque de goût pour les beautés de la nature caractérise le Français de l'Ancien Régime, l'homme d'esprit comme Voltaire ou La Bruyère. Ce n'est guère que dans l'émigration, à Hartwell ou à Dresde, qu'on a ouvert les yeux aux beautés de ce genre…

(mais il se garde de faire hommage de cette découverte, ne les aimant pas, à Chateaubriand ou à Germaine de Staël…).

On sait qu'il a toujours méprisé, ce Dauphinois, les paysages dépourvus de montagne. D'où le cri qu'il pousse, en arrivant à Paris, pour n'y pas voir « un lac ou une montagne passable », qui eussent fait « la littérature française bien autrement pittoresque... ». Et de préciser :

> Quel effet ne ferait pas, à Paris, le mont Ventoux ou la moindre des montagnes méprisées dans les environs de la Fontaine du Vaucluse ?

À partir de quoi sa réflexion s'élargit :

> Le pittoresque, comme les bonnes diligences et les bateaux à vapeur, nous vient d'Angleterre ; un beau paysage fait partie de la religion comme de l'aristocratie d'un Anglais...

(il a assez vécu en Allemagne pour étendre sa réflexion aux gens de Saxe, de Souabe et de Silésie, et il est assez bon lecteur des poètes pour savoir que Chateaubriand et Lamartine sont nés au sud de la Manche et du Rhin...).

S'il lui arrive d'écrire, au début de son voyage, que César est le seul auteur lisible à propos de la France, ou qu'il est bien malheureux que ce peuple ne soit plus celui, tout à fait, de Marot, de Rabelais et de Montaigne, auxquels il joint parfois Diderot ou Courier, le touriste Beyle ne manque guère de plaider pour la modernité, technique ou politique. Témoin l'intérêt qu'il porte à la question du développement des chemins de fer qui devient alors le problème de société par excellence.

On l'a dit : ce fervent de la calèche, qui se résigne à s'engouffrer dans une chaise de poste, et prise mieux que tout le coche d'eau qui permet d'aller et venir sur le pont, de nouer des conversations dans les coursives, ne goûte guère ce voyage en train que M. Thiers juge encore si dangereux et dont Daumier va faire un thème savoureux de sa comédie humaine. Mais lui qui se projette si volontiers vers 1880, et pas seulement pour ce qui touche à la reconnaissance de sa propre gloire, est très conscient de l'importance des enjeux que représente le rail pour l'avenir de son pays.

Il en analyse avec beaucoup de sang-froid les perspectives de développement dans une région qu'il connaît bien, celle du Rhône et des Alpes. Et bien qu'il ne se sente pas pressé d'en user lui-même – il est si délicieux de filer en bateau le long du fleuve –, il observe que ce moyen de transport n'est praticable que dans le sens nord-sud, le courant étant trop dur à remonter, et que dans la vallée du fleuve, si coûteux que s'annoncent les travaux, l'investissement en vue d'une voie ferrée de Marseille à la Saône serait judicieux, et probablement aussi celui, énorme à ses yeux (un milliard), que nécessiterait

> la grande croix, c'est-à-dire la ligne de Marseille au Havre par Lyon et Paris, celles de Strasbourg à Nantes et de Paris en Belgique avec embranchement sur Calais…

Qui écrivait cela en 1837 ? Notre Beyle ne croit pas que « le bon sens » en décidera, mais « la mode, aidée par de jolis cadeaux… ». Le passage massif au rail est-il raisonnable ? Il est en tout cas si fructueux pour certains capitaines d'industrie que l'on y viendra. En tout cas, il ne faut pas compter sur la Chambre « si respectable par ailleurs » pour en discuter sérieusement : elle en est « incapable ». Tout autant que la presse… Et d'ajouter cette précision :

> Je ne change rien à ces lignes, écrites avant que le gouvernement s'occupât de cette question.

On voit que notre touriste ne se promène pas le nez en l'air, en quête d'histoires croustillantes et de sensations fortes. Mais il ne néglige pas l'anecdote, fût-elle rétrospective. Témoin celle-ci. Lors de la révolte de Lyon contre la Convention, quelques dizaines de rebelles sont capturés et conduits, attachés deux par deux, vers la guillotine. L'un d'eux réussit à desserrer les liens avec son compagnon d'infortune, et lui jette à voix basse : « Finissez de vous détacher, et filons chacun de notre côté… » Et l'autre, indigné : « Que dites-vous là ! Vous allez me compromettre ! »

Cette autre, non moins savoureuse. Un Anglais vivant à Lyon choisit de se suicider par le poison. On le retrouve le lendemain en piètre état, mais bien vivant. Un médecin de ses amis accourt : « Qu'avez-vous pris ? – De l'acide prussique… – Impossible. Six gouttes vous auraient tué en un clin d'œil… Qui vous a servi ? – Un petit apothicaire voisin… – Mais vous êtes tout proche du meilleur pharmacien de Lyon… – Oui, mais la dernière médecine qu'il m'a vendue, je l'ai trouvée trop chère… »

Autre récit, celui-ci fort émouvant. Près de Vienne, un jeune berger est jugé pour avoir tué à coups de fusil la jeune fille qu'il aimait – mais, possédant deux arpents de vigne, elle lui était interdite. Il a tiré sur elle pour la blesser, elle est morte. « Vouliez-vous la tuer? – Eh non, monsieur! – Vous venger? – Non... – Quels étaient vos motifs... – La nourrir. » Il pensait qu'estropiée elle serait toute à lui seul... Il est acquitté. « Nos anciens Parlements l'auraient condamné à la roue... », observe placidement le voyageur, sans se croire obligé de gloser sur le progrès...

Des personnages? Le touriste Stendhal en découvre, en croise, en interpelle et en juge beaucoup. Cette France bourgeoisement monarchique, dépossédée de la gloire claironnante et en attente du grand essor industriel des années cinquante, fourmille de citoyens en quête d'un monde nouveau, mais aussi de témoins du monde ancien que l'inventeur de Julien Sorel et du père Leuwen n'est pas homme à négliger.

Le voici cheminant, du côté des Échelles, avec un gentilhomme des environs, « homme d'esprit très fin », qui lui décrit le régime conforme à ses vœux, celui qu'ordonneraient « des gens de loisirs, chargés de gouverner sous la direction d'un roi... dont le pouvoir sera contenu par eux... ». « Mais que ferez-vous des gens des classes inférieures? – Ils jugeront dans les tribunaux, et seront curés... » Comme je me récriais : « Les rois, reprend l'autre, ne doivent être contenus que par des liens moraux... Un roi faible sera chassé, comme Charles X. Un roi qui gagne des batailles confisque la Constitution... – Mais quand les soldats sauront lire... ils refuseront d'obéir aveuglément aux gens de loisirs... – On passera par les armes les premiers mutins... Et le moindre sous-lieutenant s'attachera à ses devoirs avec application : il songera que s'il se relâche, le château de son père sera brûlé... » (la monarchie aristocratique tempérée par la jacquerie...).

Ce touriste, on le voit, n'est pas sectaire. Est-ce l'exécrable sédentarité à laquelle il fut parfois contraint qui nous faisait voir M. Beyle fort importuné par les soutanes, les jésuites, le parti prêtre et ses héros, Chateaubriand et Metternich? En route, ces préventions semblent se diluer dans le paysage et la pâte humaine. Anticlérical au poser, calotin en plein vol... Déjà, à Rome, nous l'avons vu fort admirateur de l'*ars politica* des bons pères. Retrouvons-le à Chambéry, au collège des jésuites, expliquant pourquoi les fils de saint Ignace, qui n'ont d'autre ambition que de complaire à leurs supérieurs et sont depuis si longtemps formés à ce seul exercice, sont de bien meilleurs éducateurs que les enseignants du secteur public, ambitieux, avides, impatients de s'enrichir, de « faire carrière »...

Et quel éloge des couvents, des établissements du Sacré-Cœur « organisés avec une sagesse admirable » ! Depuis que

> la révolution de 1830 a permis à la religion de se parer des couleurs du martyre… cette éducation religieuse [qui] réussit complètement aux femmes [les] envoie dans la société régner d'un pouvoir absolu et sans appel…

Aux « gens de loisirs » appelés aux affaires par son ami dauphinois, Stendhal substituerait donc un empire des femmes ? S'il goûte peu Germaine de Staël, mieux George Sand, il voue une véritable adoration à Mme Roland, pour ne pas parler, plus étrangement, de Charlotte Corday…

Si rural qu'il se veuille, assuré d'avoir un contact plus facile avec tel laboureur, ou marinier, ou berger, qu'avec les « gens de loisirs », c'est aux villes qu'il consacre ses analyses les plus substantielles, et ses jugements les plus catégoriques. C'est sans ménagement qu'il traite Lyon, où ni la place Bellecour ni les rives de la Saône ne trouvent grâce à ses yeux, et Toulouse, dont il ne voit pas la vitalité chaleureuse, pour s'arrêter obstinément à l'édilité exécrable, à la saleté qui y régnait alors. Ses suffrages vont surtout à trois villes, qui bénéficient, de sa part, d'une bienveillance obstinée : Marseille, Bordeaux*, et surtout Nantes, la cité selon son cœur.

Cet Alpin amoureux de Milan et de Vienne professe à tout propos que seuls sont éclairés les peuples de la mer. Qu'il n'est pas d'imbécile – collectivement – à moins de dix lieues de la côte, là où toute famille risque constamment de voir l'un des siens perdu dans les flots, ce qui par quelque biais sauve de la médiocrité… Lui que l'on voit grognon entre Moulins et Bourges, le voici rayonnant sur la route de Nantes à Auray, et – Saint-Malo mis à part, qu'il voit comme « une prison** » – se déclare amoureux de toutes les petites cités d'Armorique ou du Calvados. (Mais pas du Mont-Saint-Michel, qu'il trouve un peu mesquin, jugeant pertinent de le comparer au Mont-Blanc, ou au pic du Midi…)

* Pour ces deux villes, voir le chapitre XII.
** À cause de Chateaubriand ?

S'il aime Nantes, moins en tant qu'esthète qu'en homme heureux de vivre parmi les autres, et sous le ciel, les premières approches pourtant n'en ont pas été plaisantes :

> Rien de plus désagréable en France que le moment où le bateau à vapeur arrive ; chacun veut saisir sa malle ou ses paquets, et renverse sans miséricorde la montagne d'effets de tous genres élevée sur le pont... Tout le monde est grossier. Ma pauvreté m'a sauvé de cet embarras : j'ai pris mon sac de nuit sous le bras et fus l'un des premiers sur la planche qui m'a mis sur le pavé de Nantes...

À peine arrivé, frappé par la noble élégance de la cité, il court au théâtre Graslin voir une pièce jouée par Bouffé, à ses yeux le meilleur acteur français de son temps ; est saisi en sortant par le souvenir de l'emprisonnement subi en ces lieux, deux siècles plus tôt, par le cardinal de Retz, « l'homme de France qui eut le plus d'esprit » ; s'en va flâner le long de l'Erdre et de la Sèvre nantaise, y contemple une fraîche paysanne de 18 ans conductrice d'un omnibus où il monte, bien sûr ; s'enchante de la beauté des bords de Loire et, « affamé de parler », s'en va dîner « avec cinq ou six braves Bretons »... Mais ce touriste sait aussi visiter les hôpitaux et, bien que prévenant le lecteur qu'il se refuse à discourir sur le « paupérisme » ou l'« association » de Fourier, note tristement qu'en ce pays d'innombrables enfants de 10 ans « meurent faute d'un bifteck »...

Socialiste, notre Beyle ? Républicain de cœur, en tout cas – mais capable, en ces hauts lieux de la chouannerie, d'écouter respectueusement et d'admirer un vétéran de la guerre de Vendée lui conter la geste de Cathelineau et le supplice de M. de Charette, et d'évoquer ce temps où les « bleus » tremblaient de voir la Convention balayée par les bandes de Bretons enflammés et jetés sur Paris par leurs curés...

Nantes aurait-il tant plu à l'auteur de *Brulard* si, sur le pont du bateau où il aime à longer les quais de la Loire, n'avait paru soudain « une jeune fille de 20 ans avec un chapeau vert » ? Nous connaissons notre touriste, plus discret certes sur ses bonnes fortunes, quinquagénaire, que du temps où il flânait à Milan ou à Marseille, souvent charmé pourtant, et l'avouant ingénument. Mais, pour le coup, c'est bien un coup de foudre qui l'a frappé – ou un trait de lumière...

> Je suis resté immobile et ébahi à regarder; ce n'était rien moins qu'une des plus belles têtes que j'aie contemplées de ma vie... J'ai jeté mon cigare dans la Loire, apparemment avec un mouvement ridicule de respect, car les femmes âgées m'ont regardé. Leur étonnement me rappelle à la prudence...

(Ce cigare jeté « avec un mouvement de respect », comme on rend les armes, ou comme Carmen lance la fleur à José, est un de ces traits qui font Stendhal unique...)

> Cette figure est à mille lieues de la petite affectation des nobles demoiselles du faubourg Saint-Germain, dont la tête change d'axe vertical* à tous moments... Encore plus loin de la beauté des formes grecques. Les traits de cette belle Bretonne au chapeau vert sont au contraire profondément français... N'être la copie de rien au monde** ! Aussi mon admiration ne lui a pas manqué; j'étais absolument fou... Les deux heures que cette jeune fille a passées sur le bateau m'ont semblé dix minutes...

Il surprend quelques bribes de la conversation qu'entretient la Divine avec le prêtre et les dames âgées qui l'accompagnent – où il est question d'une élection manquée par un proche, qui aurait dû, pour l'obtenir, « blesser la façon de penser de ses amis » : le touriste devine que celle qui prononce ces mots est une « adorable carliste », la couleur de son chapeau signalant, en Bretagne notamment, ses sentiments légitimistes. Et il admire que chez elle

> ni un mot ni une seule pensée eût pu *convenir à un homme*. Voilà la femme parfaite, telle qu'on la trouve si rarement en France...

Un « motif souverain » l'a détourné d'aborder la demoiselle au chapeau vert, dont quelque stendhalien fervent a retrouvé le nom : elle s'appelait Victoire...

> C'est qu'elle s'est aperçue de l'extrême attention que je cherchais pourtant à cacher autant qu'il était en moi. Tôt ou tard, il aurait fallu s'en séparer, et sans son estime.

* L'auteur se déclare incapable de donner un sens à cette notation...

** Il note pourtant dans son journal, ce 9 juin 1837, que la « demoiselle au chapeau vert » a la physionomie de Mina...

Voilà un beau chapitre additionnel à *De l'amour*, pour peu qu'on le complète par la notation qui suit :

> Après cette rencontre d'un instant, et les illusions dont malgré moi mon imagination l'a embellie, il n'était plus au pouvoir de rien, à Nantes, de me sembler vulgaire, ou insipide.

Pour ces mots-là, bouleversants, pour cet élan retenu du gros homme au cœur si chaud, nous ferons de la cité de la duchesse Anne l'une des capitales de la cristallisation…

Mais cette exploration de la France par un Français n'aurait pas tout ce suc, du point de vue des stendhaliens, si elle ne prenait aussi la forme d'un « anti-Brulard », en tout cas du plaidoyer pour sa ville natale dont l'autobiographie qu'il écrit depuis quatre ans fait si cruellement le procès, réduit à un réquisitoire.

Cette cité qu'il a stigmatisée sous le vocable de « Cularo » (son nom avant la conquête romaine) et qui apparaît dans *La Vie de Henry Brulard* comme le concentré de tout le conservatisme, l'hypocrisie, le « jésuitisme », la fourberie, l'intrigue et la vanité satisfaite d'une bourgeoisie avide et vindicative, voilà qu'il la retrouve ou, comme on dit, la « revisite », la cinquantaine passée, son père mort : et c'est une découverte. Qui prend quelque intérêt à la personne et au singulier génie de l'inventeur de Julien Sorel ne peut négliger cette révision éclairante – où le « noir » se fait « rouge »…

Peut-être est-ce parce qu'il est descendu à l'hôtel des Trois Dauphins et dans la chambre n° 2, celle où s'était logé Napoléon revenant en 1815 de l'île d'Elbe, acclamé par une foule exaltée – mais lui signifiant qu'on attend en lui le libérateur, non le tyran –, qu'il voit soudain sa ville natale sous un jour nouveau, semblant découvrir enfin que c'est de là, de la toute voisine assemblée de Vizille, qu'était partie en 1788 la vague parlementaire du grand mouvement révolutionnaire – au point que le comte de Provence, qui allait devenir Louis XVIII, n'appelait jamais la ville de Barnave et de Mounier que « Grelibre »…

Ce n'est pourtant pas en tant que foyer de la république que Stendhal rend d'abord hommage à sa ville natale :

> Ce que j'aime de Grenoble, c'est qu'elle a la physionomie d'une ville et non d'un grand village, comme Reims, Poitiers, Dijon… La première condition de l'architecture, c'est de montrer de la puissance. On dirait que toutes les façades ont été rebâties depuis vingt ans… sous le ministère de Casimir Périer, né en cette ville… Cette ville gagne-t-elle à devenir place forte ? Chaque habitant aisé a un domaine où il va passer un jour de la semaine… Ainsi les habitants de ce beau pays lui rendent-ils justice ?

Le voici au musée, installé dans l'ancienne église des jésuites par celui qui avait été son professeur de dessin au lycée, Louis-Joseph Jay*. Il s'installe devant la fenêtre pour contempler le pays, vers Échirolles et Le Pont-de-Claix, qui arrache à ce gourmet en paysages cet hymne à sa ville natale :

> Cet ensemble est bien voisin de la perfection ; j'étais ravi au point de me demander, comme à Naples : que pourrais-je ajouter à ceci si j'étais le Père éternel ?

La légende est si forte – nourrie par le texte au vitriol de *La Vie de Henry Brulard* – de la haine de Stendhal pour sa ville natale que l'on éprouve quelque plaisir à opposer au réquisitoire exaspéré, et fameux, ce plaidoyer certes moins bien connu, et tout compte fait émouvant. Comme l'est son récit d'une visite collective à la Grande Chartreuse voisine, qu'il aurait brocardée jadis, et où il ne trouve à critiquer que l'indiscrétion des visiteurs faisant irruption, en intrus, chez les religieux…

Le choix du vocable « touriste » impliquait une certaine modestie dans l'ambition de l'auteur : il ne s'agissait pas d'un tableau de la France tel que pourront le brosser bientôt Michelet, Taine ou Renan. Un écrivain quelque peu mêlé naguère aux affaires publiques, féru d'art et d'histoire, informé de quelques sociétés étrangères, sillonne le centre et l'ouest, puis le sud-est de la

* Professeur, après lui, de Champollion, qui n'a pas connu Beyle, son aîné de sept ans. Mais l'écrivain assista, place de la Concorde, à l'érection de l'obélisque de Louxor, postérieure à la mort du déchiffreur.

France, de mai à juillet et d'août à septembre 1837, prend des notes après avoir lu bon nombre de rapports et écouté de savants voyageurs, les rassemble nonchalamment en quelques semaines du même automne (octobre-novembre) avec l'aide de son cousin Romain Colomb, auquel il a demandé une relecture exigeante...

... Et le livre paraît en juin 1838 chez Ambroise Dupont. Avec un vif succès, en dépit de quelques critiques dédaigneuses, dont le ton est donné, curieusement, par son ami (fidèle, mais acerbe) Louis Crozet qui parle de notes écrites à la hâte, sans recherche sérieuse, souvent « de chic », et parfois même « de seconde main », faisant écho à des thèses mal vérifiées, à des « ragots »...

Mais Émile Forgues (qui signait ses chroniques « Old Nick »*) soulignait avec pertinence la parenté d'esprit entre ce « touriste » et Diderot ; tel autre le rapprochait intelligemment du président de Brosses, tel autre de Montaigne. Et tel autre enfin faisait valoir qu'à force de s'immerger dans ce réel mouvant quotidien et multiple, Stendhal s'affinait, et s'affirmait romancier...

Le plus savoureux écho fait aux *Mémoires d'un touriste* pourrait bien être cette lettre d'Astolphe de Custine, qui s'était déclaré admirateur de Stendhal dès *Les Promenades dans Rome*, et qui lui écrit le 12 août 1838 :

> Il y a longtemps que mon opinion est arrêtée sur ce que vous faites : rien ne ressemble tant à ce que vous êtes : cette indépendance d'esprit, ce besoin de vérité qui domine tout et en même temps ce bonheur d'expression qui ferait qu'on prendrait intérêt même au mensonge, font de ce livre une lecture qu'on ne finit jamais parce qu'on recommence aussitôt qu'on est au bout. Le choix de vos anecdotes est délicieux et votre plume, toute légère qu'elle est, n'en est pas moins la massue des préjugés ; enfin rien ne donne le désir de causer avec vous comme de vous lire. Cette aristocratie d'esprit et cette libéralité dans les sentiments vous placent à part de tout ce qui est écrit maintenant...
> ... Quelle savante et pittoresque explication de notre pays vous nous donnez. La géographie, la politique, la philosophie, l'histoire, l'art : toute la France est là sous nos yeux et il semble que vous ayez à

* Et auquel on doit le meilleur article nécrologique consacré, dès le lendemain de sa mort, à Stendhal.

peine pensé à ce que vous avez écrit : la profondeur dans la légèreté : voilà ce qui fait les livres amusants et durables.

Permettez-moi de me dire un de vos plus sincères admirateurs.

A. de Custine.

On peut ne voir dans ces carnets du « touriste » qu'une œuvre mineure de l'auteur du *Rouge*. Nous sommes nombreux pourtant à les tenir pour essentiels – et bien près d'être d'accord avec ce critique, cité par Michel Crouzet, qui n'estimait digne d'écrire sur Stendhal que celui qui pourrait faire la preuve qu'il avait lu le *Touriste*…

CHAPITRE XII

Tous les chemins mènent à Parme

• Un *romanzetto* • Touriste ou romancier • Une errance créatrice ? • Pas même relu… • Bordeaux la Magnifique • Chez Montesquieu, l'austérité • Les pavés de Toulouse • Méditation à Montpellier • Les charmes de Marseille • Vertus de l'Allemagne • « Deux ou trois Rembrandt » à La Haye… • Granit et calcaire ?

… Et plus il avance en âge – s'alourdissant en infirmités, souffrances, handicaps et impotences diverses –, plus son appétit de vagabondages rivalise avec son ardeur créatrice. Le jeune Socrate, le jeune Descartes, le jeune Tolstoï s'élancent d'abord, guerroyant, questionnant le monde – puis rejoignent leur poêle. Pas lui, Stendhal, même chenu, jamais en place, toujours en quête d'ailleurs. Comme si l'énergie poétique se confondait chez lui avec l'énergie cinétique – ou se branchait sur elle.

L'année 1838, la cinquante-cinquième de son âge, est bien sûr celle du chef-d'œuvre doublé du tour de force – la dictée épique, en cinquante-trois jours, de *La Chartreuse de Parme*. Que l'idée lui en soit venue le 16 août, jour où il note dans son journal le projet de faire un *romanzetto* de quelques documents relatifs à « l'origine de la grandeur des Farnèse », ou qu'elle ait surgi plus tôt, c'est en tout cas au début de septembre, le 2, qu'il se lance dans l'aventure, écrivant le 4 le récit des tribulations d'Alexandre (qui ne deviendra Fabrice que quelques semaines plus tard) et de la vivandière aux abords de Waterloo.

Mais si cette année est bien celle de l'invention par excellence, elle est aussi celle des tribulations les plus frénétiques, de la déambulation la plus inlassable – et qui n'a rien à voir avec le thème, les personnages, les paysages du roman, sinon peut-être le passage de Stendhal par Bruxelles, d'ailleurs fortuit et fugitif. C'est alors que, dans la vie de Beyle, le « tourment de locomotion » prend sa forme la plus déraisonnable : le gros touriste semble pris d'une sorte de frénésie.

N'excluons pas qu'il ait conçu son *romanzetto* avant d'en faire mention dans son journal, dès le début de l'année, parallèlement à l'une des deux nouvelles italiennes (*La Duchesse de Palliano* et *L'Abbesse de Castro*) écrites en ces mois-là pour *La Revue des Deux Mondes*. Le fait est que l'année 1838 est la seule où il ait entrepris deux (on pourrait même dire trois) longs voyages, de Bordeaux à Marseille et Valence, doublé d'un Genève-Cologne-Amsterdam et retour, et complété par une nouvelle expédition vers la Bretagne et la Normandie (à quoi certains ajoutent un quatrième raid vers l'Angleterre, improbable tout de même...). Ensemble de tribulations qui l'éloignèrent de Paris pendant quatre longs mois, puis durant cinq semaines...

Et le plus curieux est que le troisième départ, celui qui l'entraîne vers l'Ouest, dans le pays déjà si bien arpenté par le « touriste » des *Mémoires*, intervient après les premières ébauches du romancier de *La Chartreuse*, l'emportant vers des paysages qui ont moins à voir encore que les précédents avec ceux de Parme ou du lac de Côme. Que l'on veuille ou non trouver un lien entre ce nomadisme et la création stendhalienne, le fait est que le génie du romancier paraît avoir été alors comme dynamisé par la locomotion – départs, cahots, paysages, bavardages, tables d'hôtes, nuitées, anecdotes, additions, « étrennes », et servantes dodues*...

La fureur de partir, jusqu'alors indépendante de la création, chez Beyle, semble à première vue en contradiction matérielle avec son invention romanesque. Comme si le voyage était une sorte de suspension de l'écriture, ou comme une mise à l'épreuve ; tel, avant une grande aventure amoureuse, ou un tournoi, le retrait que s'impose le chevalier. Mais on peut voir aussi, dans ces chevauchées épuisantes, une sorte de gymnastique, d'entraînement. Comme si le créateur sentait la nécessité, avant l'entrée en lice, d'un échauffement physique, d'un frottement direct avec les choses du monde, images, propos, odeurs, saveurs...

Mais peut-être ne faut-il chercher aucune relation rationnelle entre l'épanouissement du génie créateur, chez Stendhal, et cette humeur

* Ainsi a-t-il déjà pris la route avant d'entreprendre *Le Rouge* et *Brulard*...

vagabonde qui aura fait de la vie d'Henri Beyle une interminable balade. Confiné, enfermé pendant des mois dans son petit logement de la rue Caumartin avec son « dossier Farnèse », peut-être eût-il fait vivre avec la même ferveur jubilante le jeune Del Dongo, la duchesse et Clélia ? On peut aussi voir dans son ardeur déambulatoire une face alternative mais complémentaire de son génie.

Dans l'épuisante errance de cette année 1838, se manifeste le déploiement d'une sorte d'énergie compensatoire, la gesticulation libératrice du démiurge qui, avant de se cloîtrer dans sa loge avec son génie et ses mots, se rue follement à travers les espaces du monde. Avant d'entrer dans la Chartreuse, le plus libre, le plus paradoxal des pèlerinages...

Ce nouveau départ pour le Midi, au printemps 1838, aurait pu avoir pour mobile la rédaction d'une suite aux *Mémoires d'un touriste*, dont Stendhal achève le second tome et corrige les épreuves en janvier et en février. Mais s'il est à l'origine de l'ouvrage et assez satisfait de son succès, l'éditeur Ambroise Dupont ne souhaite pas lui donner une suite, sous la même forme en tout cas.

Le « touriste » repart donc, sinon pour son propre compte, en tout cas sous son propre nom. Son *Voyage dans le Midi* (qui restera inédit jusqu'en 1932 : il n'aurait pas détesté, on le sait, d'être révélé si tard...) ne met pas en scène le négociant Philippe L., mais un « je » qui ne porte, cette fois, aucun masque. Eût-il trouvé le temps de se relire, de se mettre en scène, de transformer ces carnets en « ouvrage », eût-il attribué ses impressions de voyage à un magistrat, ou à un imaginaire professeur ?

Le fait est que ce *Voyage dans le Midi* ne rend compte que de la deuxième traversée d'Atlantique en Méditerranée d'un personnage apparemment dégagé de toute obligation professionnelle. Encore que, passant par Toulouse, il lui échappe soudain une référence aux « affaires de la maison » qui donne à penser qu'il croyait donner simplement une suite aux *Mémoires* écrites par « Philippe L. ». Et qu'à Montpellier, il fasse allusion à une « vente de fer en Alger »...

Bref, il s'agit d'un « premier jet » non relu, d'autant plus stendhalien qu'il assume, au galop, sa liberté de ton et de jugement, sa spontanéité, cette vivacité qui faisait dire à Gide que l'auteur du

Rouge semble écrire avant même d'avoir pris la peine de disposer son papier devant lui, ou fait penser à un marcheur qui n'aurait pas pris le temps de lacer ses souliers…

À la date du 8 mars 1838, le journal de Stendhal porte cette notation : « Départ pour Bordeaux* à cinq heures du soir. Première place coupé, 61 francs… » Un peu moins de soixante-douze heures plus tard, à l'aube du 11 mars, la diligence dépose l'auteur des *Mémoires d'un touriste* sur « la magnifique place nommée les allées de Tourny ». Installé à l'Hôtel de France, rue Esprit-des-Lois, il va déjeuner au café du Théâtre et, tout à l'émerveillement que lui procure « la beauté suprême du magnifique quai de la Garonne », encore supérieure au souvenir qui lui en est resté de son voyage de 1829, il s'en va à l'opéra, comme il l'eût fait à Milan, écouter *La Juive*, « assez bien chantée » par Mme Pouilley qui n'est point belle, la pauvre, mais chante juste…

Il est peu de dire que le portrait de Bordeaux tracé en 1838 par Stendhal (déjà séduit neuf ans plus tôt)** est bienveillant. On l'a vu amoureux de Nantes, enchanté par Marseille. Pour la cité de Montaigne et de Montesquieu, c'est de l'enthousiasme qu'il manifeste :

> Lorsque, vers le minuit, par un beau clair de lune, on sort de la rue Sainte-Catherine […] avec, au-delà, la place de Tourny et les échappées sur les quais, on se demande si aucune ville du monde présente des aspects aussi importants…

Si les hauts lieux de l'urbanisme ou de l'architecture de Bordeaux appellent, de la part de notre touriste, des réserves que l'on signalera, que dire de ce que l'auteur de *De l'amour* écrit des dames de Bordeaux :

> … Ce qui frappe le voyageur qui arrive de Paris, c'est la finesse des traits et surtout la beauté des sourcils des femmes de Bordeaux…

* Étrangement, l'édition de La Pléiade porte ici « Verdun » : contre toute vraisemblance, en dépit du contexte le plus clair. Tout montre bien que c'est pour Bordeaux que part le touriste. Mais l'écriture de Beyle est si mal déchiffrable…

** Voir chapitre XI.

> Les physionomies ont l'air délicat et fier… comme en Italie, les femmes ont, sans le vouloir, ce *beau sérieux* dont il serait si doux de les faire sortir…

Le voici amoureux de « la petite marchande d'oranges et de violettes à la sortie de l'église ». Cette fois, le touriste dauphinois n'y tient plus : « Bordeaux est, sans contredit, la plus belle ville de France… »

Alors quoi, pas de réserves ? Mais si, et de taille : l'extase stendhalienne se fige, se décompose, quand il est question de l'édifice dont les Bordelais sont, depuis 1783, le plus fiers, le « Grand Théâtre » de Louis :

> Je le dis avec un véritable regret, car j'aime les habitants de Bordeaux et leur vie tout épicurienne… mais enfin la vérité me crie (et qu'est-ce qu'un écrivain qui ment ?)… ce théâtre dont les Bordelais sont si fiers ne vaut rien comme architecture. Cet édifice… est horriblement lourd… Douze pauvres petites colonnes… des pilastres d'une lourdeur incroyable… Et l'intérieur de la salle est peut-être ce qu'il y a de plus laid… Cela n'est pas misérable… cela est sot et donne envie de siffler…

Mais, de cet étonnant réquisitoire (faut-il être bordelais pour le juger mal venu ?), on peut retenir la conclusion savoureuse :

> … en vertu de la beauté de leur théâtre qu'ils croient suprême du fait de la vanité gasconne, les Bordelais se figureront peut-être qu'ils aiment les arts et donneront quelque argent pour cultiver chez leurs enfants le sentiment du beau…

M. Beyle n'en a pas fini avec Bordeaux quand il a vanté son urbanisme, brocardé son théâtre et loué la beauté de ses femmes : c'est à une véritable opération anthropologique qu'il soumet la société bordelaise, son épicurisme, sa stratification, la conduite des couples, l'infidélité savamment orchestrée des uns et l'ennui où sombrent les « honnêtes femmes », qui « ne voient leurs maris qu'à l'heure des repas », l'agilité commerciale des indigènes des diverses classes et leur art de vivre à moindre drame : on croirait lire du Lévi-Strauss à propos des Bororos.

Mais il ne saurait, explorateur infatigable, s'en tenir à l'étude des tribus bordelaises. Le Médoc est là, tout près, courons-y. Le coche d'eau part pour Blaye. Il s'y engouffre. Ne va-t-il pas plus loin ? Si, à Pauillac. Tope là. Le temps de lorgner quelques vignes et il voit une diligence prête à partir. On ferme les portières. Où allez-vous ? À Lesparre. Il s'y rue. Et le temps d'y flâner une heure, d'avaler un confit de canard accompagné de trop rares pommes de terre (quel appétit !), et le voilà dans la diligence pour Bordeaux où, précise-t-il, « j'écris à mesure que je vois » – ce qui est nouveau : jusqu'alors, il ne le faisait guère qu'à l'étape. La hâte de noter rejoint la fureur de bouger… Mais la phrase la plus significative qu'il griffonne ce soir-là n'a pas trait aux Bordelais, mais à lui-même : « Le bonheur d'avoir pour métier sa passion ! » (« ses » passions plutôt, de vagabonder et d'écrire…).

Mais il a aussi celle d'admirer. Et de quoi, ici, le satisfaire, au-delà de la beauté des sourcils des Bordelaises, de la pudeur dont elles témoignent et des belles perspectives ouvertes, en cette ville, par le marquis de Tourny. Tout près de Bordeaux, plus proche même que celui de Montaigne où il n'ira pas, s'élève à La Brède le château dont Montesquieu a fait la gloire. Et « pour Montesquieu, écrit-il, ce n'est pas précisément de l'amour que j'ai, c'est de la vénération… ». Il court donc à La Brède, où, dès son arrivée, il est « saisi d'un respect d'enfant », assuré que « ce jour marquera dans [sa] vie », comme celui où il visita, en 1805, le Potsdam du grand Frédéric…

Le récit que propose notre touriste – flanqué d'une mystérieuse Mme S… – de sa visite du château de Montesquieu, guidée par une servante « disgracieuse quoique non laide », est proprement délicieux, le plus éloigné qui soit du style « visite de la maison du grand écrivain par le grand écrivain » (on imagine celle qu'eût écrite Chateaubriand à Ferney…). Quoi que puisse penser un indigène des jugements portés par l'auteur du *Rouge* sur le « triste » paysage, sur les arbres (« le pin, l'arbre le plus laid du monde » !) l'« aspect horriblement triste et sévère » de ce château qui lui fait penser à celui où Armide emprisonnait les chevaliers de la Croisade, l'eau des fossés du château « couleur de café » où « les poissons ne peuvent vivre », il ne saurait résister au charme de ce récit du romancier quinquagénaire pris entre sa tendre « vénération » pour le grand homme, la déception de ne pas voir son génie reflété par une beauté digne de lui et le respect que lui inspire cette simplicité proche de la « pauvreté »…

L'histoire de Bordeaux et de l'Aquitaine qu'esquisse, à son propos, notre consul en vacances ne manque pas de fantaisie. Mais ce qui est bien vu, très bien marqué par ce vieux jacobin mal guéri du bonapartisme, c'est à quel point il était « naturel que Montaigne et Montesquieu naquissent dans ce pays », si longtemps pourvu, du fait de la domination anglaise, d'un « gouvernement raisonnable » et non « avili par l'habitude de la servilité », c'est-à-dire de l'absolutisme.

Loué soit donc Bordeaux, « ville anglaise », ses quais « plus beaux que ceux de Naples » ou que la rive des *Schiavoni* à Venise, sa douceur de vivre et la « sveltesse » de ses femmes. Et cap à l'est, vers Toulouse et Marseille, par la Garonne jusqu'à Agen, sur ce délicieux coche d'eau où ne le martyrisent ni les cahots de la route, ni l'inflexible promiscuité, cuisse contre cuisse, de ces voisins de diligence qu'il faut subir et renifler cent lieues durant...

> Le dimanche 25 mars... à cinq heures, je me suis embarqué dans le bateau à vapeur qui remonte la Garonne jusqu'à Agen... Les compagnons de navigation sont tout à fait gascons, et pis encore, vulgaires et parlent entre eux de leurs exploits d'un air terrible... Par bonheur, nous sommes un petit nombre : le plaisir de disputer un coin de coussin à des Gascons qui sentent l'ail... Ce qui fait que j'abhorre la foule qui ne permet pas la volupté de vivre au hasard et de se livrer au plaisir de faire des romans...

(Quelle phrase plus stendhalienne fut jamais écrite ? Rien de tel que ces jacobins pour afficher leur hédonisme aristocratique...)

Collision de bateaux, semi-échouage : le délicieux coche d'eau, supposé faire sa lieue à l'heure, perd du temps et, ayant « grillé » Aiguillon* et le château de la duchesse amie de Montesquieu, accoste à Agen avec cinq heures de retard... C'est en diligence, tout compte fait, qu'il rejoindra Toulouse, traversant des paysages gascons qui lui rappellent sa « chère Lombardie ». Mais cette odeur d'ail ! Et ces gens qui s'obstinent à dire To-nince pour Tonneins ! (Au fait, n'a-t-il pas mis dix ans, lui, à se guérir de l'accent traînant des Dau-au-phi-i-nois ?)

* Ce qui donne alors à son récit une aigreur mélancoliquement relevée dans un article de la revue du Lot-et-Garonne par le professeur Alain Paraillois – qui enseigne à Aiguillon, au lycée Stendhal...

Sa querelle avec Toulouse commence avec le contact des pavés des rues de la ville, des « petits cailloux gris noirs de la forme d'un rognon à la brochette [!] qui rendent la marche aussi insupportable qu'à Lyon... » et l'incitent à trouver « Toulouse presque aussi laide que Bourges » – verdict qui n'a jamais laissé de surprendre tout autant les Berrichons que les Toulousains.

Et il mettra la même obstination à dénigrer Toulouse en bloc (non sans énumérer ses beautés) qu'à vanter Bordeaux non sans épargner ses flèches, on l'a vu, à la cité de Montaigne. Les mots de « grossièreté » et de « saleté » reviennent constamment sous la plume du « touriste », dût-il louer la « pureté » de l'eau toulousaine, dire sa juste admiration pour Saint-Sernin, la cathédrale qui lui donne « une profonde sensation de beauté », pour la magnifique église dite aujourd'hui « des Augustins », et prendre plaisir à parler « le toulousain » où il entend des sonorités italiennes...

Mais de quelle humeur est-il quand il découvre ou contemple le Capitole – où, il n'a garde de l'oublier, ont été décapités à la hache de Thou et Montmorency, martyrs de l'absolutisme ?

> Le Capitole... est tout ce qu'il y a de plus laid, mais le reste de la ville est si mesquin que la vue de ce gros bâtiment... fait plaisir...

Quand on a en tête le réquisitoire prononcé par le même homme contre le théâtre de Bordeaux, on s'étonne moins de pareille excentricité dans le goût : l'auteur de *Promenades dans Rome* ne trouvait-il pas belle l'église du Gesù ? Mais l'étonnement se ranime, et tourne à l'ahurissement quand notre touriste émet le vœu de voir la façade du Capitole camouflée par l'érection d'un mur imitant la façade d'un palais de Venise, celui des *Procuratie Vecchie* qui s'élève à droite de Saint-Marc... Selon toute apparence, Beyle a écrit cela en toute sérénité, à jeun, et sans penser à mal...

Il est vrai que pour tout ce qui touche à Toulouse, et aux commentaires qu'il en fait, il ne dissimule pas le préjugé négatif instillé en lui par une mésaventure antérieure : lors de son voyage dans le Midi de 1829, il avait discuté de l'affaire Calas avec un groupe de notables toulousains qui, en réponse à son réquisitoire naturellement inspiré de Voltaire, soutenaient que le Parlement de la ville « avait eu raison de condamner Calas… ». De là à condamner soi-même le Capitole !

Le véritable instantané du Stendhal sillonnant routes et villes du Midi à la veille de donner au monde ces personnages merveilleux – Gina, Fabrice, Clélia, Mosca –, sans lesquels certains d'entre nous ne se sentiraient pas tout à fait heureux, c'est peut-être pendant son bref séjour à Montpellier qu'il faut le saisir.

Il y est arrivé, de Narbonne, le 29 avril à minuit et, sitôt nanti d'une chambre « infâme », se voit mêlé à une assez pénible querelle de règlement du prix du voyage, que contestent certains de ses compagnons de route – sans compter que le « déballage » de la diligence donne lieu a « des traits de grossièreté uniques ». Est-ce une raison pour renoncer à ce type de voyage collectif ? Mais non :

> Tout compte fait, j'aime mieux supporter ce quart d'heure et avoir tout le long de la route le spectacle de l'humanité. Je le préfère à la conversation avec mon domestique…

« Le spectacle de l'humanité » : tout élitiste qu'il soit, l'auteur du *Rouge* est bien l'homme qui a comparé le roman à un miroir promené le long du chemin. Nous découvrons là – si elle nous restait à découvrir – l'une des clés de l'obsession baladeuse de notre romancier. « Le spectacle de l'humanité » : il est certain que, bien enfermée dans le « coupé » d'une diligence, la comédie humaine devait prendre une intensité, une crudité singulière. On imagine ces huit ou dix personnes encagées, entassées des journées durant… Incomparable alambic !

Mais ce séjour à Montpellier ne fait pas seulement surgir à vif le professionnel de « l'exploration du cœur humain », comme il aimait à se définir. Son propre cœur s'y dévoile avec une force peut-être sans précédent. Écoutons les confidences de Stendhal, griffonnées après une rêverie nocturne sous les arbres d'une place de Montpellier :

> Autrefois, dès que j'étais seul, je rêvais à des aventures d'amour tendres et romanesques plutôt que flatteuses pour l'amour-propre.

> Depuis, je suis devenu moins sot ; j'ai appris ce que vous savez – mais je l'ai appris lentement –, qu'il faut surtout intéresser l'amour-propre et, avant tout, cacher, comme le plus funeste des désavantages, la passion que l'on pourrait sentir. Si l'on est tellement sûr de vous, on ne songera plus à ce qui peut vous rendre aimable.
> Cette belle science m'a rendu peut-être moins gauche dans l'occasion, quoique je le sois toujours beaucoup, mais elle m'a volé mes charmantes rêveries de voyage. Maintenant je songe aux arts, ou aux campagnes de Napoléon. Ce dernier sujet est triste pour moi ; je me vois tomber dans une époque de transition, c'est-à-dire de médiocrité ; et à peine sera-t-elle à moitié écoulée, que le temps, qui marche si lentement pour un peuple et si vite pour un individu, me fera signe qu'il faut partir.
> J'étais bien plus fou, mais bien plus heureux quand, sans en rien dire à personne, et déjà grand garçon et donnant des signatures officielles, je songeais toujours aux passions que je me croyais à la veille d'éprouver, de sentir et peut-être d'inspirer. Les détails d'un serrement de mains sous de grands arbres, la nuit, me faisaient rêver pendant des heures entières ; maintenant j'ai appris à mes dépens qu'au lieu d'en jouir il faut en profiter sous peine d'en être aux regrets deux jours après. Hé bien ! je voudrais presque redevenir une dupe et un nigaud dans la réalité de la vie, et reprendre les charmantes rêveries si absurdes qui m'ont fait faire tant de sottises, mais qui seul, en voyage, comme ce soir, me donnaient des soirées si charmantes et qui, certes, ne pouvaient porter ombrage à personne.
> Depuis que je sais faire un peu cette guerre, je dédaigne souvent d'entrer en campagne ; un rien suffit pour m'inspirer du mépris. Je me gourmande, un an après, d'avoir méprisé ; mais ce sentiment est plus fort que moi, dans le moment sur le champ de bataille, et la raison, pour me consoler de cette malheureuse facilité à mépriser ce qu'il eût fallu aimer, vient me répéter ce qui est faux, c'est qu'à un certain âge il ne faut plus aimer. Tant qu'on est capable d'aimer pour son esprit charmant, pour sa naïveté parfaite, une femme parfaitement bête ou souverainement comédienne, tant qu'on peut avoir une illusion complètement absurde, on peut aimer. Et le bonheur est d'aimer bien plus que d'être aimé.

Ainsi glisse-t-il, ce Stendhal à la veille d'enfanter Fabrice et Mosca, d'un manifeste de l'« amour-propre » bien cynique à l'aveu le plus doux d'un altruisme érotique qui prendra peut-être la figure de Clélia — après celle de Bathilde de Chasteller… Vive les voyages, qui mènent à de tels murmures intimes, dans la nuit d'une ville inconnue !

Et puis nous avons droit, à Montpellier, à un « numéro » de l'auteur de *Promenades dans Rome*, amateur d'art « professionnel », si l'on ose dire, qui se veut expert non seulement en styles et en sensibilités, mais en prix, et en authenticité. La visite au musée créé par le célèbre M. Fabre, qu'il a connu à Florence et retrouve chez lui à Montpellier, est d'autant plus savoureuse qu'il se moque du propriétaire, « *umile in tanta gloria** », en affichant lui-même une assurance que la postérité peut juger excessive. On portera toutefois à son crédit, à l'intention des successeurs d'André Malraux, cette réflexion relative au musée Fabre :

> On a construit ce musée pour les tableaux ; en ce cas, pourquoi ne pas bâtir une tour ronde avec une lanterne au milieu ?

Ingénieux muséographe, le « touriste » est-il un impeccable connaisseur de cette peinture italienne dont il s'est institué, non sans quelques emprunts, l'historien ? Les questions qu'il pose à propos de l'authenticité des deux Raphaël du musée Fabre sont à coup sûr bien venues. Mais cette vigilance le conduit à l'outrecuidance quand il assène

> Toute l'Europe a cru pendant un siècle ou deux que le portrait de la Fornarina… est de Raphaël. Je pense qu'il est d'un peintre de l'école de Venise, auquel j'attribuerais aussi le second Raphaël du musée Fabre.

Passons pour le second diagnostic. Mais pour ce qui est de l'origine vénitienne de la boulangère au sein blanc…

Il n'est pas de dérapage de M. Beyle, pourtant, qui n'ait son charme : comme cette notation par rapport aux tableaux de l'école hollandaise ici présentés :

> Je me dispenserai d'en parler, ne les aimant guère : c'est pour moi comme le piano en musique…

Et tant pis pour les sonates de l'auteur de *Don Giovanni*…

* Humble en tant de gloire.

« Si Bordeaux est la plus belle ville de France, Marseille est la plus jolie… » Voilà à coup sûr, datée du 7 mai 1838, une succulente entrée en matière, et qui nous promet de bons moments, en compagnie des Marseillaises « aux traits fiers et grecs », et du Marseillais « franc, grossier, honnête en affaires »… et impropre à cette règle d'or de la réussite de Paris : savoir s'ennuyer…

C'est au temps où La Canebière s'appelle encore la rue du Chanvre, « plus large que la rue de la Paix à Paris » et conduisant à la vieille ville

> où un homme comme il faut ne va jamais… seulement s'il a l'honneur d'être amoureux… faiblesse bien rare à Marseille [où] les dames de la société ne se font pas enlever comme à Bordeaux… À Marseille, on n'a d'amour que pour des personnes assez difficiles à nommer dans un livre… des *grisettes*.

Il court naturellement au musée, qu'il trouve « bien supérieur » à celui de Montpellier, riche d'un Jules Romain, d'un Guerchin, d'un Caravage « bien ignoble », d'un Pérugin ; d'une « étonnante » collection de Michel Serre*, d'un beau Rubens et d'admirables Puget, dont notre touriste prend soin de rappeler l'origine marseillaise. Bref, il tient le musée de Marseille pour le meilleur qu'il ait visité en province, bien que « vénérable par son obscurité », du fait de

> la mesquinerie qui consiste à ne lui avoir donné que la moitié inférieure, privée de jour, d'une église… invention bien digne d'un gros échevin bien riche…

Soleil, lumière, aisance en affaires, franchise des propos : M. Beyle, grenoblois de naissance, milanais de cœur, se sent heureux à Marseille – encore que les visages (ou les corps) de femmes se fassent rares dans les notes prises pendant ce mois de mai. Pourquoi faut-il alors que ce soit dans cette ville où règne la liberté qu'il griffonne sur son carnet, le 27 mai 1838 :

* Alors quasiment inconnu.

> Il ne serait pas bien à moi de raconter ce que je vois dans le petit monde de maisons qui me font l'honneur de m'admettre. C'est une des ressources qui sont interdites par l'honneur au Français qui hasarde d'imprimer un voyage en France. Comment un tel livre ne serait-il pas plat ?

Plat, cher touriste ? Plat ? Non. Moins piquant que votre *Journal d'Italie* (et de jadis) peut-être. Mais si révélateur, dans sa nonchalance…

Pourquoi, mais pourquoi donc, riche d'un si savoureux butin, repart-il, non vers Paris où l'attendent, sinon son éditeur Ambroise Dupont, au moins tel ou tel directeur de revue, Buloz ou un autre – mais vers le nord, la Suisse, l'Allemagne, les Pays-Bas ? Pourquoi, si ce n'est qu'il est poussé par quelque démon de la course et de l'ailleurs ? Ce que donne à penser cette notation du journal, en date du 27 mai :

> Aller à Cadix et revenir en deux mois en débarquant chaque jour dans une ville et restant deux jours dans les principales.

Projet dément, ou enfantin ? « Dromomanie », s'il en fut…

Le fait est que, renonçant à piquer vers le sud de l'Espagne, il remonte le Rhône jusqu'à Valence, et oblique soudain, au début de juin, vers Grenoble – ce « Cularo » avec lequel il est, on l'a vu, réconcilié –, puis vers Genève, Bâle, Berne et l'Allemagne. Ici, nous ne disposons ni d'une suite du *Voyage dans le Midi*, ni d'un « voyage vers le nord », ni d'un carnet de notes révélatrices. Ces cinq semaines de voyage du Rhône au Rhin, en juin-juillet 1838, ne nous sont connues que par quelques notes elliptiques jetées en marge de livres qu'il a sous la main. Fatigue ? Médiocre motivation, hâte, perte ? Ce qui est clair, c'est que de ce voyage au nord ne témoignent que quelques lettres, et de rares et hâtives notations.

Au fur et à mesure que sa manie galopante s'exacerbe, son souci d'écriture semble s'évanouir. Deux semaines durant, en route de Grenoble à Genève et à Bâle, il ne relève rien. Arrivant dans la ville où mourut Érasme – un bon sujet pour lui –, il ne trouve d'abord qu'à commenter l'annonce, par *Le Constitutionnel*, de la publication de ses *Mémoires d'un touriste* allégés de nombreux « détails » et signés d'initiales imaginaires. Passe encore pour la signature. Mais les « détails », n'est-ce pas ce qui fait tout le sel d'une telle littérature…

Datées du même jour, pourtant, on relève ces notes prises à Berne à propos de « l'Allemand » :

> Vingt-quatre heures de séjour à l'Hôtel des Gentilshommes équivalent à un voyage en Allemagne… Bonhomie, soin, zèle… On court pour vous avoir le journal, l'heure… Les gens ont la passion de contenter le voyageur, et tout cela pour six francs cinquante… Donc, l'Allemand : 1er, peuple soigneux ; 2e, n'a pas le courage de négliger les détails pour être clair.

Et, du même jour, cette observation bien digne du maître-touriste qu'il est devenu :

> Ce voyage, en passant deux ou trois jours dans chaque ville, donne la faculté d'*abstraire* ; on observe les mêmes qualités dans des objets différents… le *bien-être* à l'auberge, ou la *beauté* de la ville.

Le 2 juillet, il est à Strasbourg, d'où il écrit à son ami Di Fiore que son « ardeur voyageuse est bien affaiblie ». Ce qui ne le retient pas de voir le Münster, *La Danse des morts*, de visiter le Palais royal, la cathédrale… Il croit y découvrir « la ville de France où il y a le moins de maisons passables… » : ses propos acerbes sur Lyon ou Toulouse nous ont accoutumés à ce genre de malignités – ici particulièrement surprenantes… (Faut-il y voir l'effet de « l'affaiblissement de [son] ardeur voyageuse », ou de la mauvaise humeur que provoque en lui la déception de ne pas recevoir le deuxième tome de son *Touriste* ?)

Et le voici parti pour Bade, Mayence, Francfort, Cologne – où la cathédrale le plonge dans l'admiration, tant elle manifeste « l'esprit et la logique des Allemands » –, Rotterdam, dont le *Staathaus* lui paraît « énorme, lourd », et où il déguste des fraises qui sont, à son goût, « les meilleures de l'année, immensément supérieures à celles de Marseille » : car ici, « on se donne la peine de les cultiver ».

À La Haye, il ne peut manquer de se précipiter au musée. Nous savons que l'école hollandaise ne saurait, pour lui, rivaliser avec l'italienne. Mais, tout de même, se contenter de glisser dans son journal cette énumération nonchalante, comme s'il s'agissait de Coypel ou de Van Loo : « Deux ou trois Rembrandt ; deux bons Paul Potter, trois portraits de Rubens ; deux fort plats Ovedaere ; quelques Vanderverf ; deux ou trois Gérard Douw*. » Deux ou trois Rembrandt... M. Beyle !

Voilà bien un étrange voyage, qui ne fait l'objet que de brèves mentions éparses, fût-il à Delft où le souvenir de Vermeer le touche moins qu'il provoquera l'émoi de Marcel Proust, et à Breda, où il n'évoque pas l'ombre de Velázquez. On ne trouve nulle évocation non plus de l'étape Anvers-Bruxelles, qu'il parcourt en chemin de fer. Ce n'est pas la première fois qu'il emprunte ce moyen de locomotion, qu'il goûte peu, on l'a dit : mais tout de même, l'écho donné, en cette machine enfumée, au dialogue entre Flamands et Wallons, en vue de Waterloo, par M. Beyle, valait bien une page, sans doute...

Bref – si l'on peut dire, après quatre mois d'errances de Gironde en mer du Nord –, le voici à Paris, le 22 juillet, bien vite dans les bras de Giulia, « *the amica of eleven years*** », consolatrice inlassable du vieux nomade. Mais quoi ? Il a pu retrouver la Siennoise au cœur tendre, et cette Mélanie qui, depuis leurs amours du début du siècle, a fait, comme lui, bien du chemin, sentir s'« affaiblir [son] ardeur voyageuse », avoir à rédiger deux ou trois nouvelles italiennes pour ce bon M. Buloz sous le pseudonyme de Lagenevais, et surtout, surtout, se plonger pour de bon dans son *romanzetto* des Farnèse à la parmesane dont il devine, dès le 1er septembre, qu'il prendra de l'ampleur. Fixé, donc ? Mais non : le voici bientôt reparti pour des horizons familiers : la Loire-Inférieure, la Bretagne, la Normandie. Près d'un mois sur les chemins, porteur de l'embryon de son chef-d'œuvre.

Note du journal, daté du 3 novembre, en descendant de la diligence, rue du Bouloi :

> Je viens de revoir Orléans, Nantes, Vannes, Ancenis, Carnac, Rennes, Pontorson, Avranches, Coutances, Bayeux, Caen (trois jours), Honfleur, Le Havre...

Bon : on ne redécouvre jamais en vain les beautés de la Loire, de

* Que nous appelons Dou.
** L'amie de onze ans : la première rencontre remonte à 1827.

Carnac ou des abbayes de Caen. Mais quand vous attend, dormant en vos cahiers, Gina Sanseverina, à quoi mène tout cela ? À constater qu'en 1838, le musée de Nantes ne vaut décidément rien*, comparé à ceux de Grenoble, de Marseille ou de Montpellier ?

Jamais, bien sûr, la même eau ne coule deux fois dans l'Erdre, ou dans l'Odet… Il y a cette « journée sublime » sur les quais de Nantes, le 21 octobre, Diderot lu dans l'église de Sainte-Anne-d'Auray, le joli clocher de Troarn plus beau encore d'être regardé en croisant la vue d'une fille aux jolis yeux et qui parle de La Fayette, les « adorables » collines de Villequier, au retour, et la découverte, en naviguant sur la Seine, de quelques raisons nouvelles de ne pas faire grand cas de Voltaire… Maigre bilan ? Seul le voyageur le sait. Seul il sait ce qui, de granit breton et de calcaire normand, entre dans la construction de *La Chartreuse*…

Cinq jours en tout cas après ses retrouvailles avec le pavé parisien, le voyageur note dans son journal :

> Le 8 novembre, je corrige ledit Vater [Waterloo] et je change Alexandre en Fabrice. Le texte cousu et à livrer en est à la page 80…

Qui a dit que pierre qui roule n'amasse pas mousse ?

* Il s'est, depuis lors, fort enrichi…

… Et jusqu'au bout

Peut-on pousser plus loin la « dromomanie », la fureur ambulante ? C'est en marchant qu'il meurt un soir de mars 1842, sur le trottoir de la rue Neuve-des-Capucines, foudroyé par l'apoplexie – quelques mois après avoir noté qu'il n'est pas ridicule de mourir « dans la rue », à condition de ne pas l'avoir fait exprès…

Eût-il préféré que le terme fût mis à sa « chasse du bonheur* » (chasse à courre, s'il en fut…) à Milan, aux abords de la piazza delle Galline où flottait l'ombre inflexible de Métilde, à deux pas de la Scala ? Ou dans un sentier serpentant au milieu des oliviers toscans de Vignano, chez la tendre Giulia ? Ou du côté de Saint-Omer, chez « Menti », la véhémente ? Peut-être, car nul ne fut moins retranché que ce vagabond-là.

On peut penser aussi que la mort l'eût mieux encore saisi dans quelque calèche romaine en route pour le Palais Cini, sur le pont d'un coche d'eau descendant le Rhône, ou ballotté dans une chaise de poste dévalant au galop les pentes de ce mont Ventoux qu'il rêvait de transporter du côté du faubourg Saint-Germain…

Le paradoxe de Stendhal – celui d'entre eux qu'on a choisi d'examiner dès les premières lignes de ce livre –, c'est que la farandole effrénée que fut sa vie, du Saint-Bernard en Tartarie, se reflète si discrètement dans son œuvre ; et le problème qu'il pose – entre bien d'autres – est celui d'une éventuelle interaction entre le mouvement et l'écriture, en quoi celui-là anime, provoque celle-ci.

On a vu se manifester cette interrogation de façon presque caricaturale tout au long de l'année 1838 quand, de départ en départ, de balade en excursion, M. Beyle suspend, non son vol, mais son verbe, l'impénitent « touriste » interposant, comme par jeu, le

* C'est ainsi qu'il écrit. On dit souvent« la chasse au… ».

voyage entre lui, ambulant, et le chef-d'œuvre d'ores et déjà conçu – et qu'il va exhaler soudain comme un cri…

Rétention préméditée, tactique ? Prise d'élan du sauteur – certains d'entre eux souhaitant peut-être que cette course ne cesse pas ? Nous avons vu qu'avant telle ou telle « bataille » amoureuse, le Grand Égotiste usait de techniques multiples…

Le fait est qu'il a fait du voyage à la fois ou tour à tour le divertissement suprême, l'accomplissement du moi libéré de la pesanteur du « eux », mais aussi la fusion, en eux, du moi, et une profession. Hérodote, Ibn Batuta, Léon l'Africain, Cervantès, Daniel De Foe, Gobineau – et même Chateaubriand – ont traversé de plus amples espaces. Mais qui d'autre a repris la route avec plus d'impatience acharnée, d'obstination répétitive ? Ceux-là ont rempli deux, trois grandes missions. Lui, c'est vingt, trente fois qu'il se met en route, pour Smolensk ou pour La Charité-sur-Loire, pour Lesparre ou Amsterdam.

Tout lui est bon – campagne militaire, mission civile, chagrin d'amour, chasse érotique, commande littéraire – pour réinventer cet état d'errance, cette mobilité,

> … cette dégustation du divers [qui] réalise le moi par le choc d'une objectivité imprévue et toujours autre,

écrit Michel Crouzet, ajoutant :

> Bouger pour vivre… Le voyage est éthique et hygiène. Il faut être jeté hors de soi… pour être en soi-même… Le voyage est comme le style de Stendhal : une digression permanente…

Il est masque aussi, celui du Vénitien : inconnu des autres, et alors mieux connu de soi ? Et ceci encore, de Crouzet :

> Extérieur à lui-même, donc plus intérieur que jamais…

Mais ce moi ainsi « cristallisé » par le mouvement dans l'espace n'est pas celui du retrait, du repliement. Il ne cesse de se modeler sur les autres, le paysage, les œuvres nouvelles, les architectures.

Exalté par la course, il l'est aussi par la rencontre. Étrange égotisme que celui-là, qui fait du Moi un chef-d'œuvre des Autres et de l'Ailleurs...

Il est peu de dire que l'on est ici en désaccord avec le savant stendhalien qu'est Pierre Martino, alléguant que Beyle n'eut jamais, de l'étranger, que des expériences superficielles*, qu'il resta partout incorrigiblement français et qu'il ne vit jamais les sociétés étrangères que comme des plateaux où l'on jouait des « scènes arrangées à la française... ». (Voudrait-on qu'il les arrangeât à la turque ?)

Imputation déconcertante si l'on pense au degré d'immersion dans la société italienne qui fut le sien, à une « italianité » bravement reconnue par maints grands Italiens comme Tomasi di Lampedusa, à la finesse sans concession avec laquelle il a discerné, de Rome à Bologne et de Milan à Naples, la merveilleuse diversité, linguistique, sociologique, esthétique, du génie italien.

L'argument est moins absurde si on l'applique à ses évocations de l'Allemagne, de l'Angleterre et plus encore de l'Espagne. Mais en quoi la différence ressentie, vécue, voire exaltée, ruine-t-elle l'intelligence de l'autre ? Après tout, des trois génies tutélaires dont « Arrigo Beyle, Milanese », a voulu voir inscrire les noms sur sa tombe, l'un est italien, l'autre autrichien et le troisième anglais.

Cosmopolite ? Non. Le mot implique une plasticité incolore, voire indolore, qui n'a rien à voir avec ce Diogène épicurien qu'est Stendhal qui se cogne à tous les angles, rugit, déteste ici la bouillie de maïs et là la tiédeur du thé, ici la pruderie des femmes et là la complaisance des maris – oui, en un sens, incorrigiblement français, polisson, vieux garçon, badaud, hédoniste, franc-tireur...

Mais son ubiquité physique, intellectuelle, morale, esthétique, a fait de Stendhal cet « Européen absolu » qu'a loué Nietzsche et

* Quinze ans en Italie, deux en Allemagne, six mois à Vienne, trois voyages en Angleterre...

que décrivaient les participants à un colloque tenu à la Bibliothèque nationale de Paris en 1983, cet inventeur d'un espace virtuel où convergeraient la sensibilité artistique italienne, le savoir-faire anglais, le *pundonor* espagnol, l'honnêteté allemande et l'alacrité française…

Ce que M. Martino dénonce comme une incorrigible incapacité à s'arracher à son être national peut être vu aussi comme une infinie disponibilité à savourer la différence. Le voyage perpétuel est alors, écrit Michel Crouzet, la traversée du

> poudroiement vertigineux des fragments d'existence saisie au vol, une puissance infinie d'étonnement. Alors le moi est le « néant gai » que le Romantique rêve de devenir, il peut « se foutre de tout », autre idéal stendhalien, parce que, aérien, allègre, dénué de tout projet, il est enfin libre de lui-même, et de s'intéresser à tout.

Et à tous… Et à toutes…

À tout ? Ce « tout », pourtant, s'arrête aux frontières de l'Europe, pour autant qu'on veuille y inclure la Moscovie…

Parti au-delà de l'Atlantique sur les traces de Chateaubriand ou mieux de Tocqueville (dont il semble avoir lu le premier tome de *La Démocratie en Amérique*, publié en 1835), Stendhal eût-il révisé tel ou tel de ses points de vue, atténué les sarcasmes anti-américains de l'auteur des *Promenades dans Rome* ? Soyons-en certains. Le pays où le jeune Lincoln se préparait à la lutte contre le racisme devait aussi lui inspirer du respect. Mais que faire de ces quakers momifiés le dimanche et de ces banquiers plus sensibles à l'addition du serveur qu'à une note de Cimarosa ?

Beaucoup plus étrange que ce refus d'Atlantique, il y a chez ce touriste un refus de Méditerranée impropre en apparence à toute explication. Quand on pense que cet amoureux d'Italie n'est même pas passé en Sicile…

Il était nourri des récits de l'Arioste mais aussi des exploits de Saladin. Il admirait à l'extrême Cervantès, combattant de Lépante. Il aimait passionnément Naples, où commence l'Asie. Il avait manifesté son adhésion à la cause grecque – expressément, à Lord

Byron. Et aussi à celle de l'Égypte, incarnée par Méhémet-Ali, face au sultan de Constantinople soutenu par l'Angleterre. Et son jeune ami Victor Jacquemont, partant pour l'Asie, l'eût volontiers engagé dans l'aventure.

Enfin, il était consul à Civitavecchia (après avoir demandé de se voir confier un poste de même nature dans trois autres ports méditerranéens, Gênes, Naples ou Livourne), mieux placé que quiconque pour embarquer sur un des vapeurs (le *Sully*, l'*Henri IV*, le *Pharamond*) qui, partis de Marseille, voguaient vers Naples, portant tel ou tel de ses amis. Pourquoi le voyageur s'obstina-t-il sur le quai, entre ses moustiques et ses bagnards ?

Parce que l'irritant (quoique admiré) M. de Chateaubriand avait ouvert la voie, publiant un *Itinéraire* où Stendhal trouvait l'exemple même de la prétention et de la boursouflure qu'il détestait ? Ce précédent a pu jouer un rôle dans son refus de s'embarquer pour les Échelles du Levant, Alexandrie ou le rivage des Syrtes, entre Lamartine, Nerval et Flaubert.

Mais peut-être cet heureux usager du « coche d'eau » sur la Loire ou la Garonne craignait-il les tempêtes, lui qui porte au crédit des peuples de la mer le péril où les met l'aventure marine. Dans ses *Espaces stendhaliens*, Philippe Berthier décrit en tout cas un Stendhal « indemne de toute tentation exotique », dût-il jeter un coup d'œil oblique sur l'érotique arabe dans *De l'amour*, atteint d'« inappétence pour l'extra-européen ».

Qu'eût-il tiré, notre touriste gourmand, et à l'occasion libidineux, de ses rencontres avec la Koutchouk Hanem de Flaubert, avec les hôtes de Nerval, les interlocuteurs de Lamartine ? Comment ne fut-il pas inspiré par les merveilleux aperçus que Diderot fait jaillir des entretiens de Bougainville avec ses hôtes ? Que ne s'est-il inspiré de son maître Montesquieu, visiteur immobile mais inspiré d'une Perse aux lueurs scintillantes ? Que n'a-t-il surtout emboîté le pas à son jeune ami Jacquemont ! Jusqu'aux Indes ? Jusqu'au Levant au moins, ou jusqu'en Grèce : mais ce n'est pas par hasard qu'il a fait mourir en mer son premier héros romanesque, l'Octave d'*Armance*, en vue de la Morée, en route pour Missolonghi... Et depuis lors, du Jura à l'Émilie, de Nancy à Waterloo et Rome, ses héros sont des terriens d'Europe.

Reste la question majeure, à laquelle on ne prétend pas apporter « la » réponse, du lien, chez lui, entre locomotion, cette fureur, et la création, cette grâce.

On a, d'entrée de jeu, marqué l'extraordinaire disjonction entre son existence de coureur de routes, d'aventures, et des plus périlleuses, et une œuvre qu'ordonnent les mouvements du cœur qu'un Vauvenargues infirme eût pu tout aussi bien décrypter.

Et il y a cette savoureuse dialectique de la route et du mot, de ces lieues parcourues et de ces pages écrites – indépendamment des *Mémoires d'un touriste*, bien sûr. Les unes aux dépens des autres ? Celles-ci grâce à celles-là ? Qui nous dira le lien à établir entre tel parcours de la chaise de poste entre Bologne et Rome, et telle page de *Lamiel* ou de *Leuwen* ? Le même, dans cette route de cristal qu'il a tracée sur une carte à jouer, devant la Ghita, pour décrire la marche de l'indifférence à l'amour ?

Le lien à établir entre la découverte de la campagne bretonne en 1837 et le surgissement du personnage du comte Mosca paraît impossible à établir – comme celui, neuf ans plus tôt, du cahotement d'une diligence du côté de Tarascon et l'émergence de Julien Sorel. Le journal même que rédige le voyageur, le soir, à l'auberge, ne permet presque jamais d'établir le lien entre le parcours et (plus tard ?) l'invention.

Le voyage comme détente et divertissement corporel – la promenade de Kant dans les jardins de Königsberg entre deux méditations ? Il est clair que les départs de M. Beyle ne sauraient être assimilés à des opérations de dissipation de fourmis dans les jambes.

La locomotion comme source d'inspiration littéraire, celle de Morand ou de Valery Larbaud, ou de Cendrars ? On a bien vu que, même s'agissant des *Mémoires d'un touriste*, méditation ou rumination mieux que description, n'est pas le propos.

Le nomadisme comme lien vital avec le monde, avec tout ce qui n'est pas *moi*, mais le définit et autrement le nourrit ? Comme prise de distance par rapport à l'*ego*, comme le geste du peintre qui s'écarte de sa toile pour l'apprécier et l'enrichir ? Si tel était le cas, pourquoi s'être arrêté aux frontières de l'Europe ?

Le départ comme entrée en action de l'artiste, gammes du pianiste qui se délie les doigts avec une sonate de Scarlatti avant d'attaquer l'*Appassionata*, vocalises de Giuditta Pasta dans sa loge avant de chanter *Norma*, ou *canter* du jockey faisant caracoler sa monture avant la course, « dégraissage » de l'athlète qui se dénoue ?

On peut voir encore l'installation de Beyle dans l'encoignure du coupé de la diligence comme le choix d'un lieu d'éclosion, de fermentation, d'ébullition... S'enfoncer, se planter dans le groupe humain en mouvement – chaise de poste, escadron, bateau à vapeur, excursion collective dans Rome et ses collines –, c'est entrer dans le « voyage » créatif où d'autres pensent aller par la drogue, le café, le tabac... Et puis il y a le mouvement comme mise en marche des fonctions de l'esprit : philosophes péripatéticiens, Montesquieu, Rousseau, Camus, Jean Prévost (stendhalien athlétique s'il en fut). Les maigres marchent, les gros circulent.

Le vagabondage est aussi une ascèse, une entreprise d'allégement spirituel et formel ; s'agiter, se secouer pour dégraisser, maigrir, vider l'éloquence, le solennel. Errer pour s'alléger, en pensée, en style... On peut certes ne pas le croire quand il écrit de Vilna à sa sœur Pauline, le 7 décembre 1812, évoquant les terribles épreuves qu'il vient de surmonter : « Et le plus beau, c'est que je suis maigre ! » Maigreur de la « tour ambulante » ? Tout est relatif : ce qui compte c'est, chez ce dodu, l'ambition de la maigreur. Laquelle peut aussi avoir trait au style. Qui dira de quelles errances, de quelles fatigues aura été payée cette écriture sans graisse, tout en os, séchée à coups de soleils latins, de bourrasques de vent breton, de nuits sans sommeil, de jeûnes préférés à l'ordinaire de l'auberge ?

André Gide, s'enchantant de cette écriture si nue, si nette, y voyait l'effet de l'impréparation, de la hâte à exprimer avant d'avoir rassemblé et noué les ingrédients de la « phrase », du paragraphe, avant d'avoir élaboré et même peut-être médité. Écriture, comme certains crimes, « sans préméditation ».

Mais pour se manifester comme le type même de ce qu'on voudrait appeler l'« écrivain immédiat », Stendhal a-t-il choisi de s'élancer, avant même de s'apprêter ? Ou bien, lentement, rudement, a-t-il voulu essorer, égoutter son texte, par le mouvement, les secousses du voyage, les cahots de la route ? Et si sa page avait maigri au fil des lieues, des heures, des fatigues – pour jaillir soudain, épurée, légère comme la flèche de Zénon ?

Alors le voyage stendhalien n'apparaît plus comme quelque « manie », ou fuite, ou divertissement, mais comme l'exercice d'une énergie mouvante en vue du bonheur. D'un bonheur svelte.

Éléments de bibliographie

Berthier, Philippe, *Espaces stendhaliens*, PUF, 1947.

Blum, Léon, *Stendhal et le Beylisme*, Albin Michel, 1947.

Colomb, Romain, *Mon cousin Stendhal*, Slatkine, 1997.

Crouzet, Michel, *Stendhal ou Monsieur moi-même*, Flammarion, 1999.

Del Litto, Victor (sous la dir.), *Album Stendhal*, Gallimard, 1966.

Désalmand, Paul, *Cher Stendhal*, Presses de Valmy, 1999.

Didier, Béatrice, *Stendhal autobiographie*, PUF, 1983.

Eisler, Marcel, *Stendhal et Napoléon*, Nizet, 1969.

Enthoven, Jean-Paul, *Les Enfants de Saturne*, Grasset, 1996.

François-Poncet, André, *Stendhal en Allemagne*, Hachette, 1967.

Goldzink, Jean, *Stendhal l'Italie au cœur*, Gallimard, « Découvertes », 1992.

Gracián, Baltasar, *La Pointe ou l'Art du génie*, UNESCO, 1983.

Martineau, Henri, *Le Cœur de Stendhal*, Albin Michel, 1953, 2 vol.

–, *Petit Dictionnaire stendhalien*, Le Divan, 1948.

–, *Le Calendrier de Stendhal*, Le Divan, 1950.

Mauriac, Claude, *Qui peut le dire ?*, L'Âge d'homme, 1985.

Mérimée, Prosper, *H. B.*, suivi de *Lettres libres à Stendhal*, Slatkine, 1998.

Prévost, Jean, *La Création chez Stendhal*, Gallimard, 1996.

Racine, Bruno, et Basch, Sophie, *Petit Bréviaire de Stendhal*, Éditions du Rocher, 1992.

Rannaud, Gérald, « La chasse du bonheur », *Le Magazine littéraire*, juillet-août 2000.

Sebald, W. C., *Vertiges*, « Folio », 1990.

Tomasi di Lampedusa, Guiseppe, *Stendhal*, Allia, 2002.

Vitoux, Frédéric, *La Comédie de Terraccina*, Seuil, 1994.

Actes du colloque *Campagne de Russie. Sur les traces de Stendhal*, UNESCO, 1994.

Actes du colloque *Stendhal et l'Europe*, Bibliothèque nationale, 1983.

174 Lettres à Stendhal, Le Divan, 1947.

Stendhal, *Œuvres complètes*, Seuil, « L'Intégrale », 1969, t. 1 et t. 2.

Stendhal, *Œuvres complètes*, Gallimard, « La Pléiade », 1981, 2 vol.

Stendhal, *Mémoires d'un touriste*, Crès, 1927.

Stendhal, *Voyage dans le Midi de Bordeaux à Marseille*, Encre, 1984.

Stendhal, *Chroniques pour l'Angleterre : contributions à la presse britannique*, Publications de l'Université de Grenoble, 1993.

Stendhal, *Lettres à Pauline*, Seuil, 1994.

Stendhal, *Voyages en Italie, illustrés par les peintres du romantisme*, D. de Selliers, 2002.

Table

Ouvrages de Jean Lacouture

L'Égypte en mouvement
en collaboration avec Simonne Lacouture
Seuil, 1956

Le Maroc à l'épreuve
en collaboration avec Simonne Lacouture
Seuil, 1958

La Fin d'une guerre
en collaboration avec Philippe Devillers
Seuil, 1960, nouvelle édition 1969

Cinq Hommes et la France
Seuil, 1961

Le Poids du tiers monde
en collaboration avec Jean Baumier
Arthaud, 1962

De Gaulle
Seuil, 1965, nouvelle édition 1971

Le Vietnam entre deux paix
Seuil, 1965

Hô Chi Minh
Seuil, 1967, nouvelle édition 1976

Quatre Hommes et leur peuple
sur-pouvoir et sous-développement
Seuil, 1969

Nasser
Seuil, 1971

L'Indochine vue de Pékin
(entretiens avec le prince Sihanouk)
Seuil, 1972

André Malraux, une vie dans le siècle
prix Aujourd'hui, 1973
Seuil, 1973
et « Points », n° P251, 1976

Un sang d'encre
Stock-Seuil, 1974

Les Émirats mirages
en collaboration avec Gabriel Dardaud
et Simonne Lacouture
Seuil, 1975

Vietnam, voyage à travers une victoire
en collaboration avec Simonne Lacouture
Seuil, 1976

Léon Blum
Seuil, 1977
et « Points Histoire », 1979

Survive le peuple cambodgien !
Seuil, 1978

Le Rugby, c'est un monde
Seuil, « Points Actuels », 1979

Signes du Taureau
Julliard, 1979

François Mauriac
bourse Goncourt de la biographie, 1980
Seuil, 1980
et « Poins Essais », 2 vol., 1990
1. Le Sondeur d'abîmes (1885-1933)
2. Un citoyen du siècle (1933-1970)

Julie de Lespinasse
en collaboration avec Marie-Christine d'Aragon
Ramsay, 1980

Pierre Mendès France
Seuil, 1981

Le Piéton de Bordeaux
ACE, 1981

En passant par la France
Journal de voyage
en collaboration avec Simonne Lacouture
Seuil, 1982

Profils perdus
53 portraits contemporains
A.-M. Métailié, 1983

De Gaulle
1. Le Rebelle (1890-1944)
2. Le Politique (1944-1959)
3. Le Souverain (1959-1970)
Seuil, 1984, 1985 et 1986
et « Points Histoire », 3 vol., 1990
préface de René Rémond

Algérie : la guerre est finie
Complexe, 1985 et 2002

De Gaulle ou l'Éternel Défi
en collaboration avec Roland Mehl
Seuil, 1988

Champollion
Une vie de lumières
Grasset, 1989

Enquête sur l'auteur
Arléa, 1989
Seuil, « Points Actuels », 1991

Jésuites
1. Les Conquérants
Seuil, 1991
et « Points », n° P136
2. Les Revenants
Seuil, 1992
et « Points », n° P137

Le Citoyen Mendès France
en collaboration avec Jean Daniel
Seuil, « L'Histoire immédiate », 1992

Voyous et Gentlemen : une histoire du rugby
Gallimard, « Découvertes », 1993 et 2003

Le Désempire
Figures et thèmes de l'anticolonialisme
en collaboration avec Dominique Chagnollaud
Denoël, « Destins croisés », 1993

Une adolescence du siècle
Jacques Rivière et la NRF
Seuil, 1994

Mes héros et nos monstres
Seuil, 1995

Montaigne à cheval
Seuil, 1996
et « Points », n° P500

L'Histoire de France en 100 tableaux
Hazan, 1996

Mitterrand. Une histoire de Français
1. Les Risques de l'escalade
Seuil, 1998
et « Points », n° P744
2. Les Vertiges du sommet
Seuil, 1998
et « Points », n° P745

Greta Garbo
La dame aux caméras
Liana Levi, 1999

Le Roman du pouvoir : Mitterrand raconté par...
en collaboration avec Patrick Rotman
Seuil, 2000

Le témoignage est un combat
Une biographie de Germaine Tillion
Seuil, 2000

L'Invention du Grand Louvre
avec I. M. Pei et Émile Biasini
Odile Jacob, 2001

Voyage dans le demi-siècle
avec Gérard Chaliand
Entretiens croisés avec André Versaille
Complexe, 2001

La Raison de l'Autre
Montaigne, Montesquieu, Mauriac
Confluences, 2002

Montesquieu
Les vendanges de la liberté
Seuil, 2003

Profession : biographe
Entretiens avec Claude Kiejman
Hachette-littérature, 2003

CRÉDITS PHOTOS DU HORS-TEXTE

1, 11, 30, 33 : Archives Seuil. – 2, 5, 6, 7, 15, 36 : Bibliothèque municipale, Grenoble/Archives Seuil. – 3, 4, 8, 9, 10, 13 : Musée Stendhal, Grenoble/Archives Seuil. – 12 : D'après William Turner, *La Chaîne des Alpes, de Grenoble à Chambéry*, gravé par W. Say, 1812, Fitzwilliam Museum, University of Cambridge. Photo Bridgeman-Giraudon. – 14 : F. S. Candido : *Portrait de Domenico Cimarosa*, musée St Martin, Naples. Photo G. Dagli Orti. – 16, 18, 27 : AKG-Images. – 17 : Vue de Berlin, gravure de Rouargue, bibliothèque des Arts décoratifs, Paris. Photo G. Dagli Orti. – 19 : Photo G. Dagli Orti. – 20, 24, 34 : Photo Roger-Viollet. – 21 : Emile Bidault, *Paysage des lacs du Nord de l'Italie*, 1865, collection particulière, Paris. Photo G. Dagli Orti. – 22 : A. Inganni, *Vue extérieure de la Scala à Milan*, 1852, musée du Théâtre de la Scala, Milan. Photo G. Dagli Orti. – 23 : I. Caffi, *Vue du Pincio*, collection Noferi, Florence. Photo Scala. – 25 : G. Terreni : *Vue de la place de Sienne*, bibliothèque nationale, Florence. Photo Scala. – 26 : Vue du port de Civitavecchia. Photo Costa/Leemage. – 28 : Historical Picture Archives/Corbis. – 29 : Les quais de Bordeaux, gravure de Rouargue, bibliothèque des Arts décoratifs, Paris. Photo G. Dagli Orti. – 31 : Photos12.com-ARJ. – 32 : Le salon de Mme Ancelot, collection particulière/Archives Sagnier ; en médaillon, Archives Seuil. – 35 : S. J. Rochard, *Portrait de Prosper Mérimée*, musée Carnavalet, Paris. Photo Bridgeman-Giraudon.

Iconographie rassemblée par Caterina D'Agostino

RÉALISATION : PAO ÉDITIONS DU SEUIL
IMPRESSION : IMPRIMERIE FIRMIN-DIDOT AU MESNIL-SUR-L'ESTRÉE (EURE)
DÉPÔT LÉGAL : JANVIER 2004. N° 62650 (66369)
IMPRIMÉ EN FRANCE